신종태 교수의 테마기행

세계의 전쟁유적지를 찾아서④

지중해 · 동북아시아

신종태 교수의 테마기행

세계의 전쟁유적지를 찾아서④

지중해 · 동북아시아

신 종 태 저

도서출판 진영사

이 책을 펴내면서

필자는 어린 시절 6·25전쟁의 격전지였던 낙동강 근처 시골에서 성장했다. 당시 전쟁이 끝난지 10여년이 지났지만 고향 산야에는 전쟁 상흔이 곳곳에 남아 있었다. 미군 철모, 포탄 탄피, 경비행기 바퀴 등은 유용한 생활 도구로 사용되었다. 수업 시작과 끝을 알리는 초등학교의 종도 길쭉한 포탄껍데기였다. 마을 주변 야산 교통호 흔적은 동네 아이들의 좋은 놀이터가 되었고, 한여름 밤 정자에 모인 어른들은 수시로 전쟁참상과 피난길 고생담을 이야기 하곤 하였다. 집안 어른들의 대부분이 참전 경험을 가지고 있었다. 아버지, 삼촌, 외삼촌 그리고 백마고지 전투에서 전상을 입은 고모부 등으로 인해 필자는 어린 시절부터 전쟁에 대한 호기심을 가질 수밖에 없었다. 결국 전쟁에 대한 관심과 위국헌신(爲國獻身)이라는 순수한 가치에 매료되어 필자는 군인의 길을 걷게 되었다.

인간은 왜 전쟁을 하는 것인가? 인류기록 역사 3400여 년 중 전쟁이 없었던 해는 불과 270여 년, 총성이 단 한 번도 울리지 않았던 날은 3주에 불과하다. 지금도 중동, 아프리카, 아시아지역 일부에서 끝없는 전쟁의 소용돌이 속에서 많은 사람들이 죽어가고 있다. 군생활 동안 더더욱 전쟁사에 관심이 많아졌고 해외유학, 휴가기간 중에는 틈틈이 외국의 전사적지를 답사하였다. 전역 후 다소 시간적 여유를 가진 시기부터는 본격적으로 유럽, 중동, 아시아, 태평양 지역의 전적지를 다시 돌아보았다. 평소 주말에는 낙동강, 금강, 섬진강 주변 전사적지와 백령도 등 현지를 방문하여 많은 사람들의 전쟁체험기를 듣기도 하였다.

이런 답사를 통해 항상 느껴왔던 것은 전쟁으로 인해 우리 민족은 수많은 수난을 당했음에도 불구하고 이상하리만큼 전쟁에 대해 거의 관심을 가지 않는다는 것이었다. 필자는 세계 약 80여 개 국가의 전쟁유적지를 방문하면서 단 한 번도 현장에서 한국인을 만나보지 못했다. 외국 전쟁기념관이나 전사적지 현장에서 일본인, 중국인들은 수시로 만날 수 있었다. 자연스럽게 대화를 나누다 보면 그들의 해박한 전쟁사 지식에 깜짝 놀란 경우가 한 두 번이 아니었다. 특히 한국전쟁에 대해 우리들보다 훨씬 깊은 지식을 가지고 있는 경우도 많았다.

한국 초 · 중학생 약 절반이 70여 년 전의 6 · 25전쟁을 조선시대에 일어났던 사건으로 안다는 어느 일간지의 보도를 본 적이 있다. 그러나 영국의 경우 청소년들에게 제1 · 2차 세계대전에 관해 물어보면 대부분 정확한 역사지식을 이야기하곤 한다. 어떤 학생들은 자신의 할아버지, 삼촌의 참전 경험과 심지어 할머니의 전시생활상에 대한 상세한 이야기를 쏟아 내기도 하였다. 영국은 자기 조상들이 당당하게 침공군에 맞서 일치단결하여 전쟁에 임한 자랑스러운 승전의 역사를 끊임없이 가정, 학교, 사회에서 가르쳐 왔던 것이다.

그러나 아쉽게도 우리나라는 뿌리 깊은 문존무비(文尊武卑)사상이 현재까지 수 백년 동안 계속되고 있다. 특히 전쟁을 대비하고 국가 보위를 위해 헌신하는 무인을 존중하고 제대로 대우해 준 경우가 고려시대 이후에는 거의 없었다. 또한 '전쟁과 상무정신'을 논하는 것은 오히려 평화를 깨뜨리고 국민들에게 고통을 안겨주는 주장으로 매도하여 경계의 대상으로 삼는 분위기가 아직도 있다. 결국 이런 전쟁에 대한 잘못된 인식으로 인하여 17세기 조선은 임진왜란과 병자호란으로 백성들은 말할 수 없는 참혹한 전란의 고통을 당해야만 했다.

근 · 현대사에서도 우리 한민족은 다시 한 번 가시밭길을 걸었다. 일제식민지 36년, 중일전쟁, 태평양전쟁 등 문약에만 흘렀던 우리국민들은 그저 남의 전쟁에 위안부 · 징용노무자 · 강제지원병 형태로 성노예나 총알받이로 끌려 나가야만 했다. 이와 같은 형극의 역사를 경험했음에도 불구하고 오늘날의 우리 사회는 안타깝게도 점점더 전쟁에 대해 무관심한 분위기에 젖어들고 있다. 남태평양의 괌 · 사이판 · 티니언 일대를 답사하면서 조선인관련 전쟁유적에 대한 현지인들의 이야기를 많이 들을 수 있었다.

또한 75년 전 이 땅을 잿더미로 만들었던 6 · 25전쟁유적지도 전국에 곳곳에 산재해 있다. 그러나 아쉽게도 점점 더 이런 전사적 지에 깊은 관심을 가지고 찾는 발길은 줄어가고 있다. 특히 최근 역사교과서 파동이나 이념논쟁에서 볼 수 있듯이 6 · 25전쟁을 통일전쟁 혹은 내전으로 규명하여 자유수호를 위해 목숨 바친 선열들의 희생을 애써 깎아 내리려는 듯한 분위기까지 있다. 결국 이런 왜곡된 역사인식의 확산은 급기야 신세대들에게 전쟁에 대한 부정적 생각을 갖게 만드는 계기가 되었다. 상대적으로 평화만을 부르짖는 자만이 이 시대의 선구자인양 인정받아 우리의 생존문제는 저만큼 뒤로 물러나고 오로지 '무상복지'가 전 국민의 관심사가 되고 말았다.

빠듯한 일정으로 많은 국내 · 외 전사적지를 답사하면서 나름대로 정리한 글이라 다소의 오류가 있을 수 있음을 독자들에게 미리 양해를 구한다. 아무쪼록 본 책자가 가벼운 마음으로 읽으면서도, 한반도의 안보현실과 전쟁역사에 대해 많은 사람들이 관심을 갖는 계기가 되기를 바라는 마음이다.

한반도에서 전쟁의 영원한 추방을 염원하면서

저자 **신 종 태**

지중해 Mediterranean Sea

지브롤터 Gibraltar

모로코 Morocco

세우타 Ceuta

스페인 Spain

레바논 Lebanon

이스라엘 Israel

그리스 Greece

키프로스 Kypros

동북아시아 Northeast Asia

중국 China

일본 Japan

러시아 연해주 Primorsky Krai

지중해

Mediterranean Sea

지브롤터

GIbraltar

지브롤터 그 300년의 역사

영국령 지브롤터(Gibraltar)는 지중해에서 대서양으로 빠져나가는 길목에 있다. 면적 6.8Km²(여의도 80% 크기), 인구 3.3만 명의 소도시다. 해발 426m 바위산을 중심으로 지중해로 길게 뻗어있는 지브롤터는 사람 목젖과 같은 이미지를 준다. 산 정상에서 보면 북쪽 스페인 알헤시라스 항구와 남쪽 건너편의 북아프리카 모로코가 눈 아래 펼쳐진다. 양 대륙의 최단거리는 14Km에 불과하다.

지중해에서 본 지브롤터 전경

코로나 팬데믹(Pandemic)로 인한 황당한 경험

중국 우한 코로나가 전 세계로 급속하게 번져 나간다는 흉흉한 소문이 있을 즈음 영국령 지브롤터에 들어섰다. 세관 분위기는 국제공항과는 판이하게 다르다. 여권확인과 간단한 소지품 검사로 바로 국경을 통과한다. 스페인-영국 국경선은 지브롤터 비행장울타리이다. 항공기 이착륙 시 활주로를 횡단하는 인원 · 자동차가 일시 통제된다. 수많은 스페인노동자와 관광객의 출퇴근 · 여행으로 세관은 북새통이다. 이웃 동네 산책 가듯 출입이 자유롭다. 여권을 내미니 "잠깐 대기!"를 명한다. 해외에서 한국여권에 시비를 거는 경우는 처음이다.

모든 사람들이 사라지고 혼자 남으니 본격심문이 시작되었다. "한국은 언제 떠났는가? 혹시 다른 질병은(힐끔힐끔 안색을 살피면서…)? 감기 · 고열 · 기침은? 그동안 어느 나라를 방문했는가?" 잠정적 환자로 취급하며 꼬치꼬치 캐묻는다. 당시 한국 코로나사태는 순식간 전 세계인의 경계대상이었다. 여권을 회수하면서 입국대기를 명한다. 정부지침확인 및 자체토의를 갖는 모양이다. 만약 입국이 거절된다면 힘들게 찾아온 지브롤터답사는 물거품이 된다.

흡사 법원에서 최종선고를 기다리는 죄인의 심정이다. 피고는 법정에서 판사에게 공손해야한다. "왜 나를 환자 취급하느냐?"라고 항의했다가는 '괘씸죄'가 적용될지 모른다. 이슥고 판사(세관원)의 평의결과가 나왔다. "Innocence(무죄)!" 선고다. 여권을 받아들자마자 얼른 세관을 벗어났다. 혹시 마음이 변하여 다시 불러 세울지도 모른다.

지중해 목구멍 지브롤터의 영·스페인 갈등

지브롤터는 1704년 영국이 스페인과의 전쟁승리로 최초 점령했다. 1713년 위트레흐트조약(Treaty of Utrecht)으로 지브롤터는 영국령이 되었다. 그리고 300년이 흘렀다. 그 사이 지브롤터를 두고 수많은 전투가 있었다. 그러나 동굴진지와 성곽에 의존한 영국군은 끝까지 지브롤터를 지켜냈다. 1930년대 스페인내전에서 승리한 프랑코도 자존심을 걸고 지브롤터를 되찾고자 했다.

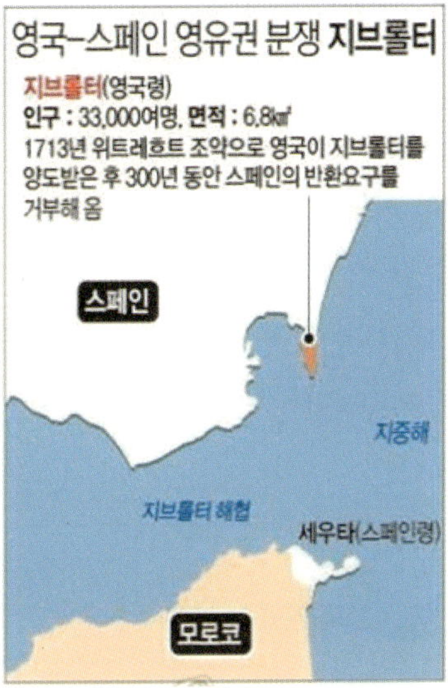

지브롤터의 지리적 위치 및 역사

바위산 요새건설 작업인부

1969년 영토반환을 요구하면서 스페인은 육상통로를 봉쇄했다. 많은 이산가족이 생겼고, 지브롤터-스페인교류는 단절됐다. 영국 대응은 단호했다. 해 · 공로로 고립주민들을 지원했다. 만약 스페인이 이 통로마저 차단했다면 영국은 전쟁도 불사했을 것이다. 결국 1983년 14년간의 봉쇄는 풀렸다. 그러나 스페인 역시 똑같은 역사적 과정으로 확보한 북아프리카 모로코의 '세우타' · '멜리나' 반환을 지금까지 거부하고 있다. 국제사회의 '내로남불'은 너무나 흔한 일이라 전혀 이상하게 느껴지지 않는다.

Trip Tips

지브롤터주민은 원주민 80%, 영국인 13%, 나머지는 스페인계다. 영국잔류 혹은 스페인귀속 선택 주민투표도 2차례(1967/2002년) 있었다. 압도적으로 영국잔류 찬성표가 많았다. 민초들은 등 따습고 배부르게 하는 국가에 더 충성하기 마련이다.

함마 · 곡괭이로 암반 깨어 만든 바위산 동굴포대

지브롤터 시내에서 바위산을 올려다보면 벌집처럼 뚫린 동굴 입구를 쉽게 볼 수 있다. 300년 동안 단계적으로 건설한 암반요새다. 능선에는 1,000여 년 전에 축조된 아랍인 성곽도 남아있다. 바위 산길은 "갈 之"자로 승합차 1대가 겨우 올라갈 수 있다. 길옆 바위에는 노란 표식 속에 원형 쇠고리가 곳곳에 남아있다. 영국군이 무거운 화포를 로프로 끌어올리기 위해 설치했단다. 70~80도 경사각 절벽 위로 "올려! 올려!"를 외치며 죽을힘을 다해 대포를 산위로 운반했다.

동굴진지와 수백m 터널은 오로지 함마 · 곡괭이에 의존한 인력으로 견고한 암반을 깨부수어 건설했다. 동굴요새에는 수많은 포상과 포탄공장 · 무기수리소까지 있다. 철옹성 진지에서 적을 내려다보면서 사격하는 화포에 대적할 군대는 없었다. 1779년부터 1783년까지 스페인 · 프랑스연합군은 사력을 다해 바위산을 공격했지만 실패했다. 제2차 세계대전시에는 영국군 1개 공병연대가 또다시 투입되었다. TNT · 착암기 심지어 함포사격까지 동원하여 바위산 내부에 거대한 지하도시를 건설했다. 구체적으로 어떤 시설이 있는지는 지금도 비밀이다. 영국 핵잠수함 · 항공모함도 수시 지브롤터에 입출항 한다.

기다란 활주로는 웬만한 군용기는 이착륙이 가능하다. 비행장 좌우측에는 대규모의 해 · 공군병영이 있다. 1940년대에는 화포 크기 · 폭음 · 탄도를 고려 주로 산하단부에 장갑포대를 건설했다. 정상에서 보면 당시의 포상들이 곳곳에 보인다. 세계를 제패했던 영국인들의 불굴의 의지와 상무정신이 생생하게 남아있는 현장이다. 많은 영국인들이 지브롤터요새를 방문한다. 깎아지른 절벽 속의 동굴진지를 직접 보면 선조들의 열정 · 희생 · 애국심에 누구든지 감동할 것 같았다.

바위산 요새내부의 화포진지

국익위해 목숨 거는 군인을 존경하는 영국전통

지브롤터 지중해는 지금도 매립공사가 한창이다. 벌써 신항만과 반도 일주도로까지 완성했다. 해안가 평지에는 스포츠센터, 수많은 요트와 대형 크루즈선이 보인다. "로마는 하루아침에 이루어 지지 않았다!"는 격언의 산현장이다. 시내에는 보수한 성곽·중세화포들도 즐비하다. 전몰용사추모탑·승전기념탑도 중앙광장에 우뚝 서있다. 심지어 대형식당 벽면액자 속에 정복차림의 영국군인 사진까지 있었다.

처음에는 지브롤터 주둔 영국군부대가 수여한 우수식당 인증서로 생각했다. 토박이 음식점사장에게 군복사진 사연을 물으니 그 군인은 자신의 아들이란다. 런던 명문대학을 졸업한 외아들이 샌드허스트 영국육사에 입교한 것이 너무도 자랑스러워 사진을 액자에 끼워 두었단다. 지브롤터역사에 관심을 갖는 필자에게 그는 시내중심부의 역사박물관과 산 정상 남단의 자연동굴방문을 적극 추천하였다.

지브롤터 항만과 비행장 전경. 하단부에 2개소의 장갑포상이 보인다.

여기도 피 맺힌 이산가족의 사연이 있었네

지브롤터(Gibraltar)의 전략적 가치는 수천 년 동안 변함없다. 예나 지금이나 이곳을 차지하기 위한 숱한 전쟁이 있었다. 로마인 숙소터가 보존된 박물관, 바위산 중턱의 아랍제국 성곽, 시가지 옆의 지하 군사 터널이 이를 증명한다. 오늘날도 지중해-대서양을 항해하는 모든 선박 · 잠수함은 유사시에는 지브롤터 군사기지를 의식해야만 할 것이다.

지브롤터 옛 성곽과 전시된 중세화포

바위산 정상에 숨어있는 신비의 천연동굴

지브롤터 바위산 끝단에는 수만 년 전에 형성된 '성 미카엘' 천연동굴이 있다. 산 정상은 꼬리 없는 바바리원숭이들의 천국이다. 서로의 등을 긁어주며 애틋한 사랑을 표현하는 부부 원숭이로부터 방문객 가방을 낚아채려 호시탐탐 기회를 노리는 소매치기 원숭이까지 여기저기 무리 지어 앉아 있다.

바위산 천연동굴 입구 전경

바위산 정상에서 본 지중해 전경

탄광 막장 같은 통로를 따라 들어가면 끝을 알 수 없는 깊은 수직 동굴이 나타난다. 군데군데 추락사고 예방을 위한 차단막·경고판이 있다. 심지어 '바바리원숭이가 이곳을 통해 아프리카에서 지브롤터로 건너왔다'라는 전설까지 있단다. 즉 두 대륙이 이 동굴로 지중해 속 깊숙이 연결돼 있다는 가설이다. 다양한 색상의 종유석이 길게 늘어진 시원한 동굴광장에서는 유명 콘서트까지 열린다. 바위틈 스피커는 오케스트라의 맑고 음향이 풍부한 연주를 끊임없이 흘려보내고 있었다.

300년 역사의 난공불락 바위산요새

1704년 지브롤터를 빼앗긴 스페인은 오랫동안 절치부심(切齒腐心)의 시간을 가졌다. 드디어 1779년 6월, 스페인군은 프랑스군과 함께 지브롤터 요새를 포위했다. 당시 영국은 미국의 독립전쟁에 전 국력을 쏟아 붓고 있었다. 영국군은 7,500명, 연합부대는 65,000여 명이 동원됐다. 그러나 바위산 벌집 포상에서 적을 내려다보고 사격을 하는 영국군을 공격부대는 당해 낼 수 없었다. 마지막으로 장기포위전으로 방어부대를 굶겨 죽이려 했지만 이마저 실패했다. 영국해군이 세 차례나 해상봉쇄선을 돌파하여 병력과 보급품을 실어 날랐다. 1783년 2월, 요새 포위전은 끝났다. 영국군은 333명의 전사자와 1,008명의 부상자가 있었지만, 스페인·프랑스군 사상자는 무려 6,000여 명에 달했다.

그리고 160년 후 1940년 5월, 또다시 독일의 프랑스침공으로 유럽은 전화에 휩싸였다. 지브롤터는 지중해·아프리카 전역의 전략요충지로 부상했다. 히틀러는 프랑코에게 추축국(Axis Powers) 일원으로 전쟁참여를 요구했다. 내전에서 프랑코는 독일 · 이탈리아의 적극적인 지원을 받았지만, 중립을 유지하였다. 단지 스페인의용병만 독일로 보냈을 뿐이다. 결국, 히틀러의 지브롤터점령 계획은 수포로 돌아갔다. 독일군은 지상공격이 불가능하자 프랑스 · 모나코에서 출격한 공군기가 지브롤터를 수시로 폭격했다. 영국은 바위산을 깎고 바다를 메워 비행장을 건설하며 저항했다. 긴급 투입된 공병부대는 거대한 지하터널과 산 중턱에 장갑포대를 설치했다. 심지어 함포사격으로 바위산을 깨뜨려 공사 기간을 단축하기도 했다. 지브롤터 역사박물관은 이런 영광과 고난의 기록영상을 전시관 곳곳에서 방영하고 있었다.

바위산요새를 건설하는 영국군 공병

지브롤터에 설치된 U-boat의 덫

1941년 연합군 · 추축국군은 북아프리카에서 피비린내 나는 혈전을 치르고 있었다. 지중해를 통한 전쟁물자 수송의 성공 여부가 승패를 결정했다. 양측 수송 선단은 해상전투 · 공중폭격으로 매일같이 수장되었다.

마침내 히틀러는 U-boat를 대거 지중해로 투입하라고 명령했다. 해군 사령관은 지브롤터해협은 'U-boat의 덫'이라며 결사반대했지만, 그의 고집을 꺾을 수 없었다. 14Km 폭을 가진 좁은 해협은 지브롤터에 둥지를 튼 영국함대의 안마당이었다. 대잠초

계기, 구축함, 육상레이다가 물샐틈없이 독일잠수함을 감시했다.

Trip Tips

U-boat에게는 지브롤터가 지옥문이었다. 해저 밑바닥에 붙다시피 기어가면서 수시로 떨어지는 폭뢰를 회피해야만 했다. 더구나 운 좋게 연합군 수송 선단을 격침시켜도 대서양으로의 탈출은 불가했다. 결국, 1942년 말까지 지중해에 들어온 62척의 U-boat 중 '지브롤터의 덫'을 피해 살아나온 잠수함은 단 1척도 없었다.

영유권 분쟁이 낳은 기막힌 이산가족 사연

2017년 4월, 영국의 브렉시트(EU 탈퇴) 협상을 계기로 영유권 문제가 재점화되었다. 스페인의 지브롤터 주권 언급에 영국은 전쟁도 불사하겠다는 강경한 자세를 보였다. 서둘러 긴장 관계는 해소했지만, 갈등의 불씨가 완전히 꺼진 것은 아니다. 지브롤터 박물관 자료(Gibraltar: Rock of ages)는 1969년 국경봉쇄로 생겨난 이산가족의 기막힌 사연을 이렇게 소개했다.

"안토니오(Antonio)는 국경선에 붙어있는 스페인 리네아(Linea)마을에서 살면서 지브롤터 항만노동자로 일했다. 부두 일은 고단했지만, 스페인보다 몇 배 높은 급료로 힘든 줄 몰랐다. 어느 날 외동딸 마리(Mari)가 지브롤터축제에서 만난 영국 청년 조니(Johnny)와 열애에 빠졌다. 두 사람 사랑은 결혼으로 이어졌고 그에게 귀여운 외손녀까지 안겨주었다.

그러나 갑자기 영유권 분쟁으로 국경은 폐쇄되었고, 스페인 노동자들은 실업자로 전락했다. 안토니오는 국경 울타리에서 수백미터 떨어진 사위 집을 향해 애타게 손녀 이름을 외쳤다. 미치도록 보고 싶은 혈육에 대한 처절한 몸부림이었다. 기적적으로 먼

발치에서 갓난아기를 안은 딸이 나타났다. 고성과 손짓으로만 의사소통이 가능했지만 그들은 수요일 아침마다 만나기로 약속했다. 이후 안토니오는 외손녀를 볼 수 있는 수요일에 맑은 날씨와 강풍이 불지 않도록 하나님께 기도하곤 했다. 그는 쌍안경까지 구입하여 건너편 아이의 노는 모습을 수시로 지켜보았다.

14년 동안 계속된 안토니오네 사연은 1983년 국경이 다시 열리면서 끝났다. 그러나 어엿한 숙녀로 자란 외손녀의 손을 그는 잡아보지도 못하고 가족 상봉 이틀 전 안타깝게도 숨을 거두고 말았다." 영국·스페인은 수시로 영유권 문제로 날카롭게 각을 세운다. 하지만 정작 지브롤터 시내는 두 나라의 국민들이 뒤섞여 자신들의 바쁜 일상에 더 많은 관심을 가지고 사이좋게 살아가고 있었다.

모로코

Morocco

영화 '카사블랑카'로 알려진 모로코 왕국

모로코와 인접국가 지도 (출처: 구글 이미지)

아프리카 서북쪽의 모로코 왕국(Kingdom of Morocco)은 인구 3,734만, 국토넓이 44.6만 Km^2, 국민개인소득은 연 3,200달러 수준이다. 수도는 라바트(Rabat)이나 카사블랑카(Casablanca)가 인구 330만 명으로 가장 큰 도시다. 동으로는 알제리, 남으로는 서사하라와 국경을 접하며 북부도시 세우타와 멜리야는 스페인령이다. 모로코군 병력은 266,800명(육군 185,800, 해군 42,000, 공군 13,000, 헌병군 23,000, 왕실근위대 3,000)이며 알제리와는 영토분쟁, 서사하라 독립세력과는 전투가 종종 벌어지며, 도서관할권 문제로 스페인과도 가끔 해상무력충돌이 있다.

열정적인 지한(知韓)파 택시기사와의 요금흥정

Trip Tips

"모로코(Morocco)"와 "모나코(Monaco)"는 구분하기 어려운 국가명이다. 프랑스 남부의 모나코는 바티칸 시국에 이어 세계에서 두 번째로 영토가 작다. 한국 1개 동 규모인 모나코는 모로코와는 전혀 다른 국가이다.

카사블랑카 무함마드 5세 국제공항은 카이로공항보다 훨씬 깔끔하다. 푸른 수목과 바다가 보이는 주변 환경이 사막 한가운데의 황량한 카이로공항과는 너무나 대조적이다. 공항청사에서 도시열차를 타면 카사블랑카 중앙역까지 30분 걸린다. 기차역 승강장을 빠져나오자마자 택시기사들이 몰려든다. 마음씨 좋아 보이는 키 큰 대머리 운전사와 흥정을 시작했다. '슈투카' 씨는 한국인용 여행안내 바인더까지 보여주며 자신도 열렬한 지한파임을 강조한다. 바인더 뒷장에는 한글로 쓰인 여행객 후기까지 있다. 자신의 일에 이런 열정을 가진 그에게 호감이 갔다. 6시간 대절요금은 600MAD(모로코디르함)부터 시작되어 결국 450MAD(한화 56,000원)으로 결정했다. 더 저렴한 요금도 가능할 것 같았지만 한국칭찬에 양보할 수밖에 없었다.

카사블랑카 중앙역 전경. 건물 왼편광장에 많은 택시들이 대기하고 있다.

이슬람국가이면서도 개방적인 모로코 사회

Trip Tips

모로코는 이슬람국가이지만 유럽문화와의 빈번한 교류로 대단히 자유분방한 분위기다. 도시거리는 서구식 건물이 많으며 깔끔하게 정돈되어 있다. 여성의 히잡 착용을 본인 자유의사에 맡길 정도로 종교적으로도 개방적이다. 주변 강경회교권 국가들은 모로코를 "이슬람의 창녀"라고 비난한다.

택시운전사는 카사블랑카의 명소 '하산 2세 모스크'로 가장 먼저 안내했다. 대서양을 내려다보고 있는 아름다운 이슬람 성전은 국민성금으로 1993년 완공되었으며 세계 3번째로 큰 규모이다. 210m 높이의 탑과 25,000명을 수용할 수 있는 사원 내부, 뚜껑

이 열리는 지붕이 인상적이다. 외국인들도 자유롭게 성전 출입이 가능하지만, 손발을 깨끗이 씻고 경건한 자세를 가져야만 한다. 넓은 광장 건너편의 웅장한 건물은 이슬람 교리를 교육하는 종교학교라고 한다. 카사블랑카 방파제 도로에는 가족, 연인들끼리 나온 행락객이 가득하다. 이집트와 비슷한 개인국민소득에도 불구하고 모로코가 훨씬 더 풍요로와 보이는 것이 선뜻 이해되지 않았다.

세계적인 도시로 부상시킨 영화 '카사블랑카'

Trip Tips

1942년에 제작된 영화 '카사블랑카' 유명세로 일약 이 도시는 세계인들에게 알려졌다. 모로코를 모르는 사람도 '카사블랑카'라는 이름은 들어 본 적이 있을 정도로 세기의 명작이다.

헐리우드 세트장에서 대부분 촬영되었지만 영화배경이 된 술집은 현재 릭 카페(Rick cafe)로 변신하여 수많은 관광객들이 몰려든다. 대략적인 영화줄거리는 다음과 같다.

제2차 세계대전시 모로코는 친독 정권인 프랑스 비시(VC)정부가 통치했다. 제3국으로 가려는 수많은 난민들이 카사블랑카로 몰려들자, 주인공 릭 브레인(험프리 보가트)은 이들을 위한 '릭 카페 아메리카나'를 운영했다. 어느 날 과거 파리에서 연인 사이였던 일자 란드(잉그리드 버그만)가 뜻밖에 다른 남자와 결혼하여 나타나 릭에게 제3국 통행증을 부탁한다. 꿈같은 파리 시절, 잊혔던 사랑의 불꽃이 릭과 일자의 가슴을 뒤흔들었다. 옛 연인의 고뇌와 번민, 그리고 카사블랑카의 복잡한 정치적 상황이 영화 속에서 적나라하게 묘사된다. 결국 릭은 통행증과 항공권을 일자 부부에게 구해주며 안개 자욱한 공항에서 평생 잊지 못할 연인을 보내는 마지막 이별의 라스트신을 보여준다. 많은 부분의 아카데미상을 받은 '카사블랑카'는 오늘날도 미국인들이 가장 사랑하는 고전명화로 남아있다.

영화 '카사블랑카' 포스트(출처: 구글 이미지)

미군이 유럽전쟁에 최초로 참전한 '횃불 작전'

> **Trip Tips**
> 1940년대 북아프리카의 모로코 · 알제리 · 튀니지는 프랑스 식민지였다. 프랑스는 독일에 항복했지만, 친독 비시정부가 과거 식민지를 계속 통치했다.

1942년 11월 8일, 중립을 유지하던 미군은 '횃불작전'으로 명명된 북아프리카 상륙작전을 개시하면서 본격적으로 유럽전쟁에 참전했다. 이 지역의 비시 프랑스군은 병력 12만 5천 명, 해안포·전차를 포함하여 500대의 전투기까지 있었다. 특히 카사블랑카 항구의 프랑스 해군은 전투함 10척, 잠수함 11척을 가진 막강한 전투력을 보유했다. 연합군은 옛 동맹 프랑스군과의 물밑작업으로 상당수의 지휘관들을 전향시키기도 했지만, 막상 전투가 시작되자 쌍방 모두 막심한 피해를 입었다. 연합군은 전투함 4척, 상륙정 150척이, 프랑스군은 경순양함 1척, 구축함 4척, 잠수함 5척이 침몰했다. 북아프리카 상륙작전시 프랑스군 저항은 카사블랑카에서 최종적으로 총소리가 멎은 11월 11일 06:48분에 사실상 끝났다.

전쟁유적을 찾아보기 힘든 오늘 날의 카사블랑카

카사블랑카에서는 제2차 세계대전 역사를 알려주는 기념관이나 표지석을 찾아보기 어렵다. 자칭 22년 운전경력의 슈투카 씨 영어는 유창했으나 모로코전쟁 관련 질문에 대해서는 동문서답이다. 모로코정부도 자신의 영토에서 일어난 원치 않았던 강대국 간 전쟁역사에 무관심할 수밖에 없었을 것이다. 전쟁유적지를 찾지 못한 아쉬움을 토로하자 운전사는 한참을 고민하다가 항구 주변에 남아 있는 해안포대 포상을 찾아갔다. 외롭게 서 있는 등대 옆의 포상은 안내판조차 없이 방치되어 있었다. 화포거치대·탄약고 등을 고려 시 세계대전 당시 프랑스군이 사용한 진지로 추정되었다. 필자의 집요한 질문에 결국 운전기사는 개인이 운영하는 '모로코 역사갤러리'를 기억해 내었다.

카사블랑카의 관광명소 '하산 2세 모스크' 전경

카사블랑카 항구 옆의 폐기된 프랑스군 해안포 포상

스페인 · 프랑스의 각축장을 보여준 '리프 전쟁'

모로코는 이베리아반도의 스페인에서 해협 건너 빤히 눈으로도 보이는 가까운 나라다. 수천 년 동안 유럽문물은 모로코를 통해 아프리카로 들어왔다. 해양과 대륙세력 사이에 끼어 있는 한반도의 지정학적 위치와 흡사하다. 특히 1900년대 초 주변 강대국들의 모로코 영유권 쟁탈전은 구한말 청 · 러 · 일본이 한반도를 두고 격돌했던 과거 역사와 너무나 비슷했다.

4개 외국어를 유창하게 구사하는 모로코대학생

택시 운전사는 역사갤러리로 가기 전, 지나가는 젊은 여성에게 다시 한번 위치를 확인했다. 몇 마디 주고받던 그녀는 자신도 그 방향으로 간다며 합승 양해를 구한다. 모로코에서 택시합승은 불법이 아니다. 라바트(Rabat)대학에 다니는 살마(Salma)는 부모님이 계시는 카사블랑카에 왔단다. 한국인임을 밝히니 자신도 틈틈이 한국어 공부를 하고 있단다. 그녀는 영어 · 프랑스어 · 스페인어 · 아랍어를 자유자재로 구사할 수 있다고 했다. 모로코 공식 언어는 '아랍어와 베르베르어'지만 행정문서는 프랑스어로 작성된다. 어려서부터 프랑스어와 아랍어를 배우며, 상류층 자제들은 영어 · 스페인어를 추가하는 것이 일반적이다. 살마의 외국어 실력에 감탄하자 4개 국어 능력을 갖춘 모로코인들이 흔하다며 겸손해한다. 한국어까지 터득한 후 서울에 오라는 덕담에 전화번호를 적어주며 여행 간 어려움이 있으면 언제든지 연락하란다. 젊은 대학생의 예상치 않은 친절에 '소매치기', '바가지요금' 등 모로코 여행 전 들었던 온갖 부정적인 정보가 눈 녹듯이 사라졌다.

음식점 내부에 전시된 1800년대 카사블랑카 거리의 사진으로 식당 간판에 프랑스어가 보인다

역사 풍자화가 보여주는 약소국의 서러움

카사블랑카 역사갤러리는 시내 주택가에 있었다. 3층 건물로 외부에 2~3개의 깃발만 있어 외국인들이 찾아오기는 힘들 것 같았다. 출토도자기 및 공예품들이 전시되어 있고, 그림 · 기록사진으로 모로코 근·현대역사를 일부 소개했다. 역사전시물 중 1장의 풍자화가 20세게 초 모로코의 국제정치적 상황을 압축적으로 보여주었다.

Trip Tips

즉 '모로코' 팻말을 목에 건 흑인을 욕조에 억지로 집어넣어 목욕을 강요하는 그림이다. 주변에는 프랑스·스페인·독일·영국인들이 온갖 감언이설로 겁에 질린 모로코인을 꼬드기고 있다.

특히 사용하는 백색비누는 현재도 유명한 프랑스산 조개껍질 상표 제품이다. 이 비누는 '미개하고 더러운 모로코를 발전시킨다는 빌미로 자국 식민지로 만들겠다'는 프랑스 책략을 풍자한 것이다. 흡사 20세기 초 일본이 대한제국에 강요한 을사늑약·강제병합의 역사와 판박이였다.

유럽강대국들의 모로코 영유권 쟁탈을 묘사한 풍자화. 욕조 내 모로코인을 유럽인들이 프랑스산 비누로 강제로 목욕시키는 모습.

모로코 지배를 위한 강대국들의 갈등

1830년 알제리를 식민지화한 프랑스는 1900년부터 서부의 모로코를 탐내어 점령을 시도했다. 이슬람교도들의 격렬한 반발에 1902년 7월 20일, 카사블랑카에 프랑스함대는 함포사격까지 퍼부었다. 이에 독일이 반발하면서 양국 간 긴장이 조성됐다. 1911년 프랑스가 모로코 내륙도시를 점령하자, 독일은 해군함대를 파견하여 양국은 일촉즉발의 전쟁위기까지 치달았다. 먹거리를 두고 으르렁거리는 동물의 세계와 다름없는 살벌한 국제사회의 민낯이다. 결국 '프랑스는 모로코를 보호령으로 하되, 독일은 콩고 주요지역을 지배한다.'라는 주고받기식 외교협상으로 타결됐다. 1905년 미 · 일간의 '카스라 태프트 밀약'으로 필리핀과 조선의 운명이 결정된 것과 유사하다. 이 사건으로 영국은 프랑스보다 독일을 더 큰 위협으로 판단하여 영 · 프 동맹을 강화하고 독일을 고립시키는 정책으로 변환했다.

드디어 1912년 3월 30일, '페스(Fes) 조약'으로 프랑스는 모로코의 국방 · 외교 · 치안권을 장악했고, 스페인 역시 북부해안과 남부일부의 영유권을 확보했다. 모로코는 갈갈이 찢겨졌고 프랑스는 자국민의 대규모 이주와 서구식 문화를 확산시켰다. 1930년대 거센 독립운동에 프랑스는 산악지역 베르베르인과 도시권 아랍인과의 반목을 조장하여 모로코인들을 분열시켰다. 제2차 세계대전이 끝나고 국왕 모하메드(Mohammed) 5세는 해외망명지에서 독립을 선언했고, 결국 1956년 모로코왕국은 프랑스 · 스페인지배를 벗어나 재탄생했다.

스페인 · 프랑스와의 투쟁 '리프전쟁(Rif War)'

'리프(Rif)'는 스페인에서 마주 보는 모로코 북부 산악지대다. 16세기 이래 스페인은 지브랄탈 해협의 대안 항구도시 '세우타'와 '멜리야'를 확보하고 베르베르(Berber)인 리프족과 분쟁을 겪어왔다. 스페인 · 프랑스와 리프 공화국 간의 분쟁은 제2차 세계대전 이전 북아프리카지역에서 일어난 가장 규모가 큰 전쟁이다. 1920년 리프족 무장봉기가 일어나자 2만 명의 스페인군이 출동했지만 엄청난 사상자를 내면서 대패했다. 반면 리프군은 8만 명의 대병력으로 성장하여 프랑스령 모로코까지 진출했다. 대결상태를 유지해온 스페인 · 프랑스였지만 공동위협에 대응하여 30만의 양국 원정군이 결성됐다. 첨단무기인 탱크 · 전투기가 동원되었지만 리프군 저항은 끈질겼다. 이에 원정군은 무자비하게 겨자독가스까지 사용했다. 전쟁에서 이기기 위해 수단 방법을 가리지 않는 인간 본성이 그대로 드러났다. 엄청난 사상자가 발생했던 이 전쟁은 1926년 5월 26일, 리프군이 프랑스군에게 항복하면서 끝났다. 하지만 모로코는 선조들의 피어린 전쟁사를 전해주는 국립역사박물관 한 곳 갖추지 않았다. 개인갤러리에서 겨우 그 역사의 일부를 볼 수 있다는 것을 선뜻 이해할 수 없었다.

리프군 공격에 대비 방어진지를 보강하고 있는 스페인군
(출처: 사진으로 기록된 20세기 전쟁사)

한국인과 다른 모로코인의 식민지 지배 인식

Trip Tips

모로코의 프랑스 식민지배는 1912년부터 1956년까지 무려 44년간 이어졌다. 시내에서 프랑스식 옛 건물들을 쉽게 볼 수 있고 웅장한 천주교성당도 관광명소로 소개된다.

또한, 한국인의 일본식민지에 대한 역사인식과 모로코인의 프랑스식민지 인식은 사뭇 다르다. 그들에게 프랑스는 척박한 땅 모로코에 선진문화를 심어준 존재라는 의식도 일부 가진 듯했다.

카사블랑카 항구 식당가에 있는 수백 년 전통의 유명음식점 내부 전경

카사블랑카 항구에는 수백 년 전통의 유럽풍 유명식당들이 즐비하다. 옛 성곽 일부를 개조한 음식점안 곳곳에 붙어있는 18·19세기 건물사진들이 유명세를 더한다. 사진 속 간판에는 이미 큼직한 프랑스어 식당명칭이 써져 있다. 저렴한 가격에 풍성한 상차림은 가성비까지 최고다. 넘치는 물질의 풍요를 마음껏 즐기자는 분위기는 한국이나 모로코 모두 똑같았다.

수도 라바트 미술관의 흑인 노예역사 전시실

라바트(Rabat)는 모로코 수도로 정치 · 행정 · 문화의 중심지이지만 많은 사람이 북적이지 않는 깨끗하고 조용한 도시다. 대서양 연안의 200만 주민이 살고 있는 항구로 북아프리카에서 가장 아름다운 도시 중 한 곳이다. 특히 라바트에는 왕궁을 포함하여 많은 이슬람 유적과 모로코 독립투쟁의 선봉장이었던 모하메드 5세 영묘도 있다.

힘들게 찾아간 예약호텔이 폐업하다

자유여행 간 지켜야 할 철칙 중 하나가 "해지기 전 다음 여행지 숙소에 도착하라!"이다. 낯선 해외도시에서의 야간행동은 위험요소가 많다. 카사블랑카 역에 가니 라바트행 열차표는 이미 매진이다. 하지만 라바트 숙소는 예약되어 있어 겨우 구한 늦은 시간의 열차를 탈 수밖에 없었다.

밤 11시를 훌쩍 넘어 라바트역에 도착 후, 10분 거리의 숙소를 찾아 구글맵을 따라 발걸음을 옮겼다. 스마트폰 표시점을 따라 20여 분을 걸어도 호텔은커녕 건물도 없는 큰 도로가 나타났다. 첨단기기도 가끔 오작동이 있는 모양이다. 행인에게 주소를 보여주니 정반대 방향으로 왔다며 택시를 이용하란다. 겨우 잡은 택시의 운전사는 목적지가 메디나(옛 시가지) 안에 있다며 성문 밖에 내려준다. 성안의 좁은 시장 골목에서 사람들에게 물어도 숙소 위치를 아는 사람이 없다. 이때 옆에서 지켜보던 건장한 청년이 자신은 사복경찰이라며 따라오란다. 심신이 극도로 지쳐 상대 신분을 확인할 기운조차 없다. 골목골목을 비집고 따라가니 불 꺼진 작은 Hotel이 나타났다. 굳게 잠긴 출입문을 두드리고 전화를 해도 응답이 없다. 구세주 경찰관이 폐업호텔인 것 같다고 했다. 안이한 여행계획이 빚은 참극이었다.

라바트 기차역 청사내의 모로코 국왕 초상화

모하메드 5세 영묘와 미완성 이슬람 유적

다음날, 어렵게 다시 구한 역 근처 호텔에서 답사지역에 대한 정보를 확인하고 또 확인했다. 낯선 해외에서 현지인과 많은 대화만큼 유용한 정보는 없다. 라바트 역시 모로코 역사를 쉽게 이해할 수 있는 박물관은 없었다. 단지 관광명소는 모하메드 5세 영묘, 미완성 이슬람 성전, 로마유적 정도였다.

라바트는 시내 구석구석까지 트램과 버스가 잘 연결되어 대중교통을 이용한 시내 답사에 전혀 불편함이 없다. 시가지 동쪽 편에 성곽으로 둘러싸인 모하메드 5세 영묘와 이슬람 유적지가 있다. 프랑스 식민지배를 벗어나고자 해외에서 필사적으로 투쟁한 옛 국왕을 모로코인은 국부(國父)로 추앙한다. 붉은색 제복의 기마 근위병들이 성곽 입구에서 말을 탄 채 관광객들과 자유롭게 사진 촬영을 한다. 영묘 내부는 하얀 대리석 석관이 있으며 실내 장식이 매우 아름답다.

Trip Tips

야외 광장에는 웅장한 하산 탑(Tour Hassan)이 있다. 1192년부터 1197년까지 당시의 모로코 왕이 장대한 모스크 건설을 시도했지만, 대지진으로 공사가 중단되었다. 하산 탑은 한 변 16m의 정사각형으로 높이 44m까지 건축하다가 멈추었고, 주변에는 300개 이상의 원추형 돌기둥이 남아있다.

미완성 이슬람유적지의 하산탑과 원추형 돌기둥 전경

모로코국민이 사랑하는 국왕 무함마드 6세

모로코의 관공서 · 기차역 · 호텔 · 빌딩에서는 국왕 무함마드 6세 초상화를 쉽게 볼 수 있다. 입헌군주국인 모로코이지만 국왕은 입법 · 사법 · 행정권을 가진 절대적인 존재다. 특히 모로코 최초의 평민 출신 왕비 랄라 살마(Lalla Salma)는 국민에게 더욱 인기가 높다. 많은 기업을 가진 모로코 왕실은 부(富)를 독식한다는 비난도 받지만, 그 재력으로 사회복지를 혁신적으로 이끌어나간다는 긍정적인 평가도 있다. 국왕 소유의 건설기업이 빈민층 무상임대아파트를 건설하고, 다른 구제사업에도 많은 재원을 투입한다.

2011년 초, 이집트 · 리비아 · 튀니지에서 '아랍의 봄'으로 불리는 민주화 운동이 거세게 불어 닥쳤다. 당시 시위상황을 TV로 실시간 방영했지만, 모로코는 잠잠했다. 단지 카사블랑카·탕헤르에서 국왕 퇴진을 요구하는 소규모 시위만 있었다. 대부분의 모로코인은 젊은 국왕의 개혁추진과 국가를 위해 헌신적으로 일하는 진정한 모습을 신뢰하고 있다고 하였다.

라바트 시내 모로코 왕궁 입구의 성문 전경

처참했던 아프리카 흑인의 노예 역사

Trip Tips

긴 담으로 연결된 왕궁 거리 부근에 라바트미술관이 있다. 전시작품 대부분이 아프리카문화를 소개하고 있었는데, 15~16세기 아프리카 노예무역 실상을 묘사한 그림이 마음을 아프게 한다.

1451년 포르투갈군대는 모로코로 진격하여 항구도시 '세우타'에 성채를 건설했다. 뒤이어 유럽 각국의 무역상들이 아프리카 서해안을 누비었다. 해안에 무역기지를 만든 후, 처음에는 주로 금과 상아를 거래했지만, 나중에는 상품이 '사람'으로 바뀌었다. 아프리카 흑인들은 손발에 족쇄가 채워져 짐짝처럼 배에 실려졌다. 노예 사냥꾼 대부분은 돈에 눈이 먼 현지 부족장이거나 아랍 상인으로 유럽인들은 손에 피 하나 묻히지 않고 노예를 얻었다. 노예무역을 처음 시작한 나라는 포르투갈이었고, 흑인들은 주로 유럽으로 팔려갔다. 1550년경 포르투갈 인구의 10%가 아프리카 노예였다. 배가 불룩한 5명의 흑인임산부가 목에 쇠사슬을 감은 채 줄줄이 노예선을 타는 그림은 충격적이다. 배 위에는 남자 노예들이 자신들의 여인을 지켜주지 못함에 처연하게 쳐다보고 있지만, 특가상품(?)을 얻은 유럽 상인은 흐뭇한 미소를 짓고 있다. 인간 탐욕의 막장드라마였지만 인류 역사의 실상을 있는 그대로 보여주는 그림이기도 했다.

라바트 미술관의 아프리카 노예무역 실상 그림

스페인의 식민지배가 잉태한 서사하라 분쟁

국익이나 먹거리를 앞에 두고 죽기 살기로 싸우는 것은 국제사회나 동물 세계가 다를 바 없다. 1884년부터 스페인식민지였던 모로코 남부 서사하라(면적 26.8만Km^2) 지역에는 매장량 세계 1위의 인광석과 대서양 연안 어업자원이 엄청나다. 국제사회압력으로 1976년 스페인이 철수하자 서사하라인과 주변국 사이 분쟁은 시작되었다. 모로코와 모리타니아가 이곳을 분할 점령하고자 했으나, 알제리 지원을 받는 무장단체 폴리사리오는 거세게 저항했다. 하지만 모로코는 서사하라 80%를 실효 지배하면서 2,000Km의 모래방벽 군사분계선을 건설했다.

Trip Tips

1991년 유엔이 이 지역 정전감시를 맡으면서 한국군 의료지원단이 1994년부터 2006년까지 파견되기도 했다. 현재 서사하라를 결코 양보할 수 없는 모로코는 더욱 강한 군사력을 육성하고 있다.

모로코 청소년의 유럽 프로 축구팀 입단 꿈

탕헤르(Tanger)는 모로코 북단 항구도시로 스페인과는 지브롤터 해협을 사이에 두고 27Km 떨어져 있다. 인구 100만의 이 도시는 19세기 미국과 유럽 각국의 영사관이 설치되어 모로코 외교중심지로 번영을 누렸다. 특히 탕헤르는 모로코가 프랑스 · 스페인의 식민지배를 받을 때도 영국 · 이탈리아 · 포르투갈 · 벨기에가 공동관할하는 자유무역항이었다. 현재 많은 유럽기업이 진출해 있으며, 모로코 남부로 연결되는 철도 · 도로가 개설되어 있고 스페인과의 연락선도 자주 다닌다.

식민지 국민 모로코인의 디아포라스(Diaporas)

2018년 11월 20일, 모로코는 아프리카 대륙 최초의 고속열차를 개통했다. 대서양 연안 평탄한 평원의 철로를 따라 라바트-탕헤르행 열차는 시속 300Km 이상으로 달린다. 옆자리의 아주머니가 감회어린 표정으로 창밖 대서양을 바라본다. 수십 년 전 프랑스를 거쳐 캐나다로 이민을 갔다가 고향 방문을 위해 귀국했단다. 모로코 · 캐나다 이중국적을 가진 그녀는 가난했던 모국을 떠나 캐나다에 정착하여 안정된 생활을 하고 있다. 친척들로부터 따듯한 환대를 받았지만, 모로코보다 캐나다인 자부심을 더 강조한다.

Trip Tips

프랑스 정부는 제2차 세계대전이 끝난 직후, 경제재건을 위해 모로코인들을 프랑스로 대거 불러들였다. 당시 식민지인 모로코 · 알제리 · 튀니지에서 트럭을 대기시켜 놓고 "프랑스에서 일하고 싶은 사람은 모두 올라타라."라고 했을 정도였다.

2008년 기준 프랑스의 모로코 이민자와 후손은 200만 명에 달했다. 특히 이슬람과 프랑스문화 차이는 많은 문제점을 낳았고, 모로코인들은 다시 세계 100여 개 국가로 흩어져 나갔다.

유럽 프로축구팀을 꿈꾸는 모로코 청소년

멀리 바다 건너편으로 유럽대륙이 보이는 탕헤르 해변의 아침! 방파제 옆 백사장 곳곳에서 청소년들이 축구를 즐기고 있다. 발목이 푹푹 빠지는 모래밭에서는 유니폼을 입은 소년축구팀이 죽을힘을 다해 뜀박질을 한다. 감독은 진흙 운동장보다 2~3배 더 힘든 백사장 체력단련을 독하게 다그친다. 팔짱을 끼고 뱀눈으로 선수들을 지켜보는 감독 자세는 진지하다. 체력의 한계점에 다다른 몇 명이 주저앉자 그제야 숨 고르기를 허락한다. 인접 시멘트 바닥 운동장에서도 동네 꼬마 축구경기가 한창이다. 찢어진 철망 밖으로 튀어 나가는 공을 가볍게 발로 잡아 밀어주니 탄성이 자지러진다. 사소한 일에도 잘 웃고 감사하는 어린애들의 순수한 감정표현은 동서양이 다르지 않다.

수많은 모로코 청소년의 꿈은 탁월한 축구 기량을 인정받아 유럽프로팀에 스카우트 되는 것이다. 열악한 운동여건을 극복한 소년들이 세계적 스타가 된 사례는 많다. 전설의 축구황제 '펠레'는 어린 시절 브라질 빈민촌의 진흙탕에서 맨발로 축구를 시작했다. 최악의 조건을 극복한 펠레는 17세에 국가대표팀에 발탁되어 세계축구계에 돌풍을 일으키기도 했다.

탕헤르 해안 모래밭에서 체력단련을 하고 있는 모로코 소년축구팀

대항해시대에 쌓아 올린 철옹성 탕헤르 요새

Trip Tips

방파제를 따라 한참 걸어가면 15세기 대항해시대에 포르투갈이 최초로 축성한 탕헤르 요새가 나타난다. 포르투갈에 뒤이어 수백 년 동안 스페인이 보강한 높은 성채에서는 탕헤르 항구가 한눈에 내려다보인다.

이 · 삼단계 층층이 쌓아 올린 성곽은 가늠할 수 없을 정도로 두텁다. 성곽에 진열된 화포는 '1426년'으로 표시된 포구 장전식 모델부터 1800년대 말 후미 장전식 대포까지 뒤섞여있다. 멀리 안개 속으로 보이는 이베리아반도 옆의 트라팔가르(Trafalgar)곶은 1805년 10월 21일 영국의 넬슨 제독이 스페인 · 프랑스연합 함대를 괴멸시킨 곳이다. 세계역사를 반전시킨 현장 부근의 이 요새는 그 당시 중요성이 더욱 부각되었을 것이다.

세계 무역 · 교통 · 군사요충지인 탕헤르는 역사적으로 강대국들의 표적이 되었다. 이 도시는 15세기 이후 포르투갈 · 스페인 · 영국통치를 받다가 1904년 프랑스 · 스페인이 분할 점령했다. 1905년 독일까지 뛰어들어 프랑스 기득권에 도전하는 '탕헤르' 사건까지 일어났지만, 영국 중재로 일시 봉합되었다. 복잡했던 도시 역사를 설명하는 안내판 하나 성곽에는 없다. 하지만 국적불명의 녹슨 대포 옆에서 행락객들이 앞 다투어 기념 촬영에만 열중하고 있었다.

19세기 후미 장전식 해안포 옆에서 기념촬영을 하는 행락객

시가지 전투를 고려한 성채내의 주택 설계

15~19세기 함정의 구형 화포가 성채를 파괴하는 것은 어려웠을 것 같았다. 결국 해안으로 상륙한 보병이 성벽을 넘어 백병전으로 요새를 점령해야 한다. 그러나 이 또한 쉽지 않도록 성채 내 건물을 설계했다. 즉 좁은 건물 간격과 복잡한 골목으로 적군의 병력집중은 불가하다. 창문 하나하나는 총안구이며 갈지(之)자형 통로는 출구를 알 수 없다. 2층 건물에서 기름을 쏟아부어 화공을 가한다면 적에게는 치명적이다. 적병이 우왕좌왕하며 사지를 벗어나려고 해도 미로의 끝은 막다른 벽이다. 더운 여름철에 서늘한 골목 그늘을 만들려고 일부러 건물 간격을 좁혔다는 설도 있지만, 군사적 측면도 분명 고려하여 설계했을 것이다.

성곽 안 건물 샛길로 들어가 시내로 나오는 길을 찾았다. 중학생 또래 아이 두 명이 돈을 요구하며 끈질기게 따라온다. 빠른 걸음으로 좁은 길을 벗어나려고 마지막 모퉁이를 도니 개인 주택이다. 빙그레 웃으며 돌아서서 아이들을 지나치니 쳐다 만 본다. 성채를 벗어나자 경사진 도로에 전통시장이 줄지어 있다.

Trip Tips

해안 반대편 시내 쪽 성곽 높이도 30m는 족히 되어 보였다. 포르투갈·스페인이 세계제국으로 군림하기 위해 보이지 않은 곳에서 얼마나 피땀을 흘렸는지 느껴졌다.

탕헤르 요새 성곽에 진열된 포르투갈·스페인산 포구 장전식 구형 화포

유럽 지배역사에 자부심을 가지는 모로코인

전통시장 끝부분 넓은 공원에는 프랑스어로 쓰인 기념탑과 묘비들이 즐비하다. 깔끔하게 정비된 녹지공원 안의 이슬람기도실 관리인은 연세가 지긋한 노인이다. 주변을 두리번거리며 기도실까지 살피는 필자에게 관리인은 "My brother(형제여)!"라며 먼저 말을 걸며 의자를 내민다. 세상만사에 관심이 많은 점에서 서로가 통했다. 모로코에 대해 이것저것 이야기하던 그는 7세기경 이슬람교도들이 유럽으로 건너가 800년 동안 스페인을 지배했음에 자부심을 가진다고 한다. 비록 공원에 프랑스·스페인유적들이 즐비하지만, 이베리아반도의 대부분 옛 유적은 이슬람 선조들의 작품이라고 강조했다.

탕헤르 요새에서 내려다본 항구 전경. 좌측 바다 건너편으로는 스페인을 볼 수 있다.

대항해시대의 열강의 중간기착지 모로코 포구

포르투갈 무역기지로 건설한 아실라 성채 전망대.

아실라(Assilah)는 탕헤르 남쪽 31Km 정도 떨어진 작은 포구이다. 기원전 1500년부터 사람이 살기 시작했고, 페니키아인들의 무역 거점이었으나 15세기 포르투갈이 점령했다.

현재 성곽 마을 아실라는 깔끔한 벽화로 단장하여 많은 관광객을 유치하고 있다. 대항해시대의 선박은 장거리 항해에 많은 제한을 받았다. 포르투갈 · 스페인은 대서양 연안에 선박의 재보급을 위해 곳곳에 해운기지를 만들었다. 이런 목적으로 건설된 아실라에는 성곽전망대, 정박시설, 화포 등 포르투갈 유적들이 일부 남아있다.

원거리 항해선박의 중간기착지 아실라

탕헤르 관광객들에게 가장 많이 추천받는 당일 여행코스는 벽화마을 '아실라'다. 기차로 30분 내 도착하여 조용한 바닷가에서 가벼운 마음으로 야외미술관 체험까지 가능하다. 깨끗하고 쾌적한 열차의 오른편으로는 하얀 포말을 일으키는 대서양 연안이, 왼편으로는 아틀라스산맥 아래의 푸른 녹지가 보인다. '사막', '낙타'로 상징되는 남부 사하라와는 판이한 지형이다. 아실라역에서 마을까지의 합승택시 요금은 모로코 동전으로 계산할 정도로 저렴하다. 한국의 면 소재지 같은 촌락이지만, 포르투갈이 축성한 성채는 웅장하다. 성곽 외부의 늘어선 음식점의 종업원들이 고객유치에 고래고래 소리 지른다. 성문 안의 돌담길을 한참 걸어야 만 옛 마을이 나타난다.

1415년 포르투갈의 엔히크(Henrique) 왕자는 최초로 북서아프리카로 탐험대를 보냈다. 본격적인 포르투갈함대의 항해가 재개되면서, 아프리카 서해안에는 수많은 무역 요새가 건설되기 시작했다. 하지만 당시에 바다 끝에는 절벽이 있다는 미신으로 선원들은 먼 바다 항해를 주저했다. 탐험대 선박은 아실라 포구를 거치면서 육지가 보이는 연안을 따라 조심스럽게 운항했다. 이후 100년이 안 되어 유럽인들이 대거 미지의 대륙으로 몰려오기 시작했다.

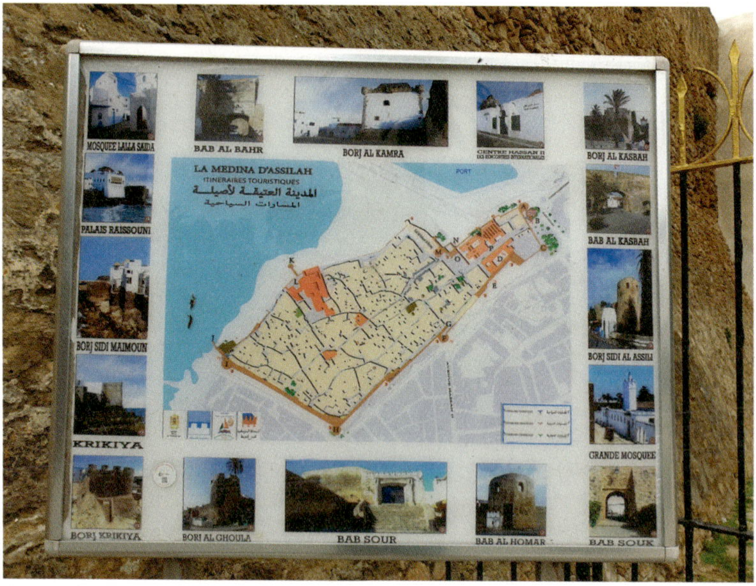

성문 입구 기념공원의 아실라 벽화마을 안내판. 주로 포르투갈 성채의 유적들을 소개하고 있다.

포르투갈 무역기지가 벽화마을로 재탄생

Trip Tips

아실라 마을은 눈부시게 하얀 주택이 빼곡하고, 담벼락에는 수준 높은 벽화로 가득하다. 매년 7월, 국제문화축제가 열리면 새로운 그림들이 다시 그려진다. 바닷가 전망대에서는 건물벽화, 탁 트인 대서양, 하얀 백사장을 동시에 볼 수 있고 멋진 해수욕장까지 붙어있다.

마을 안 골목길은 한산했다. 공예품 구멍가게와 한가롭게 사진 촬영을 하는 외국인들만 간간이 보인다. 콘크리트 바닥에서 재잘거리며 공놀이하는 초등학생들로 그나마 마을에 생기가 돈다. 위험한 놀이터의 아이들이 걱정되어 오랫동안 지켜보았다. 하지만 익숙한 운동장인지 축구공을 쫓아가면서도 솟아오른 돌부리에 걸려 넘어지는 아이가 없었다.

바다 방향 쪽으로는 일자형 성벽과 사대(射臺)가, 마을건물은 진내전투가 가능토록 성채는 건축되었다. 성곽 입구의 전망대 아래 중세 화포가 전시된 작은 공원이 있다. 성채 안내도와 포르투갈어로 기록된 기념비가 지난 500년 역사의 증인이다. 박격포처럼 포신을 치켜든 화포 몸통에 복잡한 문양이 있으나, 제작연도 확인은 어렵다. 바닷가 옆의 허물어진 외부성곽은 시멘트 보강작업이 한창이다. 고증을 통한 유적보존보다는 땜질식 처방이 이루어지는 듯했다.

아실라 마을 담벼락의 벽화. 매년 국제문화축제 시 그림이 새로 그려진다.

식민지 개척역사가 잉태한 아프리카의 비극

아프리카 노예무역은 19세기 들어 크게 주춤해졌다. 국제사회의 인신매매 금지와 과학발전으로 노예수요가 줄었기 때문이다. 대신 유럽 열강들은 아프리카를 보호령이란 이름의 식민지정책을 추진했다.

1884년 11월 15일 베를린, 영국 · 프랑스 · 독일 · 러시아를 포함한 유럽 12개국과 미국 · 오스만제국을 추가하여 14개국이 한 테이블에 모였다. 아프리카 분할을 논의하기 위한 자리였다. 미개한 이 대륙을 임자 없는 땅이라고 생각하고 자유무역권보장과 선교 및 무역기지를 먼저 만든 나라가 해당 지역 소유권을 삿기로 했다. 소위 '콩고분지조약' 결과물이다.

땅 주인인 원주민은 안중에도 없었다. 단결력이 강한 부족은 분리했고, 갈등 관계 부족은 서로 붙여서 분열을 조장했다. 백인국가 간 분쟁이 생기면 위도와 경도를 중심으로 경계선을 그었다. 아프리카 주요국가 국경선이 일직선인 것은 이 시기의 유산이다. 검은 대륙의 피비린내 나는 내전은 열강들의 '아프리카 분할정책'이 잉태한 것이다.

제2차 세계전쟁과 아프리카인의 의식전환

1939년부터 1945년까지의 제2차 세계대전 인명피해는 참담했다. 사망자 4000만 중 민간인이 2300만 명이다. 징집 규모도 인류역사상 유례를 찾아보기 힘들 정도다. 6700만 명이 군인으로 동원되었으며 연합군 4500만 명, 추축군(독일 · 이탈리아 · 일본 등)이 2200만 명이었다. 연합국 중 프랑스 · 영국은 모로코를 포함한 식민지인을 대거 전쟁터로 내몰았다. 프랑스식민지군

47.5만 중 모로코인은 73,000명. 독일 마찬가지 아프리카 식민지에서 인적 · 물적 자원을 충당했다. 고래 싸움에 새우의 선택권은 아무것도 없었다. 6년 전쟁에서 1700만(연합군 1130만, 추축군 570만)명의 군인이 목숨을 잃었다. 아프리카 프랑스군 사상자는 68,000명에 달했으나, 모로코인 피해가 얼마인지는 정확하게 알려져 있지 않다.

Trip Tips

전쟁이 끝난 후 유럽 열강의 국력은 급속히 퇴조했고, 아프리카인들은 자신의 영토와 인구 통계적 중요성을 비로소 깨달았다. 특히 모로코는 1956년 4월 7일, 프랑스관료 및 종족 간의 갈등을 극복하고 완전한 독립국으로 탄생했다.

모로코 영토 내의 스페인령 '세우타'로 향하다

여행객들이 많이 찾는 파란색 테마도시 '쉐프샤우엔(Chefcheouen)'도 탕헤르에서 멀지 않았지만, 모로코 · 스페인의 '뜨거운 감자'로 남아있는 세우타로 발걸음을 옮겼다. 고속버스터미널로 가는 중 택시기사가 "탕헤르는 모로코에서 가장 일자리가 많은 도시이며 해마다 인구가 늘고 있다."며 홍보한다.

세우타행 버스요금은 35디르함(4200원), 택시요금은 50디르함(6000원)이다. 버스는 1시간 이상을 기다려야 하지만, 6인승 합승택시는 승객이 차면 바로 출발이다. 시간 · 비용을 고려해도 택시가 훨씬 편리하다. 세우타로 가는 4차선 도로는 산악지형이지만 잘 정비되어 있었다. 차창 밖으로 보이는 광대한 탕헤르 신항만과 쌓인 야적 컨테이너는 번영하는 모로코 미래를 잘 보여주고 있었다.

세우타

Ceuta

한국 DMZ의 판박이 세우타 국경지대

세우타(Seuta)는 아프리카 북단 지중해의 작은 항구도시로 모로코와 국경을 맞대고 있는 스페인 자치령이다. 영국령 지브롤터가 바다 건너편으로 보이는 이 도시인구는 8만 명이며, 면적은 18.5Km^{2}로 여의도 4배 크기다.

수천 년 전 카르타고인들이 최초 항구를 건설했지만, 로마제국 지배를 거쳐 AD 771년 아랍인들이 정복했다. 이후 1415년 포르투갈의 항해 왕자 엔히크 군대가 세우타를 점령하면서 세계역사에서 '대항해시대'의 신호탄이 올랐다. 세우타 도심과 외곽에는 거대한 성채들이 곳곳에 있으며, 상당수의 스페인군이 현재도 이런 요새지에 주둔하고 있다.

모로코-스페인령 세우타 국경지대 전경. 뒤편 능선에 1860년에 축성한 하얀색의 소규모 조기경보용 성채가 보인다.

한국 DMZ의 판박이 세우타 국경지대

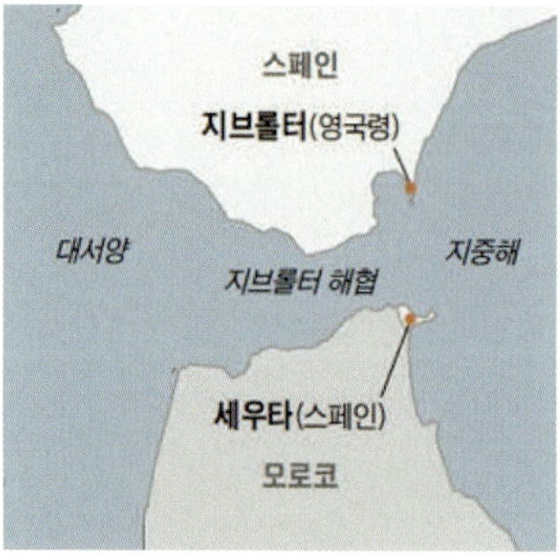

지브롤터 해협과 세우타 위치
(출처: Google 이미지)

탕헤르를 출발한 지 1시간 정도 지나 세우타가 가까워지자 의외의 전경에 깜짝 놀랐다. 세우타 국경 지역이 한국 비무장지대와 너무도 흡사했기 때문이다. 산 능선의 넓은 불모지, 이중 철책선, 경계 망루가 눈앞에 펼쳐졌다. 국경초소 뒤편 주요고지에는 1800년대에 축성한 조기경보용 자은 성채들도 뚜렷이 보인다. 국내언론에서 가끔 보도되던 스페인국경선에서의 경찰 · 난민 간 충돌현장이 바로 이곳이다.

국경 주변 산악은 군데군데 하얀 바윗돌과 잡목들로 우거져 있다. 눈에 잘 띄지는 않지만, 야산 곳곳에 난민들이 은거하고 있단다. 알제리, 리비아와 아프리카 중서부국가에서 수천 Km를 이동해온 사람들이다. 2016년 12월에는 여행용 가방 속에 몸을 숨겨 세관 검색대를 통과하려다 발견된 가봉 출신 남성이 질식사하기 직전 가까스로 목숨을 건지기도 했다.

Trip Tips

내전, 가난, 굶주림을 벗어나 신천지로 탈출하고자 하는 난민들의 애절한 호소도 물질적 풍요를 마음껏 누리는 유럽인들에게는 골치 아픈 사회문제일 뿐이다.

세우타 외곽 산정에서 내려다본 시내 전경. 멀리 보이는 반도 끝부분에도 견고한 성채가 있다.

목숨 걸고 유럽으로 탈출하는 아프리카 난민

2018년 여름, 세우타 국경 근처 야산에 난민들이 모여들었다. 이들 대부분은 밀입국 알선조직에 상당량의 자금을 내고 이곳에 도착했다. 알선책 두목 '나 잘남'은 난민 입회금으로 철책 돌파에 필요한 특수 장비들을 사전 확보했다. 또한, 신속한 국경 통과를 위해 집결 난민들을 3개 그룹으로 편성했다. 손재주가 뛰어나고 재빠른 인원들에게 '통로 개척조' 임무와 함께 절단기가 주어졌고, 체격 좋고 인상이 험악한 20대들은 경찰에 대항하는 '엄호조'로 편성했다. 본대는 가족 단위로 팀을 이루어 철책을 통과하면 무조건 분산해서 도주하도록 예행연습까지 시켰다.

2018년 7월 26일 06:35분, 주 · 야간근무 교대를 막 마친 국경수비대원들은 갑자기 들이닥친 난민들의 기습에 정신을 차릴 수 없었다. 여러 곳의 철책이 동시에 뚫렸고, 침입자들은 사방으로 흩어졌다. 경찰이 몽둥이로 제압하며 난민들을 체포하려면, 오물통이 날아들고 화염 스프레이 불꽃이 날름거렸다. 순식간에 800여 명의 난민이 순찰도로를 거쳐 세우타 시내로 내달렸다. 결국, 602명이 체포되어 세우타 임시수용소에 갇히었고 난민 16명, 경찰 15명이 부상당했다(출처: 2018. 07.27. 문화일보). 멀리서 이 작전을 지켜보던 '나 잘남'은 두둑이 쌓인 밀입국 알선비를 만지며 흐뭇한 미소를 지었다. 그리고 기상천외한 다음의 해상 · 공중침투 작전까지 구상하기 시작했다.

해마다 반복되는 지중해의 난민 해난사고

세우타 난민수용소 인원은 심사를 통해 일부는 이주 희망국가로 건너갈 수 있지만, 나머지는 모로코로 다시 추방되기도 한다. 난민들은 비교적 우호적 대우를 해주는 스페인 정부에 절박한 자신의 처지를 호소하면서 유럽국가 이주를 꿈꾼다. 그나마 이들은 낡은 배로 무모하게 지중해를 직접 건너는 난민들보다는 안전하다. 2016년 지중해를 직접 건너려다 익사한 난민은 최소 5,000여 명. 특히 유럽 해안에 도착한 난민의 16%가 아동이었고, 그중 88%는 보호자가 없었다고 한다.

모로코에서 세우타로 입국하는 세관은 혼란스러운 시장통 분위기와 비슷하다. 매일 국경 넘어 세우타로 출퇴근하는 모로코인이 수천 명에 달한다. 대한민국 여권을 내밀자 세관원은 얼굴확인도 없이 스탬프를 '꽝!' 내려찍는다. 한국인이 스페인으로 밀입국하려는 경우는 없다는 것을 확신하는 태도다.

국경세관을 통과하여 세우타 시내로 출근하는 모로코인들.

세우타 시내에 가족들과 함께 나온 아이들의 공놀이 모습

세계제국 스페인을 능가한 한국인의 저력

Trip Tips

모로코의 연 국민소득은 스페인의 1/10 수준. 세우타에 온 모로코인 대부분은 허드렛일이나 일용잡역을 도맡아 한다. 똑같은 직종의 스페인인에 비해 턱없이 낮은 임금을 받지만, 모로코보다는 더 높은 급여에 감사할 따름이다.

1960년대 초 한국 역시 개인소득이 1년에 100달러 이하인 최빈국이었지만, 오늘날 스페인을 능가한다. 세계에서 그 유례를 찾아볼 수 없는 기적적인 역사다. 시내버스를 타고 시내로 들어가니 신천지가 전개되었다. 세우타는 외곽 산악지역을 제외하고는 분위기가 서울의 명동거리와 똑같다. 깔끔한 식당에서 여유있게 외식을 즐기는 가족들을 쉽게 볼 수 있으며, 화폐도 유로화를 사용한다. 현재 경제적으로 어려움을 겪고 있는 스페인이지만, 선조들이 물려준 국가유산은 엄청나다. 또한, 스페인 사람들은 세계를 제패했던 제국의 후손이라는 자부심도 강하다. 과거 군사 강국답게 세우타에는 다양한 전쟁유적들이 산재해 있었다.

해체부대 역사를 보존하는 세우타 군사박물관

스페인은 1900년대 초부터 모로코 북부지역을 지배했다. 많은 스페인 부대들이 1920년대 리프 전쟁을 포함하여 원주민과 숱한 전투를 치렀다. 1956년 모로코가 독립하자, 스페인은 세우타에 군사박물관(Spanish Legion Museum)을 건립하여 식민지에 주둔했던 해체부대의 역사유물을 옮겨왔다. 박물관 입구의 개인화기를 어깨에 메고 모로코산 산양 1마리와 당당하게 행진하는 병사동상이 인상적이다. 지상 · 지하 각 1층으로 구성된 전시관은 다양한 부대의 군기(軍旗), 옛 부대막사 모형, 전쟁영웅 흉상, 최고훈장 수상자 무용담으로 꽉 차 있다. 스페인이 세계제국으로 우뚝 설 수 있도록 자신의 목숨을 아낌없이 바친 군인들의 희생이 오롯이 느껴졌다. 한국 역시 국방개혁의 일환으로 숱한 부대들이 해체되고 있다. 선배 장병들의 피땀 어린 조국을 위한 헌신을 후세가 기억할 수 있도록 해체부대 역사관이 존속되었으면 하는 마음이 간절했다.

군사박물관 내에 전시된 해체부대 군기와 각종 역사자료.

포르투갈군이 축성한 세우타 철옹성

아프리카 북단 모로코에 스페인의 해외영토는 세우타(Ceuta)와 멜리야(Melila) 두 곳이 있다. 세우타는 지브롤터 해협 남쪽에 빠져나온 반도 모양이고, 멜리야는 모로코 북동부에 있다. 스페인 남단 지브롤터(Gibraltar)가 영국령인 것 같이 모로코 내의 두 도시는 스페인령이다. 스페인이 영국에게 지브롤터를 반환하라고 하면, 영국 역시 "당신네도 세우타와 멜리야를 모로코에 돌려주라."라고 맞대응한다. 지중해-대서양의 목구멍과 같은 전략요충지를 대가 없이 순순히 돌려줄 국가는 아무도 없을 것이다.

사나이 헤라클레스가 만든 지브롤터 해협

그리스 신화 속의 헤라클레스가 암살자에게 쫓기다가 유럽과 아프리카를 연결하는 아틀라스산맥을 만났다. 그는 산을 넘는 대신 아예 두 손으로 거대한 산줄기를 찢어버렸다. 산맥이 갈라지자 대서양과 지중해 간의 물꼬가 트이면서 마침내 지브롤터 해협이 생겼다. 이때 생긴 '헤라클레스의 2개 기둥'이 지브롤터 바위산 '타리크'와 세우타의 '몬테 아쵸(Monte Hacho)'산이다.

세우타 항구 선착장 부근의 헤라클레스 동상. 양손으로 밀고 있는 기둥은 스페인 국가문장 속에 포함되어 있다.

스페인 국가문장의 헤라클레스 기둥은 "더 큰 세상으로 나아가 신세계를 발견하라!"라고 하는 의미가 있다. 결국, 스페인은 이베리아반도를 지배하던 무어족을 몰아내고, '대항해 시대'를 열면서 그들의 영역을 세계로 넓혔다. 새로 발견되는 땅들을 모조리 식민지로 만들어 세계제국으로 우뚝 섰다. 세우타 선착장 부근에는 거대한 헤라클레스가 양손으로 두 기둥을 밀어 세우고 있는 동상이 있다. 이처럼 '도전, 열정, 창의성'을 의미하는 고대신화를 가진 민족은 보이지 않는 가운데서도 그 정신이 후손으로 이어지는 모양이다.

포르투갈의 첫 식민지 개척전쟁 세우타 기습작전

1415년 7월 25일, 리스본 항구! 200척이 넘는 거대한 선단의 선두에 포르투갈 국왕 주앙 1세와 세 아들(두아르테, 페드로, 엔히크)이 섰다. 포르투갈의 운명을 걸고 출전하는 원정군은 2만 명에 달했다. 목표는 세계교역의 중심지이며 전략요충지인 북아프리카 세우타. 이 항구는 스페인 남부에 버티고 있는 이슬람 최후 왕국, 그라나다의 생명줄이기도 했다.

8월 21일 아침, 대함대는 세우타를 급습하여 요새에 집중 포격을 가했다. 이 순간을 위해 수많은 대포를 배에 실어 이곳까지 날랐다. 요새는 로마 · 비잔틴 · 아랍제국을 거치면서 난공불락의 철옹성으로 변해 있었다. 그러나 전투를 승리로 이끈 결정적인 요인은 무기가 아닌 열정이었다. 누구보다 왕자들이 승리와 영광에 대한 욕심이 컸다. 왕위 계승권자 장남은 최선두에서 상륙작전을 이끌었고, 셋째 왕자 엔히크는 성문이 부서지자 가장 먼저 성안으로 뛰어들었다. 사기충천한 원정군의 용맹스러운 모습에 이슬람 병사들은 공포에 사로잡혔다. 13시간 사투 끝에 결국 세우타는 포르투갈군 수중으로 떨어졌다. 유럽국가 중 아프리카에서 가장 먼저 얻은 포르투갈의 첫 해외영토다.

국왕은 세우타를 지켜 포르투갈 땅으로 만들겠노라고 선언했다. 반대의견도 만만치 않았다. 이슬람세력에 둘러싸여 고립된 땅을 지키는데 들어갈 막대한 자금과 인력 때문이다. 왕의 의지는 꺾이지 않았고, 3000명의 결사대를 세우타 성에 남겼다. 그들은 적의 요새 위에 자신들의 요새를 짓기 시작했다.

세우타반도 허리를 끊어 만든 운하 옆의 성곽 전경. 사진 좌측에도 비슷한 형태의 성채가 있다.

적진지 위에 요새를 축성한 세우타 철옹성

Trip Tips

포르투갈군은 가느다란 세우타반도의 허리를 끊어 운하를 낀 성채를 완성했다. 운하 성곽은 아군의 안전한 통항과 융통성 있는 작전을 보장했다. 1580년 포르투갈이 스페인에 합병되자 세우타도 함께 넘어갔다.

스페인 역시 운하를 더욱 깊게 파고 성채를 높고 두텁게 보강했다. 웅장한 세우타 성은 "로마는 결코 하루아침에 이루어지지 않았다."라는 격언의 표상이다. 요새 지하를 발굴한 역사학자들은 "8m 안에 비잔틴, 이슬람, 포르투갈, 스페인 성벽이 존재한다. 이런 성채는 세우타 성이 세계에서 유일하다."라고 한다.

방어시설은 세우타 외곽 산악, 해안 곳곳에도 만들어졌다. 산정 높은 곳에 국기가 휘날리는 성채는 현재도 스페인군이 주둔한다. 세우타 해안도로는 10m 이상의 높은 옹벽 위에 있다. 사다리를 이용하지 않고는 적의 상륙이 어렵다. 세우타 성 높이는 20~30m에 달하고, 성곽 내부에는 견고한 지하 엄체호, 수십 개의 화포 진지, 대형 화약통이 산재해 있다. 또한, 성벽 곳곳에 붕대로 머리를 감싼 부상병, 화약을 운반하는 치마차림의 여성, 지휘도를 뽑아 들고 민관군을 독려하는 지휘관 모습이 조각되어있다. 600년 세우타 성 역사를 고스란히 비각(碑刻)으로 후세에게 보여 준다.

세우타 성 외곽의 해안도로 전경. 해안에 높은 옹벽을 만들어 적의 상륙에 대비했다.

적의 침공을 조기 경보하는 스페인판 GP

세우타 외곽도로를 자동차로 일주하는데 대략 30~40분 걸린다. 모로코와 국경을 접한 가장 높은 산능선 전망대에는 특이한 형태의 망루형 요새가 있다. 이 성채는 세우타 주둔 본대에 적의 침공을 조기에 알려주는 전진기지였다. 1800년대 건설한 스페인판 GP다. 규모만 다를 뿐 임무는 한국 비무장지대의 GP와 똑같다.

세우타 외곽 국경 지역의 조기경보용 성채 전경. 체류 전투가 가능하도록 설계되어 있다.

당시 국경 외곽에 9개소가 있었으나, 현재 7개가 남아있다. 내부의 나선형 계단은 성채 꼭대기까지 올라갈 수 있으며, 적 포위망 속에서도 일정 기간 버틸 수 있도록 설계했다. 1층 총안구에서 적과 근접전투 후 불리하면 10m 높이의 2층으로 올라가 저항할 수 있다. 물론 장기체류에 대비한 식량과 식수를 사전에 충분히 비축해 두었다.

모로코 · 스페인의 세우타 부근 도서영유권 분쟁

Trip Tips

모로코가 스페인령 세우타 · 멜리야를 반환받는 것은 어려울 것 같다. 국력 · 군사력 · 외교력에서 모로코가 너무 열세하다. 최근에는 세우타에서 8Km 떨어진 바위섬 '페레힐(Perejil)' 영유권을 두고서도 양국은 수시로 갈등을 빚고 있다.

넓이 1.5Km²(독도의 8배)의 무인도를 현재 스페인이 관할하고 있다. 2002년 7월 11일, 모로코군의 기습적인 페레힐 섬 점령에 스페인군은 즉각 군사적 대응태세를 갖추었다. 미국 중재로 가까스로 무력충돌을 피하면서 쌍방 군대는 철수했다. 스페인은 15세기 이후 실효적 지배 논리를, 모로코는 1956년 독립과 동시 영유권은 당연히 반환되어야 한다는 주장이다. 지구촌 모든 나라는 예외 없이 인접국과의 영토갈등을 숙명적으로 가지고 있는 것 같았다.

세우타 항구 선착장 부근의 항해 왕자 엔히크 동상. 그는 대항해시대에 적극적으로 포르투갈 탐험대를 아프리카로 보냈다.

세우타 성 입구 스페인 포병의 전투장면을 묘사한 동상.

제54연대 박물관의 스페인 100년 전쟁역사

1415년 포르투갈이 아프리카 북부 세우타를 점령한 이후 지중해의 전략요충지인 이 항구를 차지하고자 숱한 전쟁이 있었다. 그러나 포르투갈 · 스페인은 성채를 더욱 보강하면서 사력을 다해 지켜냈다.

옛 성곽 형태를 본뜬 스페인육군 제54 보병연대 정문 전경.

세우타의 작은 반도 안에서는 로마 · 이슬람 · 스페인유적을 동시에 볼 수 있다. 성곽과 연결된 고풍스러운 옛 군사시설 일부는 현재 영외거주 장병 숙소로도 사용된다. 수백 년 전 선조들의 피땀이 스며있는 전쟁유적에서 생활하는 스페인군은 별도의 역사교육이 필요 없을 것 같았다.

식민지 개척이 낳은 스페인의 황금시대

15세기 유럽인의 육식 위주 식단에서는 후추, 계피와 같은 향신료는 느끼한 고기의 뒷맛을 없애기 위한 필수품이었다. 1453년 오스만 튀르크가 동서무역 통로인 지중해와 중동지역을 장악하자 인도에서 유럽으로 들어오던 향신료 수입이 크게 줄면서 가격도 천정부지로 올랐다. 1492년 스페인의 콜럼버스 탐험대는 향신료 생산국 인도로 가기 위한 새로운 해상로를 찾아 나섰다. 천신만고의 항해 끝에 엉뚱하게 신대륙을 발견하는 쾌거로 스페인 전성기는 시작되었다. 유럽 열강들은 앞다투어 해외식민지 쟁탈전에 뛰어들었고, 스페인은 멕시코·페루에서 막대한 양의 은을 가져 왔다. 쌓이고 넘치는 국부(國富)를 군사력 증강에 집중하면서 스페인은 넓은 해외 영토를 가진 대제국으로 우뚝 섰다. 이베리아반도 통일에 이은 16세기 초반부터 17세기 중반까지의 약 150년이 흔히 말하는 '스페인의 황금시대'다.

Trip Tips

대항해시대의 세우타는 지중해 장악과 아프리카 진출을 위한 전략요충지였다. 해안 곳곳의 성채들이 이 항구의 중요성을 대변해 준다. 시내 중앙요새의 운하 교량은 저녁 시간이 되면 대포 발사와 동시에 들어 올려 인원 통행을 차단했다. 적의 야간기습에 대비하기 위해서였다.

옛 요새와 병영에서 이어가는 스페인군 군사전통

세우타 시내는 걸어 다녀도 반나절이면 동서남북을 관통할 수 있다. 숙소 가까운 곳의 성곽 옆에 구형 화포 전시물과 24시간 스페인 국기가 펄럭이는 고색창연한 건물이 있었다. 박물관 건물로 추정하면서 시내 외곽을 먼저 둘러보고 그곳 관람을 계획했다. 오후 여유 있는 시간이 생기자 이 건물 정문을 기세 좋게 밀고 들어갔다.

정문 안에 들어가니 전혀 상상치 않았던 잠옷, 운동복 차림의 청년들이 깜짝 놀라며 필자를 맞이한다. 박물관이 아닌 스페인군 영외장병 숙소란다. 옛 병영막사를 독신자 숙소로 개보수한 모양이다. 군사박물관으로 착각하고 잘못 들어왔다며 정중하게 사과했다. 이때 어떤 군인이 가끔 외국인들이 이 건물로 잘못 들어오는 경우가 있다며 자신들이 근무하는 '제54 보병연대' 역사관을 친절하게 소개해 준다.

제54 보병연대 막사와 시멘트연병장 사열대 전경

100년 스페인 전쟁사를 보여주는 제54연대 역사관

1911년 세우타에서 창설된 제54 보병연대는 시내 변두리에 있었다. 웅장한 성문 형태의 정문은 한국의 사단·군단급 위병소와 비슷하다. 역사관 관람 신청 후 한참을 기다리니 완장을 찬 키 작은 여군이 나타났다. 안내 여군은 영어소통이 불가했지만, 입가에 웃음이 떠나지 않을 정도로 친절했다. 역사관장은 듬직한 체격과 영어를 유창하게 구사하는 산도스(Sandos) 상사다. 2층의 역사관은 지난 100년의 스페인 전쟁사를 압축해서 보여준다. 54연대는 세우타 방어의 주력이었으며, 이 연대를 중심으로 다양한 부대가 창설·해체를 반복했다. 전시물은 1900년대 초부터 현재까지의 군복·무기·참전역사·기록사진 등 다양했다. 제2차 세계대전 시 사원자들로 편성된 스페인부대를 지휘했던 독일군 장교 군복까지 있다.

또한, 프랑코 장군도 대위 시절 중대장으로 이 연대에서 2년간 근무했단다. 그의 흉상과 복무기록 자료들이 별도 공간에 비치되어 있다. 프랑코는 1936년 스페인 내전 시 아프리카군단을 이끌고 세우타 항에서 최초 출항했다. 모로코 점령기에 54연대는 간부를 제외하고 병사들은 현지인으로 채워졌다. 연대 군모는 아프리카인 전통을 고려 원통형 빨간 모자에 동그란 리본이 매달려 있다. 역사관을 꽉 채운 전투상황도와 다양한 군사유물은 웬만한 전쟁박물관보다 더 소중한 사료를 가지고 있는듯했다.

제54 보병연대 역사관 내의 군복 변천 전시실. 왼편에 현재도 사용 중인 고리달린 원통형 군모가 보인다.

주적 없는 안보상황에서의 모병제 스페인군

야외전시장에는 1940년대 해안에 배치되었던 150mm 대형화포가 전시되어 있다. 부대 건물은 낡아 보였지만 내부는 보수공사로 장병 생활에는 전혀 불편함이 없단다. 막사 옆에서 흡연 중인 몇몇 병사들이 산도스 상사를 보자 화들짝 놀란 수탉처럼 부동자세를 취하며 손바닥이 보이는 거수경례를 한다.

스페인육군 제54 보병연대 부대 마크. 역사관장 산도스 상사가 방문 기념으로 준 선물이다.

Trip Tips

스페인군은 2001년 징병제에서 모병제로 전환했다. 모병 병사 월 급여는 1300유로(한화 176만 원) 수준. 급식, 피복 및 주거비 등 제반 비용은 본인 부담이다. 대신 일과 이후 병사들의 퇴근은 자유로우며 일반잡역은 민간 인력이 지원한다.

이 정도의 처우로 병력충원이 가능한지 산도스에게 물으니 스페인의 높은 실업률로 겨우 정원은 채우고 있다고 한다. 마침 야외훈련을 마치고 복귀하는 소대 규모의 병력을 만났다. 수염을 제멋대로 기른 중년 병사로부터 완전군장에 파묻힌 왜소한 체격의 여군도 눈에 띄었다. 현재 스페인군 총병력은 12만 명이며 주 임무는 테러 예방과 PKO 활동이다. 즉 저강도 분쟁을 전제로 유지하는 군대이다. 주적이 없는 유럽안보 상황에서 정규전을 대비한 강력한 군대육성의 필요성이 사라진 것 같았다.

제54 보병연대 병영조감도. 오른편에 성문 형태의 부대 정문이 보인다.

쫓기는 세우타의 불법체류 난민들

지브롤터 해협을 건너 스페인본토로 가려고 선박터미널로 향했다. 미로처럼 복잡한 부둣가 도로를 따라 걷다가 주유소 근처에 모여 있는 청년들에게 길을 물었다. 뒤따라오던 중년 신사가 필자의 소매를 급히 끈다. 손짓으로 그들과 접촉하지 말라는 신호를 보내는 순간 요란한 사이렌 소리와 함께 경찰순찰차 2대가 들이닥쳤다. 주유소에서 서성이던 그들과 골목길에서 갑자기 쏟아져 나온 10여 명의 청년이 필사적으로 달아난다. 서너 명의 경찰관이 추격했지만, 체포는 어려울 것 같았다. 이들이 바로 밀입국자들이란다.

Trip Tips

착한 심성을 가진 난민들이지만 극단적 상황에서는 어떤 돌발행동이 나올지 아무도 모른다고 한다. 터미널까지 동행한 스페인 신사가 여객선에서 들려주는 난민 실상이 가슴을 무겁게 했다.

스페인

S p a I n

제1차 세계대전을 예고한 '알헤시라스' 국제회의

펠리페 2세(제위 1556~1598년)는 스페인을 세계제국으로 부상시킨 국왕이다. 당시 스페인은 이베리아반도 전체, 북 · 중앙 · 남아메리카, 필리핀, 태평양 마리아나제도까지 지배했다. 1580년에는 포르투갈까지 병합하여 "스페인 땅에는 해가 지는 날이 없다"라는 명성을 들을 정도였다. 신대륙에서는 엄청난 금 · 은 보화가 들어왔고, 수도사들은 원주민들에게 가톨릭 전파에 주력했다. 대서양을 스페인의 호수로 만든 펠리페 2세는 로마 · 몽골제국에 버금갈 거대한 영토를 다스리며 공고한 '팍스 에스파냐'를 구가했다.

유럽으로 탈출을 꿈꾸는 난민들의 절박한 사연

세우타 항에서는 스페인 알헤시라스와 모로코 탕헤르로 가는 여객선들이 수시 출발한다. 경찰의 난민 추격전을 눈앞에서 생생하게 지켜보면서 살벌한 부두 분위기에 바짝 긴장했다. 다행히 스페인 신사의 대수롭지 않다는 듯한 태도가 다소 위안이 되었다. 여객선터미널의 검색체계는 난민 유입 예방을 위해 심혈을 기울인 듯했다. 일자형 통로로 구성된 통관절차는 조금도 빈틈이 없다. 서너 번의 신분 확인을 거친 후 마지막으로 승선이 허락된다. 매끈한 여객선 선체도 철저하게 밀폐형이다. 수영이나 부유물에 의존하여 난민이 선박에 접근해도 배 위로 기어오르는 것은 불가능하다. 동행자의 말에 의하면 낡은 조각배에 의존하여 스페인대륙으로 건너가다가 지중해에서 익사하는 난민사고가 수시로 일어난단다.

스페인령 세우타 부두에서 알헤시라스 항구로 출항 대기 중인 매끈한 선체를 가진 밀폐형 여객선 모습.

난민수용소의 밀입국자 생활도 열악하다. 폭발적으로 늘어나는 난민들을 제한된 관리 인원으로 완벽하게 통제하는 것은 불가능하단다. 다양한 국적을 가진 난민 세계에서는 완력과 주먹이 센 그룹이 결국 주도권을 쥐기 마련이다. 힘없고 가족이 없는 여성과 어린애들은 이들의 손쉬운 먹잇감이다. 돈 많은 난민 역시 식별되는 즉시 금품을 강탈당하는 것이 예사라고 한다. 약육강식의 동물 세계가 수용소 내에서 예사로 펼쳐지지만, 정의가 살아있는 질서 유지는 쉽지만은 않을 것 같았다.

1900년대 세계역사의 변곡점 알헤시라스 회의

세우타에서 알헤시라스 항구까지는 여객선으로 1시간 거리다. 이곳은 지중해의 전략적 요충지로 역사적으로 아랍세력의 이베리아반도 침공 통로였다. 건너편에는 영국령 지브롤터 항이 있으며 양국경계선은 바다 중간이다. 1779년 스페인 · 프랑스 연합군은 지브롤터를 무려 4년간 공격했지만 실패했다. 1801년에는 영국-스페인 · 프랑스해군이 치열한 해전을 알헤시라스 앞바다에서 벌렸다. 100년 후, 또다시 강대국 정상들이 이 도시로 모였다. 1906년 1월, 모로코에 대한 프랑스 · 독일의 이권 조정을 위한 '알헤시라스 회의(Algeciras Conference)'를 개최했다. 독일 빌헬름 2세는 프랑스의 모로코 내정간섭을 제한해 달라고 각국에 요청했지만, 반응은 싸늘했다. 독일을 지지한 나라는 단지 오스트리아 · 헝가리제국뿐이었다. 미국 · 영국 · 러시아 · 이탈리아는 프랑스를 적극 옹호했다.

Trip Tips

1906년 4월 7일 조인된 '알헤시라스 협정'은 누가 친구이고 적인가를 분명하게 알려주었을 뿐이다. 이 회의를 계기로 미래 전쟁에서 열강들이 누구 편에 설 것인가를 사전에 예고해 주었다. 하지만 "실패한 정상외교는 없다"라는 말처럼 온갖 미사여구로 포장된 공동성명발표로 이 회의는 마무리되었다.

알헤시라스 회의성과를 자축하는 강대국 정상들을 묘사한 풍자화. 협정 조인 후 강대국간 내면적 갈등은 더 심해졌다.(출처: google 알헤시라스 회의 이미지)

제1차 세계대전을 잉태한 상호불신의 역사

한발 늦게 식민지 확보에 뛰어든 독일은 영국·프랑스와 세계 곳곳에서 갈등을 빚었다. 1914년 7월 28일, 황태자 암살사건을 계기로 오스트리아가 세르비아에 선전포고하자 프랑스·영국·러시아는 즉각 세르비아 편에, 독일은 오스트리아·헝가리제국과 함께 전쟁에 개입했다. 1871년 보불전쟁 패전국인 프랑스는 1870년 9월부터 참혹했던 4달간의 파리공방전과 알자스-로렌지역을 독일에 빼앗긴 원한을 절대 잊지 않았다. 결국, 해묵은 상호불신이 폭발한 것이다. 제1차 세계대전은 무려 3000만 명의 인명을 뺏은 후 1918년에 끝났다. 참혹한 전쟁결과로 세계 각국은 입만 열면 평화회담·비무장선언을 부르짖었다. 하지만 1939년 또다시 제2차 세계대전이 발발하면서 5000만 명 이상이 죽었다. "평화"를 외치는 구호가 전쟁을 막을 수 있다면 인류역사에서 국가 간의 갈등은 벌써 사라졌을 것이다.

지브롤터 바위산에서 본 비행장 활주로 전경. 비행장 울타리 옆의 스페인 국경도시 '라 리네아 델라 꼰셉시온'이 보인다(사진 위쪽).

알헤시라스 앞바다를 나누어 가진 영국령 지브롤터

알헤시라스에서 시내버스를 타고 50여 분 달려 종점에 도착하며 마치 칼로 자른 듯한 형상의 지브롤터 타리크 바위산이 보인다. 10여 분을 걸으면 비행장울타리에 걸쳐있는 국경세관이 나타난다. 이 울타리를 연해서 양국 국경도시는 완전히 붙어 있다. 지브롤터로 출퇴근하는 스페인 노동자, 관광객들로 국경선은 늘 혼잡하다. 이곳 역시 스페인보다는 경제적으로 한 수 위인 영국령으로 사람들이 모여든다. 활주로를 가로지르는 도로는 항공기 이착륙 시 모든 인원·차량의 통행이 금지된다. 세관을 통과하면 바위산 동굴요새와 군사유적을 안내하는 여행사 직원들이 팜플릿을 보여주며 관광객을 모은다. 동굴 요새와 해안군사유적, 지하터널박물관까지 보려면 하루 정도 이곳에서 머물러야 한다. 이베리아반도를 비수처럼 겨누며 지중해를 내려다보는 영국령 지브롤터! 스페인이 압도적인 국력 우위를 갖지 않는 이상 다시 찾는 것은 불가능해 보였다.

지브롤터 바위산에서 본 먼 바다 건너편의 스페인 알헤시라스 항구(사진 위쪽). 양국 해상경계선은 항구 앞바다의 중간선이다

스페인어 사용국가로 본 세계제국의 발자취

Trip Tips

스페인 총인구는 4700만 명, 면적 51만Km^{2}으로 한국보다 적은 인구를 가졌지만, 국토넓이는 5배다.

스페인에서 가장 아름다운 도시라는 '론다'로 가는 버스를 타고 시외로 나오니 숲과 언덕이 어우러진 광활한 초원 전경에 감탄사가 절로 나온다. 스페인은 세계를 제패했던 제국답게 엄청난 문화유산을 가졌다. 연간 5000만 명 이상의 외국인 방문객으로 관광 수입은 GDP의 11% 이상을 차지한다.

세계에서 가장 많이 쓰이는 언어는 무엇일까? 대다수 사람은 영어라고 대답할 것이다. 정답은 중국어다. 두 번째로 많이 쓰이는 언어는? 당연히 영어라고 생각하겠지만 정답은 스페인어다. 총 사용인구가 아닌 해당 언어 사용국가 수로는 1위가 영어이다. 중남미 대부분 국가와 세계 21개국이 스페인어가 모국어다. 해가 지지 않았던 대제국이 남긴 발자취다. 알헤시라스를 떠나 론다 · 세비야 · 그라나다 · 말라가를 관통하면서 스페인제국의 전쟁 역사를 찾아보고자 다시 발길을 옮겼다.

론다 절벽 위 '헤밍웨이의 길'과 누에보 다리

15세기 이베리아반도 남부는 이슬람세력이 장악하고 있었다. 그러나 1469년 아라곤왕국의 페르난도 2세와 카스티야왕국의 이사벨 여왕이 결혼하면서 스페인통일의 기반이 조성되었다. 국력을 결집한 공동왕국이 1492년 이슬람의 최후 거점인 그라나다를 탈환했고, 뒤이어 콜럼버스의 신대륙 발견으로 막대한 국가의 부(富)를 축적했다. 스페인은 16~17세기 정치 · 경제 · 문화의 황금기를 누렸으나 산업혁명의 동참기회를 놓쳤다. 더구나 끊임없는 대외전쟁과 왕위계승 분쟁으로 많은 해외식민지를 잃으면서 쇠락하기 시작했다.

안방처럼 누비고 다니는 한국인 여행객

알헤시라스에서 론다(Ronda)로 가는 길은 가히 절경이다. 끝없이 이어지는 올리브 나무숲과 장엄한 협곡, 거대한 바위산, 그 사이사이 들어선 하얗고 예쁜 마을들 때문이다. 깎아지른 듯한 깊은 협곡과 그 위를 가로질러 놓인 누에보(Nuevo)다리에 대한 소문은 여행자들의 발길을 이 마을로 이끈다.

론다 시내거리를 따라 조금만 걸어가면 에스파냐 광장 옆의 깎아지른 낭떠러지와 누에보 다리가 보인다. 협곡 전망대와 절벽 위 오솔길은 많은 관광객이 붐빈다. 깔끔한 옷차림과 교양 있는 태도의 한 무리 여성들이 서로 사진을 찍어주기 바쁘다. 서울에서 단체여행을 온 선생님들이란다. 눈을 크게 뜨고 주변을 살피니 가족여행 혹은 배낭여행을 온 한국인들이 곳곳에 보였다. 스페인 곳곳에서 한국말이 자연스럽게 귀에 들리는 것은 너무 흔한 일상사다.

기암절벽 위에 우뚝 선 세계적 명물 누에보

Trip Tips

론다 여행의 시작과 끝에는 언제나 누에보 다리가 있다. 어떤 사람은 스페인 여행목적이 바로 이 다리를 보기 위해서였다고 말할 정도다.

협곡 밑바닥은 보이지 않았고, 그 사이로 깊은 강이 흐른다. 그 어떤 노력으로도 이 협곡으로 갈라진 두 마을을 연결할 수는 없을 것 같았다. 그러나 국왕 펠리페 5세는 이름 없는 이 시골에 다리 건설을 명했다. 1735년 최초 공사가 시작되었지만, 120m 높이의 깎아지른 협곡 연결작업은 몇 번이나 난관에 부딪혔다. 절벽 상부에 홈을 파고 그 위에 아치형 교량을 얹는 방식이었다. 시공 8개월 만에 다리는 와르르 무너져 내렸고 50여 명의 사상자가 나왔다. 공사는 다른 방식으로 다시 시작되었다. 깊은 협곡 밑에서부터 돌을 쌓기로 했다. 거친 협곡의 단면과 거센 강의 물살 또한 큰 문제였다. 그러나 교량 완공에 대한 집념과 기술진의 창의력은 결국 이 어려움을 해결했다. 1754년 재개된 공사는 39년만인 1793년 '새로운 다리'라는 뜻을 가진 세계에서 가장 아름다운 누에보 다리를 탄생시켰다.

론다 협곡 아래에서 본 아름다운 누에보 다리.

이슬람 무어인들이 남긴 론다의 비밀 물탱크

800여년 이베리아 반도를 점령한 이슬람교도들은 도시 곳곳에 높은 성벽을 쌓고 항상 전쟁에 대비했다. 절벽의 도시 론다 역시 예외는 아니었다. 누에보 다리에서 아주 가까운 곳에 있는 '무어왕의 집'은 잘 알려지지 않은 장소다. 정원안의 표시판을 따라가면 지하로 내려가는 입구가 나온다. 만약 이 표식이 없다면 그 누구도 지하통로를 찾기 어렵다. 몸을 움츠려 조심스럽게 계단을 내려가면 "Water Mine(물 광산)"이라고 불리는 좁고 낮은 동굴이 나타난다.

15세기 중반 가톨릭교도의 군대가 남쪽으로 질풍노도처럼 밀려 올 때, 론다의 이슬람인 역시 일전을 치를 각오를 다졌다. 성벽은 더욱 높아졌고 군인들은 병장기를 점검했다. 그러나 성곽도시 론다가 적에게 포위된다면 무엇보다 중요한 것은 식수였다. 따라서 깊은 협곡 아래 강물을 비밀통로를 통하여 끌어 올려 비축한 물 저장창고가 바로 이곳에 있었다.

론다의 에스파냐 광장 끝부분 전망대 전경. 낭떠러지 아래에 과달레빈 강이 흐른다.

비밀 급수공사에 동원된 가톨릭교 노예들

거의 수직으로 협곡까지 100미터의 암반을 파내려 가는 난공사에 가톨릭 노예들이 투입되었다. 점령군의 피지배민족 강제동원은 동서양 구분이 없다. 감당할 수 없는 노역의 고통에 시달린 노예들은 수시로 동굴 벽면에 십자가를 새겼다. 자신들만 아는 위치에 남긴 이 표식을 만지며 하나님께 간절히 기도했다. 꼬불꼬불한 나선형 계단을 타고 내려가면 드디어 물을 끌어 올리는 원형 작업장이 나타난다. 물레방아 형태의 무거운 수차바퀴를 당나귀나 소 대신 노예들이 손으로 돌려야만 했다. 협소한 공간으로 동물 이용이 불가하다. 수차로 끌어 올린 물은 동굴계단을 통해 인력으로 또다시 지상 저장고까지 운반했다. 동굴의 마지막 끝에서 나가면 협곡의 제일 밑바닥에 조용히 흐르는 과달레빈 강이 나타난다. 이 강물을 절벽 꼭대기까지 올려 식수로 활용했던 아랍인의 기술력에 감탄하지 않을 수가 없다.

Trip Tips

이 급수시설은 당시 1급 비밀로 유지되었을 것이다. 만약 적이 이곳을 점령하거나 파괴한다면 성채내의 군대는 식수부족으로 스스로 성문을 열고 나와야만 했을 것이다.

론다 '무어 왕의 집'의 식수비축시설로 내려가는 지하 동굴 전경
(출처: '론다' 자료 Google 이미지)

'누구를 위하여 종을 울리나?'와 헤밍웨이의 길

론다는 인구 4만 명의 작은 도시이지만 주민보다 훨씬 많은 관광객이 찾아온다. 1785년에 완공된 세계에서 최고로 오래된 투우장도 이곳에 있다.

세계에서 가장 오래된 론다 투우장 입구의 황소 동상.

론다 협곡에서 가장 전망 좋은 곳의 파라도르 호텔! 헤밍웨이 단골숙소였던 이곳에서 그는 스페인 내전참상을 그린 소설『누구를 위하여 종을 울리나』를 집필했다. 자신이 직접 경험한 드라마틱한 내용이 독자 심금을 울렸다. 이 책에서는 공화파 무장대가 국민파(프랑코군) 포로들을 론다의 천 길 낭떠러지 밑으로 밀어 떨어뜨리는 장면도 나온다. 이 소설을 영화화한 마지막 장면도 인상적이다.

사랑하는 연인 마리아(잉그리드 버그만)를 안전한 곳으로 도망가게 하면서 주인공 로버트 조던(게리 쿠퍼)은 기관총으로 적의 추격을 저지하다가 최후를 맞이한다. 이 영화 촬영지 또한 론다 협곡이다. 헤밍웨이는 유독 전쟁에 관심이 많았고, 스페인내전과 제1 · 2차 세계대전에 의용군 혹은 종군기자로 직접 참전했다. 전쟁터의 인간본성 묘사는 타의 추종을 불허한다. 그러나 헤밍웨이 개인의 삶은 파란만장했다. 4번의 결혼과 이혼. 1953년 아프리카 여행 중 경비행기 추락으로 인한 중상. 그 사고의 후유증으로 우울증에 빠진 그는 폭음으로 허송세월을 보냈다.

론다 협곡 위의 파라도르 호텔 건물 벽에 붙어있는 '헤밍웨이 길' 표지판.

Trip Tips

결국 1961년 7월 2일 새벽, 62세의 나이에 엽총을 입에 물고 자살했다. 묘비문구는 "일어나지 못해 미안하네!"이다. 오늘날 그가 매일 산책했다는 론다 절벽위의 오솔길은 '헤밍웨이의 길'로 조성되어 있다.

집시의 애환과 열정이 녹아있는 '플라멩코'

세비야(Sevilla)는 이베리아반도 남부 안달루시아 주의 수도로서 인구 70만을 가진 스페인 제4의 도시다. 도심을 가로질러 가까운 대서양으로 빠져나가는 과달키비르 강 덕분에 예전부터 해상무역의 중요 거점으로 번성해 왔다. 콜럼버스의 신대륙 탐험대도 이 도시에서 출발했다. 훗날 식민지의 엄청난 재물까지 이 항구로 되돌아와 스페인제국은 물질적 풍요를 마음껏 누렸다. 세계문화유산인 알카사르성, 세비야 대성당이 있으며 플라밍고와 투우의 본고장도 이곳 세비야다.

동양적 문화를 가진 유럽 서쪽 끝의 스페인

711년 이베리아반도를 침공한 아랍인은 프랑스까지 진출을 시도했으나 피레네산맥을 넘지 못했다. 이로써 스페인은 800년 이슬람 지배로 유럽 서쪽에 있으면서도 동양적인 냄새를 풍기는 독특한 정체성을 가지게 되었다. 이슬람 문명은 빈약했던 스페인 경쟁력을 상승시켜준 장본인이다. 아랍인들의 천문학 · 수학 · 의학 · 정치사상은 스페인을 살찌웠고, 척박한 땅에 관개 기술을 전파했다.

세비야 중심부의 콜럼버스 신대륙 발견 기념비. 사진 왼편으로 세비야의 옛 왕궁이 있다.

스페인어 열 단어 중 하나는 아랍 어원을 가지고 있을 정도다.

하지만 스페인 대륙에서 718년부터 이교도를 몰아내고 잃어버린 땅을 되찾겠다는 레콩키스타(Reconquista: 국토회복운동)는 시작되었다. 이베리아 북단에는 레온, 카스티야, 아라곤과 같은 기독교 왕국들이 자리 잡았고, 이슬람교와의 끝없는 전쟁은 계속되었다. 가톨릭 신앙심은 투쟁의 근본 동력이었고 스페인을 한마음으로 묶었다. 1492년 이슬람의 그라나다 왕국이 최후로 항복하면서 아랍인은 아프리카로 쫓겨났다. 뒤이어 스페인 내에서는 무슬림과 유대인을 추방하는 종교재판으로 이어졌다. 세계역사는 이처럼 '도전과 응전', '정복과 지배', '보복과 화해'가 뒤엉켜 수레바퀴 돌듯이 굴러왔다.

모자이크 타일벽화로 꾸민 스페인 역사

1929년 에스파냐 아메리카 박람회 개최장소로 건립한 스페인광장 전경. 2층 난간에 군사역사박물관이 있다.

세비야 도심에 있는 광대한 규모의 스페인 광장은 작은 호수까지 있어 보트놀이도 가능하다. 1929년 에스파냐 아메리카 박람회 장소로 건설된 이곳은 세비야의 대표적 관광명소다. 반원 형태의 거대한 건물이 광장을 둘러싸고 있으며, 난간 벽면에는 각 주의 특징과 역사를 담은 타일 그림들이 자리 잡고 있다. 벽화 대부분은 이교도가 지배한 국토를 되찾기 위한 지역별 800년 투쟁역사를 묘사한 그림이다.

Trip Tips

'인증샷' 인기 장소는 단연코 1492년 아라곤 · 카스티야 공동왕국의 군대가 이슬람 최후의 거점 알함브라 궁전에 입성하는 벽화 앞이다. 주정부 청사가 자리 잡고 있는 타원형 건물 2층에는 스페인 근현대 전쟁사를 일목요연하게 보여주는 군사박물관도 있다.

테라스 한쪽에서는 수많은 관광객들이 지켜보는 가운데 플라멩코 공연이 한창이다. 악사의 기타 선율에 맞추어 발을 구르며 가수의 노래가 시작되자, 무용수는 손뼉을 치며 감정을 잡는다. 노래는 한을 토해내는 절규였고, 하늘을 향해 무엇인가 잡으려는 무용수 손끝은 집시들의 허망했던 세월을 한탄하는 듯 보였다. 땀을 뻘뻘 흘리며 온 몸으로 쏟아낸 격정적인 무용수의 춤사위는 마지막으로 발을 "쾅" 내리찍으며 끝났다.

집시의 열정과 애환이 녹아있는 플라멩코

"집시(Gipsy)"라는 단어는 다소 부정적인 생각을 떠오르게 한다. 중세에는 악마나 마녀라는 오명을 뒤집어쓰고 종교재판에서 화형에 처해지거나 생매장까지 당했다. 어떤 사회에도 동화되지 못하고 자신들만의 문화를 고집하는 집시들은 내부적 희생양이 필요한 사회에서 가장 손쉽게 버릴 수 있는 카드였다. 제2차 세계대전 당시 히틀러는 집시를 게으르고 부도덕한 기생충 같은 존재라며 대학살을 감행했다. 한 지역에 정착하지 않는 집시들은 못 배우다 보니 남의 것을 훔치고 속여야만 살 수 있었고, 그들에 대한 편견은 더더욱 심해졌다. 오늘날 유럽 집시는 거지, 소매치기 등 피해야 할 대상으로 여겨지기도 하지만, '자유로운 영혼'이라는 이중적 이미지를 갖고 있다.

Trip Tips

집시들이 고통의 세월을 보내면서 자신들만의 정서를 춤과 노래, 연주로 만들어낸 것이 바로 '플라멩코(Flamenco)'였다. 열정적인 집시들은 발을 빠르게 구르고 손뼉을 크게 치고 소리를 지르거나 노래를 부르면서, 그들만의 독특한 예술적 표현방법을 만들었다. 플라멩코는 불꽃이라는 뜻의 스페인어 '플라마(Flama)'에서 유래했다. 그만큼 화려하고 뜨거운 춤이다.

스페인 광장 2층 테라스에서의 플라밍고 공연 모습.
이곳에서는 시민들을 위한 다양한 문화행사가 열린다.

세계역사의 물길을 바꾸었던 신대륙 발견

1492년 8월 3일 새벽, 세비야의 팔로스 항구에서 콜럼버스는 3척의 범선을 신대륙을 찾아 출항했다. 대항해시대는 본격화되었고, 세계열강들은 경쟁적으로 식민지 쟁탈전에 뛰어들었다. 로마나 몽고제국에 버금갈 정도의 방대한 스페인 해외식민지에서 가져온 금은보화로 세비아는 풍요가 흘러넘쳐 '황금의 도시'로 불렸다. 콜럼버스는 신대륙 탐험을 출발하기 전, 이사벨 여왕과 산타페(Santa Fa)협정을 체결했다. 그 내용은 새로 발견하는 영토를 여왕에게 바치는 대신 자신과 후손들의 귀족신분 보장, 자신을 식민지총독으로 임명해 줄 것, 식민지에서 얻은 수입의 1/10을 자신이 차지한다는 것이었다. 이런 탐욕은 궁중대신과 교회로부터 많은 비난을 받았다.

세비야 과달키비르 강 팔로스 항구에 정박한 스페인해군 군함. 대서양과 연결된 이 항구에서 콜럼버스 탐험대가 출항했다.

자신의 이익에 급급했던 콜럼버스는 신대륙 원주민을 노예로 취급했고, 학살까지 하는 만행을 저질렀다. 결국 그는 본국으로 소환되기도 했지만, 여왕의 배려로 네 번째 탐험까지 떠났다.

Trip Tips

좌절감과 관절염에 시달리던 콜럼버스는 1506년 5월 20일, 쉰 넷의 나이로 세상을 떠났고 그의 유해는 세비야 대성당에 안장됐다.

한국인 부부의 당당한 세계일주 배낭여행

스페인 광장과 고속버스 터미널에서 멀지 않은 곳에 대형 한국식당이 있다. 손님 대부분은 한국인들인 반면 종업원은 의외로 스페인 젊은이들이다. 말을 걸어온 옆자리 여행객은 공무원으로 정년퇴직하고 아내와 함께 1년간 세계일주 배낭여행 중이라는 J씨 부부였다. 북미 · 남미 · 아프리카를 거의 다 돌아본 후, 모로코 탕헤르를 거쳐 오늘 세비야에 도착하였다.

스페인광장 근처 한국여행객들이 자주 찾는 대형 한국식당 전경. 이곳에서 가까운 곳에 고속버스터미널도 있다.

저녁식사 후 심야버스로 포르투갈 리스본까지 밤새도록 갈 예정이다. 귀국일자 항공편에 맞추다보니 막판에 강행군 중이란다. 온갖 난관을 극복해 가면서 최초 계획한 여행일정을 거의 소화했단다. 더구나 배낭여행 중 부부가 단 한 번도 다툰 적이 없다고 하니 더더욱 놀라웠다. 파란만장했던 그의 무용담(?)을 듣다가 가까운 필자숙소로 자리를 옮겨 버스출발 전 짧은 시간이나마 편안한 휴식을 갖도록 도와주었다.

하루 5끼를 즐기는 여유로운 식사풍습

세비야는 정치 · 경제 · 문화적으로 발전한 도시로서 오페라〈카르멘〉과 소설〈돈키호테〉가 창작된 곳이다. 그러나 20세기 정치적 불안정으로 스페인 국민들은 말할 수 없는 고통을 겪었다. 스페인 정치를 숙명적으로 표현한 우화다. 성모 마리아는 스페인 사람들이 갖고 싶은 것을 하나님께 주선해 주겠다고 약속했다. 좋은 풍광, 아름다운 노래와 춤, 미모의 여인과 용감한 남성을 부탁하니 이 모든 것을 하나님은 들어 주었다. 마지막으로 좋은 정부(政府)를 요구하자 당황한 성모님은 고개를 저으며 말했다. "그것만은 안 됩니다. 그렇게 된다면, 천사들이 하루도 천당에 머물려고 하지 않을 것입니다."

유네스코 세계문화유산 세비야 대성당

1492년 스페인을 지배하던 이슬람 세력이 완전히 물러간 후 세비야는 세계 최대의 도시로 급부상했다. 콜럼버스의 신대륙 발견 덕이다. 이 도시엔 신대륙에서 건너온 물자가 넘쳐났다. 세비야 구도심의 랜드 마크는 대성당이다. 페르난도 3세가 세비야를 탈환한 후, 이슬람 회당을 허물고 대성당 건축을 지시했다.

1401년부터 짓기 시작한 성당은 100년의 세월을 거쳐 세상에서 가장 큰 덩치로 태어났다. 콜럼버스 무덤이 있는 세비야 대성당 한쪽에는 그의 관을 네 명의 왕들이 어깨에 둘러메고 허공에 떠 있다. 왕의 발을 만지면 연인을 다시 찾게 되고, 부자가 된다는 속설에 유난히 발이 빛난다.

대성당 귀퉁이에는 한없이 우러러봐야 하는 30층 높이의 하랄다탑이 있다. 이슬람 기도 시간을 알리던 옛 첨탑이다. 가톨릭 군대가 세비야를 접수할 때 이슬람교도들은 유럽 최고 높이의 탑이 무참하게 허물어질 것을 염려했다. 그들은 조용히 물러가되 자신들이 스스로 부수고 갈 것을 요구했다. 페르난도 3세의 반응은 뜻밖에 '행여 벽돌 한 장이라도 빼내면 이슬람교도 모두를 죽이겠노라'라는 엄포로 하랄다는 생채기 하나 없이 살아남았다.

유네스코 세계문화유산으로 지정된 세비야 대성당 전경.

오페라〈카르멘〉의 무대 세비야 담배공장

대성당 옆 알카사르는 유럽에서 가장 오래된 궁전이다. 가톨릭 지배 이후 귀족들은 왕궁을 코앞에 둔 이곳으로 속속 몰려들었다. 빼곡하게 들어선 집은 반듯했지만 길은 넓지 못했다. 좁디좁은 골목길 위의 돌출된 창틀에서 몸을 쭉 빼면 앞집 사람과 입맞춤도 충분해 '키스 골목'이라 부른다.

알카사르 왕궁 옆의 구도심 산타크루스 골목길.

Trip Tips

세비야는 잘 알려진 오페라〈카르멘〉의 무대이기도 하다. 약혼녀가 있는 순진한 군인이 매력적인 집시 여인의 유혹에 넘어가 결국 인생을 망치는 내용이다.

당시 담배는 신대륙에서 건너온 최고의 히트 상품이었다. 1726년 세비야 담배공장은 통풍도 안 되는 열악한 환경이었고, 작업자 대부분은 집시 여인이었다. 공장 경비병 '돈 호세다'는 앞길이 창창한 군인이었고, 아름다운 여직공 '카르멘'에게 눈길 한 번 주지 않았다.

하지만 매력적인 이 여인이 던져준 꽃 한 송이 유혹에 돌부처 같았던 그의 마음은 흔들렸다. 폭행 사건으로 영창에 들어온 카르멘을 도망가게 만들고 대신 자신이 수감되었다. 감옥 속에서도 그는 '낭신이 던진 시들은 이 꽃에서도 달콤한 사랑의 향기가 난다.'라며 교활하게 꼬리친 카르멘에게 푹 빠졌다. 그러나 결국 여자 변심으로 호세다는 그녀의 가슴에 칼을 꽂으며 비극적 종말을 맞이한다.

오페라〈카르멘〉의 무대 세비야 담배공장

세비야 담배공장 주변의 깊은 해자와 경비초소.

카르멘 무대 담배공장 주변에는 상품유출을 막기 위해 깊게 파둔 해자와 경계초소가 남아있다. 이 공장은 세비야대학교 캠퍼스로 변했고, 여공들이 재잘거리며 오가던 곳을 지금은 그 또래의 여대생들이 드나들고 있었다.

하루 5끼를 즐기는 여유로운 스페인 식사풍습

Trip Tips

대성당 부근 구도심에는 서민들이 즐겨 찾는 '바르'가 즐비하다. 영국인의 펍(Pub), 프랑스인의 카페(Cafe) 이용이 일상이라면 스페인 사람에게는 바르(Bar)가 삶 그 자체다.

스페인에는 인구 1000명당 6개의 바르가 있으며, '집과 직장 외 시간을 가장 많이 보내는 곳'이다.

스페인인은 하루에 통상 다섯 끼를 먹는데, 이 모든 것을 해결할 수 있는 곳 역시 바르다. 아침(Desayuno)은 커피와 크루아상으로 해결하고, 11시쯤 주스·샌드위치로 '아점(Almuerzo)'을 한 다음, 오후 2시경 본격적으로 점심(Comido)을 먹는다. 커피나 빵으로 때우는 것이 아니라, 두 시간에 걸친 전채 요리부터 후식까지 풀코스다. 집이 가까운 사람은 낮잠 시간까지 갖는다. 오후 6시경, 간단한 '점저(Merienda)'를 먹고 9시부터 저녁(Cena)을 시작한다. 이런 비효율성을 정책적으로 개선하고자 하나, 수백 년 전통은 쉽게 없어지지 않는다고 한다.

세비야 구도심에 있는 '바르(Bar)'의 내부 전경.

군사박물관이 전하는 참혹했던 스페인 내전

낙천적이고 인정 많은 스페인 민족에게도 85년 전 뼈아픈 내전의 상처가 있다. 스페인광장 군사박물관은 1930년대 군복·무기·장비가 진열되어 있으며, 내전의 상흔을 이렇게 전한다.

스페인 내전(1936~1939) 무렵 국제적 상황은 민족주의, 파시즘, 공산주의 사상이 만발했다. 많은 사람이 자기가 신봉하는 사상에 몸을 바쳤고, 이런 시대적 특징으로 나타난 것이 '스페인 내전'이었다. 1936년 2월, 총선거에서 승리한 좌파는 인민 연합 정부를 구성했다. 그해 7월 13일, 좌파정부가 우파 정치인 소텔로 암살사건에 휘말리자 군부는 스페인 곳곳에서 반란을 일으켰다. 스페인은 인민 정부 지지자(공화주의자)와 군사반란 지지자(국가주의자)간 긴 내전에 빠져들었다.

프랑코 아프리카군단의 본토 상륙으로 내전 종식

1936년 7월 17일, 스페인령 모로코에서도 군사봉기가 일어났다. 프랑코 장군은 아프리카군단에게 본토이동을 명령했다. 이때부터 본격적인 내전은 시작되었다. 즉, 반란군을 지지하는 국민과 공화파 정부군을 지지하는 또 다른 국민, 다시 말해 '두 스페인'이 서로 증오하고 죽이기 시작했다. 내전은 초기부터 유럽과 온 세계의 주목을 받았다. 독일·이탈리아가 반란군을, 소련·멕시코가 공화파를 지원했다. 영국·프랑스는 중립을 지켰다. 작가 헤밍웨이와 조지 오웰이 참여한 4만 명의 국제여단 의용군이 공화파에 합류했다.

Trip Tips

1939년 3월 28일, 프랑코의 국민군 군대가 수도 마드리드를 점령하면서 내전은 끝났다. 30~60만 명이 죽었으며, 50만 명의 공화파 정부군·민간인이 프랑스로 망명했다. 1841년 이래 스페인에서는 202회의 쿠데타가 일어났으며, 1975년에 사망한 프랑코는 202회째의 성공자였다. 대제국 스페인 역사는 사실상 1936년에 막을 내렸다.

해양박물관으로 변신한 '황금의 탑'

세비야 과달카비르 강변에는 '황금의 탑'으로 불리는 12각형 망루가 우뚝 솟아있다. 이슬람교도들이 적의 침입을 감시하기 위해 세운 경계초소다. 13세기 건립 당시 탑 꼭대기가 금색 세라믹으로 덮여 있었다고 한다. 강 건너편 비슷한 형태의 망루 '은의 탑'과 강 위로 굵은 쇠사슬을 연결해 적선의 기습을 막았다. '황금의 탑'은 오늘날 해양박물관으로 변신하여 찬란했던 스페인 역사를 전하고 있다. 대제국 스페인도 1576년 네덜란드 전쟁패배, 1588년 영국해군에 의한 무적함대 괴멸로 국력이 쇠퇴하기 시작했다.

세비야 도심 강변의 '황금의 탑' 전경. 이슬람 시대 경계 망루이며 건너편 '은의 탑'과 강 위로 쇠사슬을 연결해 적선의 기습에 대비했다.

해양박물관에서 본 스페인제국의 무역선

세비야 강변 공원은 시민들이 가장 즐겨 찾는 휴식처다. 힘차게 노를 저으며 카누경기를 즐기는 젊은이들, 무리 지어 달리는 사이클 동호인, 윗옷을 벗어젖히고 알몸 조깅을 뽐내는 청년 등은 한강 수변공원의 모습과 비슷하다. 독특한 형태의 이 망루는 식민지에서 세비야 항으로 싣고 온 엄청난 양의 황금을 이곳에 보관했기 때문에 '황금의 탑'으로 불린다는 속설도 있다.

박물관 계단을 따라 올라가면 중세 · 근현대 함선발전과정이 전시되어 있으며, 스페인 주요 해전사(海戰史) 그림이 가득하다. 1500년대 활약했던 5층 구조의 무역선은 상상외로 엄청난 화물과 대포를 탑재할 수 있었다. 1~3층까지는 장거리 항해에 대비한 식수저장고·창고·선실이, 4~5층에는 수십 문의 대포가 있다. 대서양·태평양의 거친 파도를 헤치고 신대륙 탐험을 위한 튼튼하고 강력한 무장을 갖춘 함정이다. 비슷한 시대인 임진왜란 당시 조선 판옥선이나 일본 안택선과는 차원이 다르다.

1500년대 스페인 무역선 모형. 1~3층까지는 식수·식량창고와 선실이 있고, 4~5층에는 수십 문의 화포가 거치되어 있다.

무적함대 괴멸과 스페인제국의 쇠락

Trip Tips

1581년 펠리페 2세는 포르투갈을 합병하여 이베리아반도를 통일하고, 아메리카·브라질·아프리카·아시아에 걸친 대규모 식민지도 확보했다. 스페인제국이 사상 최고의 절정에 오른 시기다.

당시 스페인 상선 총량은 30만 톤, 네덜란드는 23만 톤, 영국은 1만 2천 톤에 불과했다. 선박규모, 국토넓이, 식민지영역에서 영국은 스페인의 적수가 되지 못했다. 더구나 스페인은 포르투갈의 긴 대서양해안을 확보하여 더 넓은 세계로 나갈 수 있는 엄청난 이점까지 가졌다. 1558년 신교를 믿는 엘리자베스 1세가 영국 왕위에 오른 후, 가톨릭교를 탄압하자 영국-스페인 갈등은 깊어갔다. 펠리페 2세는 영국 왕 축출을 위한 공작을 시도했지만 이마저도 실패하자, 무력응징을 준비하면서 '무적함대'를 창설했다.

스페인 탐험가들이 신대륙에 상륙하여 원주민들에게 가톨릭을 전도하는 전경.

130척의 함정, 2,000문의 대포, 3만 군인으로 편성된 무적함대는 출정도 하기 전에 불운을 겪는다. 최고의 해군전략가인 산타 크루스 후작이 급사하자, 전쟁이나 바다와는 전혀 관련 없는 메디나 시도니아 공작이 사령관으로 임명되었다. 펠리페 2세는 진정한 사령관은 '하나님'임을 강조하면서 그를 최고직위에 억지로 앉혔다. 180명의 수도사가 함정마다 승선하여 매일 미사를 드리고 찬송가를 불렀다. 이에 비해 영국함대는 해전에 능숙한 해적 출신 드레이크, 호킨스가 기용되어 무적함대에 맞설 준비를 했다. 함정은 80척, 병력은 8,000명에 불과했다. 전투가 벌어지자 기동력이 뛰어나고 잘 훈련된 영국함대는 덩치 큰 무적함대의 대형을 깨뜨리면서 큰 선박을 한 척 한 척 공격했다.

양 함대의 전투는 새로운 전략과 고전적 전법의 대결이었다. 고전하던 무적함대는 육지로 피신하려 했지만 여의치 않았다. 신의 바람으로 불리는 '프로테스탄트 신풍'이 스페인 함대를 육지 밖으로 밀어냈다. 결국 무적함대의 완패로 유럽 최강의 세력으로 부상하고자 했던 스페인 시도는 주저앉고 말았다. 스페인은 영국에게 해상무역권을 넘겨주었고, 네덜란드 독립을 인정했다. 역사가들은 1588년을 기점으로 그 이전을 카롤로스 1세와 펠리페 2세 시대의 '승리하는 스페인', 그 이후 합스부르그 왕가 시대의 '패배하는 스페인'으로 구분한다.

세비야 과달카비르 강에서 카누경기를 즐기는 스페인 청년들.

미국 · 스페인 전쟁패배로 해골만 남은 대제국

해양박물관 1800년대 전시관에는 스페인-미국전쟁을 이렇게 언급한다. 1898년 2월 15일 해 질 무렵, 쿠바 아바나 항에 정박 중인 미국의 6천 톤급 순양함 '메인 호'에서 갑자기 폭음과 불길이 치솟으면서 260명의 해군장병이 목숨을 잃었다. 사고원인은 명확하지 않았으나 미국 신문들은 스페인 음모에 의한 것이라는 심증 기사를 발표하여 반스페인 감정을 부추겼다. 1898년 4월, 미국은 스페인에 최후통첩을 보냈다. 쿠바에서 군대철수와 독립 보장이었다. 스페인은 미국에 선전포고를 했지만 순식간에 미국의 압도적인 승리로 끝났다. 패전으로 스페인은 쿠바 주권 포기, 푸에르토리코 · 필리핀 · 괌을 미국에게 넘겨주었다.

Trip Tips

이들 식민지 상실은 라틴아메리카 정복자였던 스페인의 완전한 종말을 가져왔다. 이로써 대제국 스페인은 사실상 해골만 남은 빈껍데기 국가로 주저앉았다.

세비야 항에 정박한 스페인 군함 전경. 이 항구는 이슬람 시대부터 중요한 군항이었다.

아슬아슬하게 피해 나간 제2차 세계대전 참화

프랑코 정권이 들어서고 얼마 지나지 않아 1939년 9월, 제2차 세계대전이 일어났다. 프랑코는 독일 히틀러, 이탈리아 무솔리니로부터 스페인 내전 시 많은 도움을 받았다. 스페인은 독일 편에 서야 하는 것이 당연했지만, 내전으로 국토가 만신창이가 되어 있었다. 프랑코의 중립선언에도 불구하고 스페인은 영해 내의 독일해군 항해 허용, 독일 간첩들의 자유로운 활동을 보장했다. 또한, 참전희망자들로 '푸른 사단' 의 별칭을 가진 부대를 독일에 파병했다. 영국 역시 프랑코 주변 군인들을 매수하여 스페인이 적극 독일 편에 서지 않도록 지속적으로 조종했다. 국가 간 전쟁 중에는 보이지 않는 외교 전략도 이처럼 중요하다.

다양한 축제와 유쾌한 생활을 즐기는 스페인인의 삶

'황금의 탑' 전망대에서 스페인 광장 쪽으로 내려다보니 음악 밴드와 북소리, 경찰차 사이렌 소리가 요란했다. 전국마라톤 경기가 시내에서 진행 중이란다. 경기코스는 시내 주도로를 관통하며 최종 결승지점이 스페인 광장이다. 신기하게도 도로차단, 차량통제로 인한 시민 불평은 찾아볼 수 없고 시내 전체가 축제 분위기다. 꼴찌 그룹의 선수들이 힘겹게 스페인 광장을 향해 걸어가자 응원단이 대형 북을 두드리며 끝까지 격려한다.

Trip Tips

2019년 2월,〈블룸버그〉세계건강국가지수 평가는 스페인이 1위다. "빨리! 빨리!"를 입에 달고 사는 한국인에 비해 친절하고 유쾌한 생활을 즐기며, 느긋한 성격을 가진 스페인 사람의 건강지수가 더 높은 것은 당연한 것 같았다.

세비야시 주최 전국 마라톤 경기에 참여한 선수들을 격려하는 응원단 모습.

이슬람제국 과학기술력의 진수 '알람브라' 궁전

알람브라 궁전 외부 계곡의 하천 전경. 오른쪽 절벽 위에 궁전 외부 성곽이 있다.

스페인 남부 안달루시아 지방의 보석 그라나다! 연중 내내 관광객들이 북석될 정도로 인기 있는 세계적인 고도(古都)다. 하얀 눈으로 덮인 시에라네바다 산맥과 한 폭의 그림 같은 알푸하라 계곡, 비옥한 평야가 그라나다 매력을 더해준다.

이슬람의 최후 거점도시였던 그라나다는 1492년 가톨릭 세력에 점령되기 전까지 13~15세기 나스르왕국의 수도로서 비약적인 발전을 이루었다. 이슬람 건축예술의 정수로 일컫는 알람브라 궁전을 비롯해 숱한 역사적 유산이 고스란히 남아있다. 특히 왕궁을 감싼 난공불락의 알카사르 성곽과 식수 공급대책을 군사적 측면에서 분석해 보는 것도 큰 의미가 있다.

지나친 순혈주의가 쇠망의 길로 이끌었다

1469년 10월 19일, 카스티야 왕국 수도에서는 세기의 결혼식을 축하하는 교회 종소리가 미친 듯이 울려 퍼졌다. 신랑은 아라곤 왕국 왕자 페르난도, 신부는 카스티야 왕국 공주 이사벨. 연하의 신랑(17세)을 맞이한 신부(18세)는 야심만만한 당찬 여걸이었다. 5년 후 신랑 · 신부 모두가 왕으로 즉위하자마자 두 연합왕국은 국토회복운동에 국력을 모았다.

스페인은 약 800년간 이슬람교도 통치로 종교는 이슬람 · 유대교 · 가톨릭으로 뒤섞여 있었다. 이 부부 왕은 먼저 종교통일로 국가 정체성을 확립하고자 했다. 1478년부터 무시무시한 종교재판이 시작되었다. 인민재판식 이교도 탄압이 몰아치자 살아남기 위해 유능한 유대인 · 아랍인들이 대거 스페인을 떠났다. 과학 · 기술 · 학문의 실력자들이 빠져나간 후에 스페인은 국토통일의 기틀은 잡았지만, 이미 쇠망의 길로 접어들 수밖에 없었다. 1492년 1월 2일, 이슬람의 마지막 왕국이 그라나다 알람브라 요새에서 저항을 포기하고 가톨릭 군대에 항복했다. 이로써 711년에 타리크가 이베리아반도를 침공한 후 780년 만에 이슬람 세력은 다시 아프리카로 쫓겨났다.

그라나다 왕실 예배당 지하의 페르난도 · 이사벨 부부 왕의 무덤 전경.

신대륙 발견 후 약탈자로 변한 스페인 탐험대

그라나다 시내 중심부에는 신대륙 발견 400주년을 맞이하여 1892년에 세운 기념탑이 우뚝 서 있다. 콜럼버스가 세계탐험결과를 이사벨 여왕에게 무릎을 꿇고 보고하는 동상이다. "콜럼버스의 신대륙 발견은 예수 탄생과 죽음을 제외하고 인류 역사상 가장 위대한 사건이다."라는 주장이 있을 정도다. 콜럼버스는 지구가 둥글다는 것을 확신하고 대서양을 통해 인도로 가려고 했다. 이사벨 여왕의 후원으로 콜럼버스는 1492년 8월 3일, 세 척의 배를 이끌고 역사적인 항해에 나섰다. 10월 12일 드디어 바하마 군도에 도착하여 그곳을 '산 살바도르(San Salvador, '구세주'라는 의미)'라 명명하고 스페인 왕실 영토임을 선언했다. 콜럼버스의 2차 항해는 17척의 배와 1,200명의 선원으로 구성된 대규모 선단이었다. 씨앗, 가축, 대포, 기병대뿐만 아니라 성직자들도 동행했다. 황금을 찾고 원주민을 개종시키려는 식민 사업이 본격화되었다. 정복자들은 금을 찾는 데 혈안이 되면서 원주민 재산을 무자비하게 약탈하고, 그들을 노예로 삼았다.

Trip Tips

원주민들의 필사적인 저항은 대포와 기병으로 무장한 군대 앞에서는 무력했다. 특히 천연두 · 흑사병에 대한 면역성이 없었던 현지인들은 정복자들이 퍼트린 유럽형 병원균으로 파리 떼처럼 죽어 나갔다.

그라나다 시내 중심부의 콜럼버스 신대륙 발견 400주년 기념탑 전경. 콜럼버스가 이사벨 여왕에게 탐험결과를 보고하는 형상이다.

전쟁비용 감당 못한 대제국 결국 국가파산 선언

그라나다 왕실 예배당 지하에는 이사벨과 페르난도 부부 왕이 묻혀있다. 스페인 어느 곳을 가든 지겹도록 만나게 되는 이 대단한 부부의 일생은 그라나다에서 대미(大尾)를 장식한다. 가톨릭 천하를 이룬 부부 왕이 영면하고 있는 예배당 첨탑에는 활을 든 수호성인이 이들을 지키고 있다. 왕이 누워있는 대리석 묘지와 이어진 뒤편 박물관에는 진귀한 보석과 스페인·이탈리아 유명화가 걸작들이 전시되어 있다. 이들 부부가 이룩한 통일왕국은 신대륙 발견으로 엄청난 양의 지하자원(특히 은)과 부를 향유하면서 16세기까지 유럽에서 가장 강하고 부유한 제국으로 번영을 누렸다. 하지만 뒤이어 펠리페 2세 시대로 접어들면서 계속되는 전쟁비용을 감당하지 못해 결국 1596년 국가파산을 선언하게 된다.

견고한 요새 알람브라 궁전의 완벽한 급수시설

그라나다 외곽의 높은 사비카 언덕에 웅장한 성채가 있다. 알람브라 궁전을 둘러싼 알카사바 성곽이다. 이곳은 오래전부터 여러 차례 군사요새로 사용되었다. 이슬람 나스르인들은 과거 성터에 더욱 튼튼한 성곽을 다시 쌓아 올리면서 '알람브라 왕궁'을 건축했다. 망루와 탑, 성문에서는 적의 미세한 움직임도 감시하고 통제가 가능하다. 시내 방향 외부성곽은 100m 이상의 절벽 위에 있으며, 산 아래 깊은 계곡의 개울은 자연 장애물 역할까지 한다.

알람브라 궁전을 둘러싼 성곽과 그라나다 시내 전경. 왕궁은 사진 오른편에 있다.

또한, 성채 내 5,000여 명의 거주자들을 위해 요새에서 6Km 떨어진 다로(Daro)강 상류에 인공 댐을 만들어 수로를 연결했다. 물길은 언덕을 만나면 너비 1m, 높이 2m의 터널을 뚫었다. 순수하게 맨손과 곡괭이로 이런 대공사를 완성했다.

Trip Tips

완벽한 급수체계는 궁중과 외부주민들에게 풍부한 식수를 공급했고, 요새 내부의 농업용수로도 활용하였다. 넉넉한 수량으로 궁전 내의 수많은 분수에 물줄기가 솟아오르고, 연못에는 항시 물이 가득했다.

심지어 왕궁 주택은 흐르는 물을 이용한 수세식 화장실까지 갖추었다. 또한, 지하저수조에 비축된 물은 노새·말을 이용하여 물레방아형 수평바퀴와 두레박으로 지상으로 끌어 올렸다. 1200

년대 이슬람의 과학 기술력에 탄복할 뿐이다. 하지만 식수원이 성 외부에 있는 것은 치명적 약점이었다. 1491년 가톨릭군대가 성곽을 포위 후, 장기간 수로를 차단하자 이슬람군은 결국 저항을 포기할 수밖에 없었다.

알람브라 궁전 지하저수조에서 노새가 물을 끌어 올리는 모습. 지상의 물레방아형 수평바퀴와 지하의 연결된 두레박을 이용했다.

현지 정보의 중요성을 뼈아프게 깨달은 하루

그라나다 시내에서도 수시로 한국인 여행객을 만날 수 있었다. 알람브라 궁전 입장권 예약을 하루 전에 인터넷으로 하려고 했지만 쉽지 않았다. 배낭여행을 온 대학생 P 씨까지 도와주었으나 결국 실패했다. 일일 관람인원 제한으로 수 일 전에 이미 매진되었단다. 단 한 가지 남은 방법은 내일 새벽 입구 매표소에 일찍 가서 대기하다가 취소입장권을 노려보는 수밖에 없다고 한다. 여행 간 현지 정보의 중요성을 깨닫는 순간이었다. 하지만 P 씨가 알려준 아시안 식품점에서 값싼 가격으로 한국식품을 입맛대로 살 수 있는 행운도 얻었다. 스페인의 시골 도시 상점에 이렇게 다양한 한국 식자재가 진열되어 있다는 것이 신기할 따름이다.

권력투쟁 속에 48년 옥살이 한 왕비의 사연

이베리아반도의 이슬람 세력은 기독교 왕국들의 국토회복정책으로 그 지배영역이 점점 축소되었다. 이슬람의 마지막 영토는 1232년 무하마드 1세가 세운 나스르 왕국이었다. 술탄은 그의 왕궁을 그라나다 사비카 언덕의 옛 요새 터로 정했다. 이 성채는 여러 왕을 거치면서 점점 더 확장되어 호화로운 알람브라 궁전과 사원, 학교, 병영을 건축했다. 그러나 15세기경 나스르 왕국은 기독교 세력의 압박으로 점점 더 국토가 쪼그라들었다. 결국, 1492년 이사벨 · 페르난도 부부왕의 포위 공격에 보압딜 술탄은 도시를 포기했다.

저렴한 물가 좋은 날씨에 매료된 유럽인 이민행렬

알람브라 입장권은 08:00부터 판매되지만 1시간 전부터 이미 긴 줄이 생겼다. 운 좋게 표는 구할 수 있었다. 한참 남은 관람시간 전에 야외에 비치된 그라나다 도시의 성곽모형도를 살펴보았다. 이슬람인들은 시에라네바다 산맥에서 흘러내리는 하천을 외부 해자로 최대한 활용할 수 있도록 외곽 성벽을 물길 따라 설계했다. 도시 내부에도 격자형 성벽을 만들어 외성을 돌파한 적과 최후에는 시가지 전투가 가능토록 했다. 물론 왕궁은 높은 고지 위에 별도의 성곽 안에 있다. 옆에서 성곽모형도를 관심 깊게 보던 중년신사도 한국인이었다. J 씨는 30여 년 전 스페인으로 건너와 관광회사를 차렸다. 무엇보다도 저렴한 물가와 1년 내내 좋은 날씨에 매료되어 많은 유럽인이 이 나라로 이민을 온다.

Trip Tips

그도 인종차별을 하지 않고 이웃에 친절하고 넉넉한 마음을 가진 스페인사람들이 마음에 들어 아예 그라나다에 정착하였단다. 스페인의 한인 교민은 약 5500명이며, 단기체류자를 포함하면 만여 명 정도다.

웅장한 알카사바 외부 성곽 전경. 성벽 아래 100m 이상의 낭떠러지와 하단부에 개울을 활용한 해자가 있다.

난공불락의 성채와 이슬람인 거주 흔적

알람브라는 크게 알카사바, 나스르 궁전, 카를로스 5세 궁전 지역으로 나뉜다. 알카사바에는 군사 요새와 군인거주지가 남아 있으며, 알람브라에서 가장 오래된 건물이자 전망이 제일 좋은 곳이다. 이곳 망루에 서면 궁전 전체 전경과 시에라네바다 산맥의 눈 덮인 산봉우리, 알바이신 언덕의 하얀 벽돌집과 그라나다 시내가 한눈에 들어온다. 유심히 시 내외곽 능선을 살펴보면 긴 띠 모양의 외성도 보인다. 알카사바 성벽 바로 뒤편에는 군인 숙소 터가 남아있다. 흡사 아파트 모델하우스를 싹둑 자르고 기초석만 남긴 형태다.

Trip Tips

숙소 입구의 작은 공간에는 긴 벽돌 2개가 나란히 놓여 있다. 그곳은 흐르는 물을 이용한 수세식 화장실로 800년 전 이슬람인의 생활 수준을 단편적으로 보여준다.

알카사바 성곽 뒤편의 군인 숙소 터. 사진 왼쪽 하단부 집터에 보이는 'ㄷ' 형 벽돌이 수세식 화장실이다.

이슬람 건축예술의 극치 나스르 궁전

나스르 궁전은 알람브라의 꽃으로 각기 다른 시대에 만들어진 메수아르 궁, 코마레스 궁, 사자들의 궁이 있다. 특히 메수아르 궁 바로 앞에는 직사각형의 인공 연못과 아라야네스 정원이 있다. 아치 형태의 궁전 입구가 연못에 비쳐 타원이 되는 모습은 가히 환상적이다. 해발 700m 고지의 연못과 수로는 궁전에 건조한 겨울에는 습기를 보충하고 더운 여름에는 냉방을 겸하는 자원이었다. 이어서 등장하는 사자들의 궁은 후궁 거처다. 왕 이외 그 누구도 들어가지 못하는 금단의 공간에 12마리 사자상 입에서 물이 떨어지는 분수가 있다. 바로 이 궁에는 아벤세라헤스 가문의 남자 36명이 집단으로 처형되어 '비극의 방'으로 불리는 홀이 있다. 기세등등했던 그 가문을 경쟁세력이 모함해서 몰살되었다는 설과 한 귀족이 왕의 후궁을 사랑해서 처형되었다는 설이 있다.

'사자들의 궁' 전경과 12마리의 사자 석상. 물을 뿜어내는 사자 머리수로 시간을 알 수 있는 물시계 기능도 있었다.

방치된 알람브라 세계문화유산으로 살아나다

이사벨 여왕의 손자 카를로스 5세는 스페인 합스부르크 왕조의 시조이며 당대 가장 강성한 국가인 신성로마제국의 황제였다. 1526년 황제 부부는 신혼여행을 그라나다로 오면서 처음 알람브라 궁전을 접했다. 그는 스페인 왕국에서 나스르 왕국의 옛 수도 알람브라가 갖는 상징적 의미를 인식하자 이 궁전 안에 그의 거주지를 짓기로 했다. 공사자금은 이슬람에서 가톨릭으로 개종한 무어인의 세금으로 충당했다. 1527년 건축공사는 시작되었지만 끊임없는 정치적 갈등으로 완성되지 못하다가 1800년대에 신궁전은 겨우 준공되었다. 현재 1층은 이슬람미술관으로, 2층은 공예품전시관으로 사용되고 있다. 알람브라는 이슬람 왕조가 떠난 후 18세기에 이르기까지 거지와 집시의 소굴이 되었다.

알람브라 내 '메수아르 궁' 앞의 연못 전경. 이 연못은 궁전의 습도조절, 하절기 냉방 기능까지 가지고 있다.

Trip Tips

방치된 알람브라 궁전을 살린 것은 미국 작가 워싱턴 어빙 이었다. 마드리드 공사관으로 체류하던 어빙은 이 폐허가 된 궁전에 머물면서 집시로부터 이슬람의 신비로운 전설을 듣고서 "알람브라의 이야기들"을 출간했다. 이 작품 덕분에 방치된 궁전이 복구되고 이후 유네스코 세계문화유산으로 지정되었다.

사랑에 미쳐버린 이사벨의 계승자 '후아나 여왕'

천하통일을 이룬 스페인 이사벨 여왕 후손들의 권력다툼은 너무나 비극적이었다. 1496년 딸 후아나는 오스트리아 왕가의 황태자 펠리페와 정략결혼을 했다. 하지만 후아나는 빼어나게 준수한 용모를 가진 남편에 대한 사랑이 의부증을 넘어설 정도로 지나쳤다.

1504년 그녀가 아버지 페르난도의 나라 아라곤보다 훨씬 막강한 카스티야의 여왕 자리를 물려받자 남편과 아버지 간 권력다툼이 일어났다. 페르난도는 사위 펠리페가 평소 후아나의 일거수일투족을 낱낱이 적어 보낸 편지를 근거로 딸이 미쳤다며 카스티야 왕국의 섭정을 주장했다. 카스티야 의회는 펠리페의 손을 들어주었지만, 그는 즉위 3개월 만인 1506년 9월, 스물여덟의 나이에 요절하고 만다. 남편을 너무도 사랑했던 후아나는 그가 다시 살아날 것이라며 장례식조차 거부하며 날마다 관 뚜껑을 열어 남편을 어루만졌다. 시신이 부패하여 역한 냄새가 진동하고 구더기가 고물거리는 것도 개의치 않았다.

이런 행동을 보고서 사람들은 "광녀 후아나!"로 부르기 시작했다. 결국, 페르난도는 딸을 두 살배기 손녀와 함께 수도원에 감금하였다. 심지어 음식을 거부하는 그녀에게 무정한 아버지는 채찍이 약이라며 매질까지 했다. 후아나는 1516년 카스티야 왕위를 물려받은 아들 카를르스 1세까지 외면하면서 무려 48년간 갇혔다가 1555년 76세로 죽었다. 일부 역사학자들은 권력다툼의 반대진영에서 악의적으로 여왕을 미친 사람으로 만들었다고 주장한다. 그녀가 숨을 거두는 순간까지 외쳤던 이름은 그토록 사랑했던 남편 펠리페였다. 권력만 탐낸 아버지, 남편, 아들에게까지 버림받은 비운의 여왕이었다.

하늘에서 본 알람브라 궁전 전경. 사진 아래에서 위로 가면서 알카사바, 카를로스 5세 궁전, 나스르 궁전이 보인다.

'태양을 팔아서 먹고사는 나라' 스페인의 관광명소

뜨거운 햇살이 일 년 내내 쏟아지는 아름다운 해변 '코스타 델 솔(Costa del sol)'의 관문 말라가(Malaga)! 유럽인들이 가장 꿈꾸는 휴가지 이자 노후 정착지의 1순위다. 말라가는 페니키아인 무역거점으로 시작한 오랜 역사를 가진 항구이다. 더구나 현대미술을 꽃피운 피카소 출생지라는 문화적 명예까지 더해져 세비야, 그라나다와 함께 안달루시아를 대표한다. 특히 항구를 내려다보는 능선 위의 웅장한 성채와 로마 원형극장을 보면 말라가의 역사적 의미를 충분히 느낄 수 있다.

'히브랄파로' 성채에서 내려다 본 말라가 항구 전경.
말라가는 '코스타 델 솔' 여행의 허브도시 역할을 한다.

'태양을 팔아서 먹고사는 나라' 관광대국 스페인

Trip Tips

세계경제포럼(WFF)이 발표한 2015년 '세계여행 및 관광경쟁력지수'에서 스페인이 5.31(7점 만점)로 1위를 차지했다. 프랑스 5.24, 미국 · 영국이 각각 5.12로 그 뒤를 잇고, 한국은 4.37로 29위였다.

관광대국 스페인의 경쟁력은 어디서 오는 걸까? 가장 먼저 천혜의 자연환경을 들 수 있다. 북동쪽의 바르셀로나부터 남쪽 지브롤터까지 햇빛 가득한 긴 해변이 많은 사람을 설레게 한다. 특히 햇볕이 부족한 영국이나 독일 사람들에게 스페인은 매력적이다. 두 번째, 스페인인의 개방적 성향이다. 도심은 하루 종일 시끌벅적하면서도 늦은 시간까지 큰 어려움 없이 시내를 활보할 수 있고, 사람 사는 분위기를 그대로 맛볼 수 있는 곳이 바로 스페인이다.

마지막으로 가톨릭 · 이슬람 문화가 공존했던 역사가 남긴 유적들이다. 800년 동안 이슬람 지배를 겪은 스페인에는 독특한 매력의 문화재가 전국에 산적해 있다. 또한 스페인 남부 안달루시아지역에는 약 300Km에 달하는 '코스타 델 솔'이 있다. 말 그대로 '태양의 해변'이다. 연평균 기온은 19C°, 연간 300일 이상 태양을 즐길 수 있다.

해외원정 스페인군의 최고 전투식량 '하몬(Jamon)'

말라가행 고속버스 옆자리에 한국인 P 씨가 앉았다. 그는 새 직장으로 옮기는 과정에서 한 달 정도의 여유가 있어 자유여행을 왔다고 한다. P 씨는 옛날부터 아내와 함께 여행국가의 전통음식에 많은 관심을 가졌단다. 같이 못 온 아내가 부탁한 귀국선물은 의외로 '하몬 이베리코'였다.

스페인 식당천장에서 흔히 볼 수 있는 염장 처리된 거대한 돼지 뒷다리가 하몬이다. 특히 하몬 이베리코의 생산지는 안달루시아의 고도 600m 지점에 위치한 하부코(Jabugo)다. 눈이 오지 않는 겨울, 덥지만 건조한 여름, 대서양 바람으로 하몬 생산의 최적지이다. 토종 흑돼지를 15개월 동안 방목해서 키운 후, 도축하기 전 3개월은 도토리와 허브만 집중적으로 먹인다. 다른 돼지보다 불포화지방이 많아지고 마블링 상태가 좋아진다. 도축된 고기는 천일염에 절인 후, 2~3개월 동안 바닷바람에 말린 다음 3년간 숙성시킨다. 좋은 하몬은 소금, 바람, 시간의 삼박자가 맞아야 한다. 이런 정성이 들어간 하몬 이베리코는 육포처럼 쫄깃하지만, 치즈처럼 부드럽고 짜지 않다.

Trip Tips

하몬은 본래 전쟁터의 비상식량이었다. 불을 피워 요리하지 않고도 간편하게 단백질을 공급받을 수 있기 때문이다. 대항해시대에 전 세계로 뻗어 나가던 스페인 군대에게는 최고의 전투식량이었다. 콜럼버스의 신대륙발견이 하몬 덕분에 가능했다는 말까지 있다.

말라가 시내와 항구 방호를 위해 13세기 이슬람인들이 축성한 '히브랄파로' 성곽. 현재 말라가 전체를 조망할 수 있는 훌륭한 전망대로 활용되고 있다.

도시 전망대로 변한 난공불락의 말라가 성채

Trip Tips

세계적 관광도시인 이 항구에도 곳곳에 처절했던 전쟁의 흔적이 그대로 남아 있다. 말라가를 한눈에 내려다보는 웅장한 '히브랄파로' 성채는 14세기 중반 알람브라를 건설한 나스르 왕조의 유수프 1세가 축성했다.

최초 항구에 가까운 능선 일부에 만든 성채는 세월이 흐르면서 점점 높아졌고 산꼭대기까지 확장됐다. 피땀 흘려 완성한 방어벽은 1487년 가톨릭 군대와의 전투에서 그 진가를 유감없이 발휘했다. 성안 이슬람인들이 장장 6개월간의 전투를 끄떡없이 버텼을 만큼 이베리아반도에서도 손꼽히는 난공불락의 성채였다. 이 요새는 스페인에서 가장 온전한 형태로 남아있는 아랍식 성곽이다. 도시와 바다로 들어오는 적들을 감시하기 위해 지은 옛 성채는 오늘날 말라가 최고의 전망대로서 여행자의 사랑을 받고 있다. 더구나 성곽 하단부에 원형이 거의 보존된 로마인 야외극장은 이 도시가 이미 오래 전부터 군사요충지임을 알게 해준다.

말라가 '히브랄파로' 성채 하단부의 2,000년 전 로마 원형극장 전경.

게릴라(Guerrilla)전의 효시(嚆矢) 스페인 독립전쟁

말라가 국립미술관은 간간이 역사화를 통해 스페인 전쟁역사를 전해주고 있다. 특히 스페인 역사에 큰 획을 그은 '독립전쟁' 그림이 인상적이다. 1808년 프랑스 나폴레옹은 형 조세프 보나파르트를 스페인 왕으로 옹립했다. 대신 왕위다툼을 일으킨 기존 스페인의 두 왕(카를로스 4세 · 페르난도 7세)은 프랑스에 유폐시켰다. 이에 스페인 국민들의 분노가 용암처럼 폭발하면서 전국적으로 저항운동이 번졌다. 스페인군대, 농민, 노동자, 심지어 산적떼까지 가담했고, 총이 없으면 낫과 도끼로 프랑스군에 대항했다. 1809년에는 영국·포르투갈이 스페인을 지원하고 나섰다. 이런 와중에 1812년 나폴레옹은 60만 대군으로 러시아 원정을 떠났다. 이베리아 반도의 후방전력에 공백이 생겼고, 스페인 동맹국은 1813년 프랑스군을 완전히 몰아냈다. 1814년 러시아원정에 실패한 나폴레옹은 몰락했고, 6년간의 스페인 독립전쟁은 승리로 막을 내렸다. 후방에서 끊임없이 프랑스군을 괴롭힌 민초들의 게릴라전은 이후 전쟁에서 필수적인 전술로 발전하였다.

눈부신 하얀색 향연이 펼쳐지는 '프리힐리아나'

말라가에서 1시간 정도 버스로 가면 작은 포구 '네르하'가 나타난다. 주변 바닷가에는 호텔과 별장형 콘도가 즐비하다. 다시 시내버스를 타고 산정으로 오르면 햇살 좋은 날이면 눈도 제대로 뜨기 힘들 만큼 눈부신 하얀색 주택의 향연이 펼쳐진다. 푸른 지중해를 바라보는 언덕, 집집마다 선명하게 박힌 파란 대문, 창틀의 붉은 꽃이 한 폭의 그림이다. 이곳이 "스페인에서 가장 예쁜 마을"로 불리는 '프리힐리아나'이다. 입구광장 마을역사를 소개하는 스피커폰에서는 당당하게 한국어가 흘러나온다. 소형 전동열차로 20분이면 마을을 한 바퀴 돌 수 있다.

Trip Tips

이 마을은 15세기 그라나다에서 내쫓긴 이슬람인들이 이곳으로 도망쳐서 숨어 살며 만들었다. 따라서 '무어인 지구'로 부르는 골목에는 이슬람 장인들이 만든 독특한 양식의 집들이 가득하다. 이 아름다운 마을을 뒤로 두고 내일은 '내전의 역사'로 얼룩진 중동의 레바논으로 향하기로 했다.

스페인에서 가장 예쁜 마을로 선정된 '프리힐리아나' 전경. 말라가에서 버스로 1시간 정도의 거리에 있다.

하얀 마을 '프리힐리아나' 입구 광장의 관광객과 마을 순환 전동열차 전경. 광장의 관광안내 스피커폰은 한국어로 마을 역사를 소개해 준다.

레바논
Lebanon

50년 전 내전 상흔이 남아있는 베이루트

레바논공화국(Republic of Lebanon)은 지중해 해안 국가이며 수도는 '중동의 파리'로 불리는 베이루트(Beirut)이다. 국토면적 1만 400Km²(한국의 1/10), 인구 680만 명, 연 국민개인소득은 9.600달러 수준이다. 레바논군 병력은 60,000 명(육군 56600, 해군 1800, 공군 1600)이며 별도의 치안유지군 20,000명을 보유하고 있다.

현재 레바논 남부지역에는 2007년 이래 한국군 동명부대가 파병되어 평화유지임무를 수행 중이다. 특히 진심과 정성이 듬뿍 담긴 대민작전으로 현지 주민들은 한국군을 "신이 내린 축복이자 진정한 친구"로 부른다. 45개국으로 구성된 유엔 레바논평화유지군에서도 "파병부대의 모델"로, 또한 14년 파병기간 동안 단 1건의 사고도 없는 최고의 정예부대로 동명부대를 인정하고 있다.

베이루트 항구에 정박한 요트 전경. 이 항만 부근에 대형 폭발사고가 난 질산암모늄 보관창고가 있었던 것으로 알려져 있다.

레바논의 끝없는 종교 갈등과 대형 참사

레바논의 관문 베이루트 비행장은 '라픽 하리리(Rafic Hariri) 국제공항'으로 불린다. 사회통합과 국가개혁을 위해 헌신적으로 일하다 2005년 암살당한 레바논 총리의 이름이다. 1943년 레바논은 프랑스로부터 독립했지만, 1975년부터 종교 갈등으로 인한 내전으로 10~20만 명이 목숨을 잃었고, 최근에는 최악의 경제 위기를 겪고 있다. 2019년의 경제성장률은 -5.6%, 실업률은 50%에 달했다. 더구나 밀려드는 수백만 시리아 난민까지 사회문제를 더 복잡하게 만든다.

Trip Tips

설상가상으로 2020년 8월 4일, 베이루트 부두 대형 창고에 6년간 적재해 놓았던 질산암모늄(2,750톤)이 폭발했다. 사망자 220명, 부상자 6,000여 명, 이재민 30만 명의 대형 참사였다.

재산피해는 국민 총생산액의 1/4에 달하는 18조 원. 위험 물질을 오랜 기간 대도시 부두에 방치했다는 것이 정부의 무력함을 단적으로 보여준다. 정치인·공무원의 부패에 신물이 난 레바논 국민은 과거 식민지 종주국이었던 프랑스에 10년간 다시 통치해 달라고 부탁하기도 하였다.

레바논 내전 당시 치열한 시가전에서 생긴 담벼락의 총·포탄 피격 흔적. 시내 골목길에서 이런 탄흔을 가끔 볼 수 있다.

종파별로 권력을 분배한 특이한 정치체제

레바논을 오랜 기간 지배했던 오스만 제국은 1918년 제1차 세계대전에서 패하자 이곳에서 물러났다. 전승국 프랑스는 1920년 국제연맹으로부터 레바논 통치를 위임받았지만, 드골 장군의 자유 프랑스는 1943년 레바논을 독립시켰다. 프랑스는 다수파인 이슬람교도보다 소수파인 기독교 세력에게 더 많은 권한을 주면서 결과적으로 내전의 씨앗을 뿌렸다. 1950년대 베이루트는 중동에서 상업·금융의 중심지가 되면서 크게 번영하였고, 종교 갈등 해소책으로 대통령은 기독교인, 총리는 이슬람 수니파, 국회의장은 이슬람 시아파로 서로 권력을 나눠 가졌다. 이런 제도는 1970년대 초까지는 제대로 작동하였으나 종교 갈등을 근본적으로 해결하지 못하였다.

베이루트 시내중심부의 도시홍보 글자조형물. 뒤편으로 중세시대 이슬람유적이 보인다.

내전으로 얼룩진 20세기 레바논 역사

1967년 인접국 이스라엘에서 제3차 중동전쟁이 발발했다. 수십만 팔레스타인 피난민들이 레바논으로 밀려들면서 시아파 이슬람 인구는 급격하게 증가하였다. 그들은 정부에 더 큰 권력 분배를 요구하기 시작했다. 결국, 기독교·이슬람의 그동안 쌓인 적대 감정은 폭발했다.

Trip Tips

1975년 4월, 레바논 내전이 벌어지자 미국 · 이스라엘은 우파인 기독교민병대를, 구소련은 좌파인 이슬람세력을 지원하였다. 1982년 레비논의 PLO(팔레스타인 해방기구)까지 시리아군 지원을 받아 이스라엘 국경 마을을 공격했다.

이에 전차 800대와 병력 78,000명을 동원한 이스라엘군이 반격하면서 '레바논 전쟁'까지 벌어졌다. 베이루트를 포위한 이스라엘군과 기독교민병대는 PLO와 시리아군에게 포격과 공습을 퍼부었다. 절망적인 상황에 내몰린 PLO는 미국에 중재를 요청했다. 그들은 유엔평화유지군의 보호 아래 14,000여 명이 베이루트를 떠나 리비아, 시리아, 튀니지, 요르단으로 탈출했다. 내전은 1975년에 시작된 이래 무려 15년 6개월을 싸운 뒤, 1989년 양측 민병대가 전투 중지에 합의하여 1990년 10월 13일에 끝났다. 국토는 초토화되었고 국민 마음속에는 깊은 앙금이 남았다. 수많은 레바논 주민들이 내전을 피해 시리아로 피란을 갔으나, 2011년 시리아 내전이 벌어지자 거꾸로 수백만 시리아인들이 레바논국경을 넘어 대거 몰려왔다.

레바논 내전 후 파괴된 베이루트 주택가 전경. 베이루트 국제공항의 레바논 과거와 현재 홍보 사진자료.

불탄 채 방치된 시내중심부의 대형호텔

Trip Tips

시커멓게 불에 그슬린 흔적을 가진 텅 빈 30층 높이의 미국계 호텔 '홀리데이 인(Holiday Inn)'. 시내 중심부의 이 대형 호텔은 1974년 베이루트에서 야심차게 문을 열었으나, 그다음 해 내전이 시작되자 날벼락을 맞았다.

포격 · 폭격 · 시가전으로 이 건물은 숱한 상처를 입고서 오늘날까지 방치되어 있다. 가까이 가서 살펴보니 1층 로비의 위장망 아래 2대의 레바논군 장갑차와 짚차들이 숨어 있다. 치안 유지를 위한 군 주둔지로 활용되고 있었다. 또한, 시내 곳곳의 담벼락이나 방치된 건물에서 총탄 자국은 쉽게 발견할 수 있다.

그러나 잘 정비된 도로와 활기찬 시민들의 모습을 보면 40여

년 전 이 도시에서 치열한 전투가 있었다고 전혀 느낄 수 없을 정도다. 특히 아름다운 베이루트 항구의 해안도로에는 수많은 관광객까지 몰려든다. 개인 상처나 전쟁 상흔도 세월이 흐르면서 이렇게 자연스럽게 치유되어 나가는 모양이다.

베이루트 시내 중심부에 있는 불에 그슬린 채 방치된 "홀리데이 인"호텔 전경. 1층 로비는 레바논군 임시주둔지로 사용되고 있다.

내전 참상을 기억하고 싶지 않은 레바논 국민

여행안내소에서 내전의 실상을 알 수 있는 역사박물관이나 기념관 위치를 묻는 필자의 질문에 직원은 고개를 갸우뚱한다. 그와 같은 기념관은 없다면서 대신 로마유적박물관을 소개한다. 고대유적은 레바논 곳곳에 남아있고 베이루트 시내 한가운데에도 로마 공중목욕탕이 원형 그대로 있다. 저녁 시간 호텔직원에게 레바논 전쟁역사에 관심이 있다고 하니 자신의 노트북으로 현장 사진을 보여주며 답사를 권한다. 소개 사진에는 반듯한 건물은 없고 각종 미사일을 포함한 야외무기전시장과 지하터널 모형까지 있다. 베이루트에서 택시로 약 3시간 정도 걸리며 하루 전 예약이 필수란다. 미심쩍은 생각에 지배인에게 다시 확인하니, 그곳은 레바논 남부지역의 무장단체 '헤즈블라' 군사기념관이란다.

Trip Tips

이란의 전폭적인 지원을 받는 수만 명의 무장병력을 가진 '헤즈블라'는 레바논에서는 합법적인 정치단체다. 하지만 무장단체의 홍보 시설에 방문하는 자체가 위험한 행동이다. 순진하게 이 청년의 말만 믿고 따라나섰다가 어떤 봉변을 당했을지 모르는 아슬아슬한 순간이었다.

베이루트 항만의 아름다운 해변도로 전경. 바닷가에서 바다낚시를 즐기는 시민들에게서 내전의 상흔을 찾아보기 힘들다.

레바논판 '스탈린그라드 전투' 현장

레바논의 가장 최근 인구조사는 프랑스 통치 아래 있었던 1932년이다. 이 나라 인구조사 결과는 국가운명을 좌우하는, 말하자면 금단의 자료다. 어느 종교를 얼마나 많은 사람들이 믿고 있는가에 대한 정확한 숫자가 밝혀지면, 정치기반부터 흔들리고 나아가서 전쟁까지 일어날 수 있다. 레바논은 '종교의 모자이크 국가'다. 이슬람교가 주류인 중동에서 예외적으로 기독교도가 많고, 경기도 크기의 국토면적에 18 종류에 달하는 종파가 공존한다.

복잡한 종교적 배경과 무력한 중앙정부

1956년 추정에 따르면 최대종교는 기독교 마론파이며, 다음이 이슬람 수니파, 이슬람 시아파, 그리스정교회, 그리스 가톨릭, 이슬람 드루즈파 순이다. 각 종교 간의 균형 유지를 위해 레바논은 독특한 정치체제를 만들었다. 공직을 종파의 인구비율에 맞춰 분배하는 방식이다. 국회의원수도 마론파 34명, 수니파 27명, 시아파 27명 등으로 정해져 있다(1992년). 대통령은 마론파, 총리는 수니파, 국회의장은 시아파에서 차지하는 것이 불문율이다. 이렇

듯 복잡하게 얽히고설킨 종파 간의 균형이 무너지면서 일어난 것이 레바논 내전이다. 1975년 레바논 남부의 항구 마을에서 어업권 매매를 둘러싸고 최초 기독교 우파와 이슬람 좌파가 대립했다. 다수의 무장민병대가 생겨났고 무력한 정부가 방치하자 레바논은 15년에 걸친 내전의 수렁으로 빠져들었다. 이런 와중에 이스라엘 · 시리아 · 팔레스타인해방기구(PLO) · 헤즈블라까지 내전에 엮이면서 순식간에 전 국토는 아수라장이 되었다.

치열한 전투가 있었던 레바논내전 자료전시관 건물. 전시관 1층 창문 안으로 일부 자료사진들이 보인다.

누구도 기억하고 싶지 않은 처절한 내전 역사

베이루트 고대유적 박물관은 로마제국 · 중세시대의 석상, 도자기, 동전이 대부분의 전시물을 차지한다. 박물관 주변은 테러 대비 시멘트 방호벽이 이중 · 삼중으로 설치되어 있다.

내전 자료전시관 건물 내부의 총탄 흔적. 건물 안에서
쌍방의 치열한 전투가 있었던 현장이다.

안내직원에게 내전자료에 관한 문의를 하니 의외의 답변이 나왔다. 이곳 박물관에서 멀지 않은 곳에 개인이 운영하는 "레바논 내전전시관"이 있단다. 위치를 몇 번이고 되묻고 즉시 그 전시관을 찾아 나섰다. 거리 행인들 중 그곳을 제대로 아는 사람이 없었다. 과거의 내전역사는 모두 입에 올리기도 싫은 태도다. 거의 1시간을 헤맨 후, 벽면에 숱한 탄흔과 건물 골조만 앙상하게 남은 폐허가 된 전시관을 발견했다. 개관시간이 적힌 출입문은 굳게 잠겨있었고, 창문 안쪽의 전시실에는 공사도구와 사진 몇 장만 어지럽게 흩어져 있었다.

레바논판 '스탈린그라드 공방전' 전투 현장

창문을 통해 전시관 내부를 살피다가 혹시나 하는 마음에서 폐가가 된 건물을 한 바퀴 빙글 돌았다. 건물 뒤편에서 작업인부 세 사람이 한창 내부공사 중이다. 건물 안에 들어가 보고 싶다고 양해를 구하니 필자의 아래위를 이상한 눈초리로 훑어본다. 이때 우호적 태도를 보이던 한 청년이 건물 안내를 자청한다. 공사가 끝나면 전시관은 없어지고 대관용 회의실로 사용될 것 같단다. 전시실에는 미처 정리하지 못한 사진들이 아직 남아 있었다. 최초 기독교민병대가 이 건물을 점령했다가, 이후 수차례 무슬림무장대와 주인이 바뀌었단다.

Trip Tips

레바논판 "스탈린그라드 도시공방전" 현장이다. 1 · 2층을 각각 다른 편이 점령하여 사투를 벌였던 것 같다. 건물벽, 계단, 가구에 온통 탄흔이 촘촘히 박혀있다. 건물 내부에서 총격전이 치열했던 모양이다.

1층 현관 안쪽과 2층 내부에는 진입 통로를 가로막는 견고한 방벽까지 있다. 급조한 베이루트 '미니 마지노선' 같았다. 옹벽에는 바깥 도로와 건물 내부를 볼 수 있는 수 개소의 총 안구까지 뚫려있다. 건물 안으로 뛰어든 적은 우왕좌왕하는 순간 기습적인 총격으로 추풍낙엽처럼 쓰러졌을 것이다. 다급했던 전투현장에서 이런 방호벽을 착상한 것이 신통하다.

베이루트 내전 자료전시관 건물 내부의 방어진지. 방벽 안에서 바깥 도로도 관측하며 내부로 들어온 적에 대해 저격이 가능하다.

전시관 곳곳에는 다정한 가족사진들이 어지럽게 남아 있다. 부부간 아웅다웅, 자식들에게 쫑쫑거리며 살아갔던 보통사람들의 소박한 삶의 이야기가 서린 사진들이다. 추악한 인간 탐욕의 종착역은 어디일까? 선행을 우선으로 외치는 종교도 인간 내면의 악한 본성을 근본적으로 변화시키는 것이 불가능한 모양이다. 이들이 과연 서로 알고 지내던 이웃을 잔혹하게 죽여야 할 정도로 적개심을 가졌을까? 더구나 기독교 · 무슬림 교리는 "원수를 사랑하고 가난한 이웃을 도우라!"라고 늘 외치고 있는데…

내전 자료전시관 내에 남아있는 일부 사진. 주로 평화로운 가족단위 사진들이 많이 있다.

이스라엘 · 시리아가 개입하여 국제전 비화

레바논은 225Km의 해안과 북동쪽으로 시리아와 375Km, 남쪽으로 이스라엘과 79Km의 국경선을 접하고 있다. 1975년 레바논 내전은 이웃 국가 시리아와 이스라엘로 불똥이 튀었다. 즉 레바논에 둥지를 튼 PLO는 시리아 지원으로 병력 15,000명, 전차 80대를 가진 막강한 전력을 갖추었다. 1948년부터 이스라엘과 수차례의 전쟁을 치른 시리아군 역시 350여 대의 전차를 가진 기갑부대를 레바논 중북부 베카계곡에 주둔시켰다.

PLO는 수시로 이스라엘 국경 마을을 공격하고 테러 활동을 강화했다. 결국, 1982년 이스라엘이 기독교민병대와 연합하여 레바논 영토 깊숙이 진격하면서 대규모 폭격과 공중전까지 벌어졌다. 1983년 3월, 레바논 미 대사관 테러공격으로 130명의 사상자가 생겼고, 10월에는 국제 감시군으로 파견된 미 해병대원 241명과 프랑스군 58명이 차량폭탄테러로 목숨을 잃었다.

Trip Tips

이스라엘-레바논 간의 크고 작은 전쟁은 1970년대부터 30년간 무려 4차례(1978/1982/1996/2006)나 반복되었다. 오늘날에도 레바논의 분쟁 불씨는 완전히 꺼지지 않고 휴화산처럼 언제 폭발할지 모르는 위험지역으로 남아있다.

아는 만큼 보인다!

레바논의 내전 역사

1943년: 제2차 세계대전 중 자유프랑스에서 독립
1950년대: 중동지역 상업·금융 중심지로서 베이루트 번영
1967년: 제3차 중동전쟁으로 팔레스타인 피난민 대거 유입
1975년~1990년: 내전 발발, 이·시리아군 레바논에서 전투 /10~20만 명 사망, 수십만 난민 발생
1976년: 내전억제 명분으로 시리아군 3만 명 레바논 진주
1982년: 베카계곡 상공 이·시리아군 대규모 공중전(200여 대) /베이루트 PLO 해외로 대거 탈출
1983년: 미 대사관 피습, 미 해병대사령부·프랑스군막사 폭탄테러
2005년: 반(反)시리아 정책추진 라픽 하리리 수상 암살
2006년: 이스라엘과 헤즈블라 전쟁 발발
2007년: 한국군 동명부대 평화유지군으로 파병
2020년: 베이루트 부두 대형폭발사고로 경제난 직면

내전 당시 폐허가 된 건물 뒤편에 새로운 고층빌딩이 건립되었다.

학창시절 추억이 없는 레바논내전 세대

1982년 이스라엘은 팔레스타인해방기구(PLO)를 몰아내고 기독교 정권 강화를 위해 레바논을 전격 침공했다. 베이루트로 진격한 이스라엘군은 시리아군 1개 여단과 8,000명의 PLO 무장대원을 2개월간에 걸쳐 포위 공격하였다. 결국, 미국 중재로 레바논 · 이스라엘 · PLO대표 간의 협상으로 미 · 프 · 이탈리아군의 다국적군이 파병됐다. 이에 PLO · 시리아군이 철수하고, 1985년 이스라엘군도 레바논을 떠났다. 대신 이스라엘은 남부국경지대에 레바논영토의 11%에 해당하는 안전지대를 만들었고, 그 북쪽에 UN 평화유지군이 주둔했지만, 이 지역의 완전한 평화는 아직 정착되지 못했다.

내전 공포를 경험한 '사담 후세인' 이야기

친절하게 내전자료실을 안내해준 레바논 청년은 국방부 영내에 있는 평화기원탑 방문을 권한다. 16:00시가 지난 다소 늦은 시간이지만 빨리 가면 영내 출입은 가능할 것이라는 말에 지나가는 택시를 탔다. 운전기사와 통성명을 하니 그의 이름은 '사담 후세인'이다. 묻지도 않았는데 그는 손사래를 치며 이라크 독재자 '후세인'과는 피 한 방울 섞이지 않은 전혀 무관한 관계임을 강조한다. 후세인의 악랄한 이미지로 인해 놀림을 많이 받은 모양이다. 또한, 자신의 불행했던 과거 이야기를 풀어 놓는다. 15년 내전 간 매일같이 총·포성을 들으며 대부분의 중·고교시기를 지하실에서 숨죽이고 지냈단다. 늘 굶주림에 시달렸고, 종파가 다른 이웃에 대해서는 경계심을 늦출 수가 없었다. 살얼음 위를 걷는 나날이었다. 자신의 형제와 친척 몇 명도 내전 중 목숨을 잃었단다.

Trip Tips

학교생활은 불가했고 하루하루 생존에만 급급했다. 결국, 그는 교육 혜택을 거의 받지 못한 가장 불행한 레바논 세대로 전락하고 말았단다.

탱크로 쌓아 올린 국방부 평화기원탑

국방부 정문에 도착하니 기골이 장대한 부사관이 택시기사에게 방문목적을 우악스럽게 묻는다. 레바논은 군사시설에 대해서는 대단히 민감하다. '쓸데없이 이 시간에 왜 외국인을 태우고 이곳에 왔느냐?'는 투로 그를 다그친다. 바로 전에까지 활발하게 떠들던 후세인도 자라목이 되어 필자 얼굴만 쳐다본다. 어렵게 이곳까지 왔는데 물러설 수는 없다. "평화를 사랑하는 한국인이 평화탑을 보고 싶어 먼 이곳까지 왔노라"고 당당하게 대꾸했다. 꼬리를 내리면 상대는 기세가 더 오를 것 같았다. 눈알을 부라리던 부사관 시선이 필자의 하얀 머리에 꽂혔다. 일단 테러용의자는 아닌 것으로 판단한 것 같았다. 한참 아랍어로 운전사에게 훈계하더니 영내 출입을 허락한다. 위병 조장이 소리를 "꽥" 지르니 어디선가 놀란 토끼처럼 병사 한 명이 총을 들고 튀어나온다.

평화기원탑은 국방부 영내 오른편 동산 위에 있었다.

레바논 국방부 평화기원탑 반대편 돌담에 부착된 부대 마크와 중앙의 전몰장병추모비 전경.

언덕길 옆에는 벙커형 군사박물관이 있었지만, 출입문은 굳게 잠겨 있다. 탑의 형태는 수십 대의 다양한 전차들을 콘크리트 구조물 사이에 끼워 넣었다. 삐쭉삐쭉 튀어나온 포신들이 흡사 긴 통나무 같았다. 반대편에 부대 마크가 붙어있는 벽면 중앙에는 검은 대리석관 형태의 전몰장병추모비도 있었다. 사진을 찍으려니 토끼 병사는 건너편 군인아파트가 나와서는 안 된다며 촬영 위치를 정해준다. 위병부사관 지시를 정확하게 따르려는 병사태도가 기특하다. 늦은 시간으로 군사박물관에 들어가 보지 못함을 아쉬워하며 발길을 돌려야만 했다.

레바논 국방부 평화기원탑 반대편 돌담에 부착된 부대 마크와 중앙의 전몰장병 추모비 전경.

최악의 테러 사건 미 해병막사 폭파

1980년대 TV 속의 레바논은 파괴된 도시와 곳곳에서 벌어지는 기독교·이슬람교도 간의 전투장면들이었다. UN은 미국·프랑스군이 포함된 대규모의 평화유지군을 레바논에 파견했다. 그러나 무장단체 헤즈블라는 외국군 주둔에 강한 적대감을 가졌다. 1983년 10월 23일 06:00, '베이루트의 힐튼'이라고 불리던 미 제8해병대대 4층 막사를 향해 대형트럭 1대가 돌진해 왔다. 강철 철문을 뚫고 갑자기 들이닥친 이 차량에 초병의 대책은 속수무책이었다. 장전되지 않은 M16소총은 즉각 사격이 불가했다. 12,000톤의 고성능 폭약과 부탄가스가 차량에 가득 적재되어 있었다. 위병초소까지 깔아뭉갠 트럭은 1층 로비를 뚫고 들어가 엄청난 위력으로 폭발했다.

Trip Tips

새벽 단잠에 빠져있던 미 해병대원 241명이 순식간에 즉사했다. 비슷한 시간, 2Km 떨어진 프랑스군 사령부 9층 건물도 차량폭탄 공격으로 58명이 사망했다.

1945년 태평양전쟁의 이오지마전투 이후, 미 해병대 역사상 단일 사건으로는 최대의 인명피해였다. 1984년 다국적군은 철수했고 레바논 내전은 끝없는 수렁으로 빠져들었다. 18년의 세월이 흐른 2001년 9월 11일, 이번에는 '날개달린 차량폭탄'이 또 다시 뉴욕 중심가에 나타나 무려 3,000명의 인명을 빼앗아가는 초대형 테러사건이 벌어졌다. 일부 역사학자들은 9·11테러의 뿌리는 베이루트 차량폭탄 사건에서 시작되었다고 주장한다.

1983년 10월 23일, 베이루트 미 해병대 막사 차량폭탄 테러현장에서 구조작업을 하는 동료 해병대원 모습(출처: Google 베이루트 테러 사건 이미지)

레바논 최고 명문 베이루트 미국대학교

Trip Tips

레바논은 반미(反美)정서가 강함에도 불구하고 베이루트 해안가의 아메리칸 대학교(AUB: American University of Beirut)는 신세대들이 가장 입학하고 싶은 학교로 이름나 있다.

주변 아랍국가에서도 많은 학생이 이 학교로 유학을 온다. 이 대학은 1866년 9만 평의 넓은 부지에 미국인 개신교 선교사들과 시리아 기독교인들이 설립했다. 현재 AUB는 교수 700명, 학생 8,500여 명으로 중동에서 손꼽히는 명문대학이나. 컴퓨터 공학도인 마크(Mark Zeheib)는 레바논 종교 갈등을 정말 어리석은 행태라고 신랄하게 비판했다. "국민을 어떻게 하면 더 잘 살게 할 것인지가 중요하지 종파가 무슨 의미가 있느냐?"라며 흥분해 한다. 교육수준이 점점 높아지는 신세대들이 이 사회의 주력이 되는 날, 뿌리 깊은 레바논 종교 갈등도 희석되어 갈 것으로 느껴졌다.

서베이루트에 있는 아메리칸 대학교 본관 전경. 9만 평의 넓은 부지에 8,500명의 학생이 재학 중이다.

사회 불안정과 정부청사의 윤형 철조망

베이루트 시내 중심부에서는 기관단총으로 무장한 녹색 베레모의 군인들이 순찰하는 모습을 쉽게 볼 수 있다. 프랑스 헌병군과 유사한 레바논 '치안유지군'이다. 정부청사 주변 도로는 대부분 윤형철조망으로 차단되어 있고, 일부 군중이 피켓시위를 하지만 과격해 보이지는 않았다. 청사 건물은 19세기 중반 오스만제국 시절 군사시설로 세워졌다. 그 후 제1차 세계대전이 끝나자 프랑스는 이곳을 레바논과 시리아 통치본부로 삼았다. 주변에는 통행 인원을 거의 찾아볼 수 없어 삭막한 느낌을 준다. 시민들은 이런 분위기를 그저 평범한 일상으로 받아들이는 듯했다.

베이루트 시내 중심부의 정부청사 거리. 테러 방지를 위한 일반인 통행 금지로 주변은 한산한 모습이다.

폭탄 구덩이로 발견한 2000년 전 로마목욕탕

레바논은 유럽인들에게 인기 있는 관광지다. 지중해를 끼고 있는 베이루트 언덕에는 리조트형 건물들이 즐비하다. 높은 언덕 어느 곳에서나 아름다운 지중해를 내려다볼 수 있고, 유럽보다 물가도 저렴하다. 개방적인 사회 분위기 역시 관광객의 마음을 편하게 해준다. 또한, 레바논 곳곳의 로마유적은 역사에 관심 있는 여행객들의 발길을 끌어모은다. 하지만 최근 대형 폭발사고로 인한 경제적 타격과 밀려드는 시리아 난민으로 레바논은 최대의 위기를 맞고 있다.

이슬람 문화와 동떨어진 베이루트

'중동의 파리' 베이루트는 다른 이슬람 국가들의 도시와는 확연하게 다르다. 우선 거리를 오가는 여자들의 옷차림부터 자유분망하다. 늘씬한 몸매를 자랑하며 핫팬츠와 배꼽티까지 입고 거리를 활보한다. 광고판의 여자 모델은 파격적인 노출과 요염한 자세로 버젓이 맥주를 들이켠다. 이집트 카이로, 요르단 암만, 모로코 라바트와 같은 이슬람권 도시에서는 상상하기 힘든 풍경이다. 가끔 히잡을 쓴 이슬람식 복장의 여성이 눈에 띄기도 한다.

하지만 눈 위에서 반짝이는 선글라스는 최신 유행 명품이다. 단지 히잡은 패션 소품으로 사용할 뿐이다.

Trip Tips

레바논은 지중해 동쪽 끝 아시아에 자리 잡고 있다. 유럽에서 바람이 불어오면 지중해 파도는 이 나라 항구도시의 방파제를 때린다. 유럽의 사회 풍조가 그대로 전해질 수밖에 없다. 엄격한 종교적 율법보다는 합리적이고 자유로운 인간 본성을 추구하는 문화가 발전할 수밖에 없었다.

수백 년 이슬람 종교가 지배한 흔적도 도시 곳곳에 남아있다. 1517년 베이루트 중심부에 건립된 특이한 형태의 원뿔형 지붕과 부속 건물은 한때 이슬람교가 번성했음을 알려준다. 과거 폐허가 된 사원 사진이 담긴 안내판은 이 유적 유래를 자세하게 소개하고 있다.

다른 중동국가 도시와 확연하게 차이나는 베이루트 시가지 분위기. 특히 여성들의 옷차림이 자유 분망하다.

폭탄구덩이에서 발견된 로마유적

1960년대 이스라엘과 아랍국가 간의 중동전쟁 중 믿기 어려운 사건이 벌어졌다. 이스라엘 전투기가 베이루트를 폭격하자 깊은 폭탄 구덩이가 생겼다. 희한하게도 그 속에서 2000년 동안 파묻혀 있던 '로마목욕탕'이 나타났다. 고대 유적은 건물신축 현장이나 농부의 손끝에서 흔히 발견되곤 한다. 공중폭격으로 단잠에 빠져있던 고대 유적을 깨운 사례는 세계역사에서 전무후무하다. 정부청사 부근의 이 로마목욕탕은 현재 일반인 출입이 제한되고 있다. 도시 끝자락 해안도로에 붙어 있는 비둘기 바위섬도 여행객들이 몰리는 관광명소다. 레바논의 자연 보물이라는 이곳은 아름다운 지중해 낙조를 보기 위해 저녁 시간에는 현지인들까지 모여든다. 그러나 해변 주변 곳곳에 엉성하게 지어진 초라한 천막촌은 오갈 곳 없는 시리아 난민거주지라고 안내자는 귀띔한다. 가뜩이나 부족한 일자리에 턱없이 낮은 임금으로 취업하려는 난민을 레바논인들이 못마땅해하는 것은 너무나 당연한 것 같았다.

베이루트 시내 중심부에 16세기 초에 건립된 이슬람교 사원 일부 모습.

시리아 난민 대책 없는 레바논 정부

2011년 3월, 시리아 남부 인구 8만 명의 소도시 다라(Dara'a)에서 10대 아이들이 담벼락에 '독재 타도!'라고 낙서를 휘갈겨 썼다. 당시 튀니지, 리비아, 이집트에서 민주화운동으로 독재정권이 무너졌다. 이 구호는 시리아 독재자 '알 아사드' 대통령의 1인 통치를 끝장내자는 요구였다. 아사드가 대통령이 된 1971년부터 시리아는 그의 가족들이 지배했다. 아이들이 체포되어 모진 고문을 당하자, 시민들이 이들의 석방을 요구하며 시위에 나섰다.

베이루트 해안의 관광명소 비둘기 섬 전경. 특히 지중해 낙조가 아름다운 것으로 유명하다.

국민들은 아사드의 비민주적 통치에 분노했고, 잔혹한 비밀경찰제도와 높은 실업률을 견딜 수가 없었다. 탱크까지 동원한 군대의 진압은 무자비했다. 시위 첫날 61명이 사망했다. 시리아 방방곡곡에서 수백만 명이 거리로 뛰쳐나와 아사드 퇴진을 외쳤다. 일부 군인들이 집단 탈영하여 반정부군을 조직하면서 치열한 내전이 벌어졌다. 뒤이어 미국 · 러시아 · 터키 · 이란 · IS(이슬람국가) · 쿠르드족까지 얽히고설키자 내전은 수습이 불가했다. 10년 내전으로 40만 명이 사망하고 1200만 명이 국외로 탈출하였다. 시리아 인구 절반이 난민으로 전락했다.

인접국 터키 · 요르단 · 레바논은 필사적으로 국경을 넘어오는 난민을 제지할 방법이 없었다. 레바논은 시리아 난민이 인구의 1/3을 차지한다. 레바논 정부가 직접 돌보는 난민촌은 하나도 없을 정도로 속수무책이다. 난민 아이들은 생계를 돕고자 수확이 끝난 감자밭을 파 뒤집고, 공장에서 허드렛일을 해야만 한다. 생존에 급급한 아이들이 학교에 간다는 것은 상상할 수도 없다. 심지어 남편 잃은 난민 여성들이 아이들을 굶기지 않으려고 스스로 몸을 팔기도 한단다.

관광명소 '제이타' 동굴과 군사요새

베이루트는 레바논 산맥의 영향으로 해안지역을 제외하고는 비탈진 구릉지가 많다. 언덕 위의 주택가 사이 꼬불꼬불한 도로를 한참 달려 깊은 계곡에 들어가면 중동 최대의 웅장한 '제이타' 자연동굴이 나타난다. 상 · 하부 2개의 동굴이 안에서 서로 연결되어 있다.

Trip Tips

1836년 미국인 선교사 톰슨(Thomson)이 최초 하부동굴을 발견하였으며, 1958년 60m 위쪽의 상부 동굴이 추가로 확인되었다. 특히 하부동굴은 배를 타고 동굴을 탐방해야만 한다.

상 · 하부 2개 동굴로 이루어진 '제이타' 석회암 동굴 입구 전경.

내전 기간에는 군부대가 이곳을 천연요새로 사용했다. 양쪽 높은 절벽 속의 동굴은 공중폭격이나 포격으로부터 완벽한 방호가 가능하다. 내전이 끝난 1995년 이후 일반에게 개방되었으며, 연간 30여만 명의 관람객들이 찾는 관광명소로 이름나 있다. 이 석회동굴은 2009년 '신(新)세계 7대 자연경관' 후보로 선정되기도 했다.

레바논 부유층의 풍요로운 삶

Trip Tips

베이루트 중심부와 해변을 제외한 시내 변두리는 미로 같은 골목길로 얽혀 있다. 또한, 거리에서 꽃이나 장신구를 파는 난민 아이들은 쉽게 볼 수 있다. 레바논인과 시리아인의 외관상 식별은 어렵지만, 현지 주민들은 금방 알 수 있단다.

쓰레기통 근처를 기웃거리거나 관광객에게 구걸하는 사람은 100% 시리아 난민이란다. 택시기사가 소개한 바닷가 전통음식점은 점심시간에 손님들로 가득 차 있다. 지중해 연안의 다양한 식자재로 만든 레바논 음식은 '중동 요리의 선두주자'로 이름나 있다. 식당 한편에서는 요란한 풍선 장식과 함께 많은 사람이 모여 파티를 즐기고 있었다. 생일이나 돌잔치를 하는 모양이다. 한국의 가족 모임과 똑같다. 식당 밖 수려한 지중해 경관을 바라보며 풍요로운 삶을 마음껏 즐기는 레바논 부유층인 것 같았다. 이들에게 경제난·난민 문제는 전혀 무관한 듯하였다.

베이루트 지중해 해안의 전통음식점에서 오붓한 가족 모임을 즐기고 있는 레바논인 모습.

동부 지중해 해안의 베이루트 시내 전경. 평지가 많지 않아 완만한 경사지에 주택지가 많다.

책 중의 책 '바이블(성경)'의 이름 유래

대부분의 중동국가는 영국 · 프랑스의 식민지 유산을 갖고 탄생했다. 시리아 일부를 프랑스가 분리 통치했던 레바논도 마론파 가톨릭을 바탕으로 친서구적 국가로 1943년 독립했다. 이후 1958년 친미노선에 따른 헌법 개정은 이슬람세력의 반발을 불러와, 종파별 무장단체들의 긴 내전(1975~1990)으로 이어졌다.

이런 배경에서 창설된 레바논군은 태생적으로 많은 한계를 가졌다. 1975년 내전이 발발하자, 레바논군은 뿔뿔이 흩어져 종파별 민병대에 흡수되어 옛 전우에게 서로 총구를 겨누어야만 했다. 내전이 끝난 후, 레바논군은 초당파적인 군대육성을 위해 노력하고 있으나, 이란의 지원을 받는 헤즈볼라에 비해 전투력이 훨씬 약하다.

애국심 바탕으로 거듭나는 레바논군

1945년 8월 1일, 레바논 정부가 지휘권을 갖는 약 3000명의 군대가 최초 창설되었다. 하지만 창설 초기부터 내부적인 정치

불안으로 레바논군 규모는 축소하여 운영하였다. 특히 기독교 정치인들은 무슬림이 군대를 이용하여 쿠데타를 시도할지 모른다는 우려로 국방예산을 극도로 제한했다.

내전 종식 후, 레바논군은 정파 · 종파를 초월한 장병들의 애국심 고취를 위한 정신교육을 특히 강화하면서 군 정예화를 위해 노력하고 있다. 최근 베카지역에서 시리아 반군과의 전투를 통해 레바논군은 처음으로 그 존재감을 발휘했다. 그러나 군 정예화나 현대화는 여전히 미흡하다. 그 대표적인 사례를 헤즈볼라에서 찾을 수 있다. 내전 종결 당시 UN은 전 종파 무장해제를 결의하고 대부분의 민병대는 이를 수용하였다. 하지만 중동의 이슬람 국가들은 이스라엘 견제를 이유로 헤즈볼라의 무장 유지를 용인하였고, 이들은 레바논군을 여전히 압도하고 있다.

레바논 남부 헤즈블라 지역의 전쟁기념물. 노획한 이스라엘 전차 위에 이란 호메이니 조형물이 있다. (출처: Goggle 이미지)

이스라엘 기습공격 가능한 헤즈블라

헤즈볼라는 레바논에 기반을 둔 시아파 이슬람 무장단체이며, 합법적인 정당으로 활동하고 있다. 이란 · 시리아로부터 경제 · 정치적 지원을 받고 있으며, 해 · 공군을 제외한 군사조직을 갖추고 있다. 또한, 지역별(베이루트, 베카, 남부 레바논) 사령부가 있으며, 상비군 5,000명과 예비병력이 50,000여 명에 달한다. 대전차포 및 지대지 로켓 30,000발을 보유하여 언제든지 이스라엘 기습공격이 가능하다. 무기 대부분은 동부 레바논 베카계곡이나 시리아에 은닉 중이며 필요시 즉각 동원할 수 있다. 헤즈볼라는 막강한 자금력으로 주민 대상으로 적극적인 선무 작전을 한다. 2006년 이스라엘-레바논 전쟁 후, 마을 복구에 관한 대민지원 사례다. '하루아침에 전쟁 중 집이 불탄 사람들에게 도움의 손길을 뻗친 것은 레바논 정부가 아니라 헤즈블라 요원들이었다. 이들은 집집마다 찾아다니며 피해 상황을 꼼꼼히 기록했다. 며칠 후 빳빳한 미국 달러로 피해 주민들에게 보상금으로 주었다. 미국원조만 기대하고 실질적인 도움을 주지 않는 정부보다 주민 아픔을 같이하는 이 조직을 더 신뢰할 수밖에 없다.'(출처: 한겨레 21, 2007.03.08.).

Trip Tips

헤즈블라는 전국 40개의 보육원과 126개 초 · 중 · 고교를 후원하고, 빈민가정에는 의료지원까지 한다. 그뿐만 아니라 주간지 발간 및 자체 FM 라디오와 TV 방송까지 있다. 이들은 여전히 반(反)이스라엘 전선을 유지하고 있으며, 최근에는 시리아 아사드 정권과 함께 수니 계열 반군과의 전투를 치르고 있다.

지중해 연안에서 본 레바논 산맥 만년설 전경. 이 산맥 너머 레바논 베카 계곡이 있다.

책 중의 책 '바이블(Bible)' 이름의 유래

레바논 북쪽의 고대도시 '비블로스(Byblos)'는 수천 년 전 인류 삶의 터전부터 페니키아 · 로마 · 십자군 · 오스만제국 유적이 겹겹이 쌓여있는 곳이다. 베이루트로부터 약 40Km 떨어져 있는 비블로스에 도착하여 도시를 보니 마치 시계바늘을 몇 세기 이전으로 돌려놓은 기분이 든다.

Trip Tips

1984년 유네스코 세계문화유산으로 등록된 이 도시는 모든 가옥이 돌로 건축되어 있다. 기원전 3000년경, 지중해를 석권한 페니키아인들이 만든 세계에서 가장 오래된 도시국가였다. 세계 어디서나 사용하는 성경(聖經, Bible) 또한 이곳 '비블로스'라는 이름에서 유래되었다.

이집트에서 파피루스(Papyrus) 종이를 다량으로 수입한 비블로스 사람들이 중계무역으로 그리스에 수출하였다. 그리스인들은 귀한 종이를 수출하는 비블로스를 처음에는 책을 의미하는 비블리오(Vivlio)로 부르다가, 결국 책 중의 책인 성경책을 '바이블(Bible)'로 이름을 붙였다.

비블로스 해안 안쪽의 역사유적지 전경. 사진 오른쪽에 십자군 성채 일부가 보인다.

시루떡처럼 켜켜이 쌓인 비블로스 유적

비블로스는 지중해 어디든 갈 수 있는 교통 요충지였다. 배후의 높은 산은 선박건조에 필요한 목재를 제공했고, 맑은 물과 풍부한 식량까지 조달할 수 있었다. 십자군 성채 망루에서 내려다보는 비블로스 유적은 돌무더기뿐이다. 하지만 이곳은 '인류가 가장 오랫동안 지속적으로 거주해온 도시' 중 하나이다. 오래된 인류유적은 수없이 많지만, 7천 년 동안 버려지지 않고 사람들이 살아온 터전은 그 의미가 다르다. 100여 년 전, 비블로스 해안 축대 벽이 무너지면서 수천 년 역사의 흔적이 드러났다. 발굴팀은 인류의 삶이 12m 두께 지층에 시대별로 쌓여있다는 것이 밝혀냈다. 유적을 덮고 있던 주택들이 모두 철거되었고, 다양한 유물들이 발굴되었다. 청동기시대 도자기, 이집트 오벨리스크, 로마 원형극장과 군사도로 등 시루떡처럼 층층이 쌓인 유적들을 차례로 들어내는 특이한 발굴작업이 계속됐다. 800여 년 전에 축성된 십자군 성채에는 고대박물관까지 있다.

비블로스 역사유적지 발굴 당시 전경. 사진 중앙에 로마제국의 군사도로가 보인다.

Trip Tips

전시실에는 기원전 900년경 페니키아인들이 사용한 22개의 알파벳 자료도 있었다. 이 문자들은 그리스로 전해져 라틴어로 발전했고, 수천 년 뒤 온 세상 사람들이 사용하는 영어 알파벳으로 발전했다.

십자군 성채에서 본 해안지역 비블로스 유적지. 사진 왼편 끝부분 유적발굴로 철거된 마을 주택 중 한 채를 상징적으로 남겨두고 있다.

로마의 '빵공장 · 와인저장고' 베카계곡

지중해를 내해로 만든 로마제국에게 가장 중요한 곡물 생산지는 이집트 나일강 삼각주와 레바논 베카계곡이었다. 오죽했으면 베카를 '로마의 빵공장과 와인저장고'라고 했겠는가? 베카계곡으로 가는 길은 사막의 중동국가 길과는 전혀 다르다. 레바논 산맥은 하얀 만년설이 쌓여있고 산 고갯길 주변에도 잔설이 남아 있다. 바로 이 산맥과 동쪽 시리아 사이에 길이 120Km, 폭 16Km 분지가 베카계곡이다. 풍요로운 농경지 부근에는 오론테스강과 리타니강이 흐른다. 레바논 내전 발발 때부터 2005년까지 이스라엘 · 시리아 · 팔레스타인해방기구 사이에 치열한 전투가 벌어진 격전장이었다. 오늘날 오갈 데 없는 수십만 시리아인을 수용한 UN 난민촌도 바로 이곳에 있다.

버려진 시리아난민촌의 아이들!

레바논은 과거 시리아 땅이었다. 하지만 식민통치를 하던 프랑스는 시리아의 반대를 무릅쓰고 지중해 지역 일부와 베카계곡을 떼 내어 '레바논'이라는 새로운 국가를 만들었다. 시리아인들은 지금도 마음 속으로 레바논은 자기들의 땅이라 여긴다. 1946년 시리아 역시 프랑스로부터 독립할 무렵 하나로 뭉친 민족국가 모습은커녕 지역별, 종파별로 모래알처럼 분열된 사회만 남았다. 결국, 강대국의 분할통치 유산이 레바논 · 시리아 내전 씨앗을 뿌린 셈이다.

만년설에 덮인 레바논 산맥을 넘어서

레바논은 서쪽 지중해 해변과 동쪽 평원지대가 높은 산맥으로 양분되어 있다. 해발 3000m의 거대한 산맥을 넘어서면 비옥한 농경지가 펼쳐지고 시리아 국경선이 나타난다. 베이루트에서 시리아로 가는 '갈 지(之)형' 고갯길을 넘는 데는 자동차로 30분 이상 걸린다. 겨울철 눈이라도 내리면 이 도로는 수시로 차단된다. 힘겹게 고개 정상에 오르자 또 다른 꼬불꼬불한 내리막길이다.

지중해 연안에서 본 레바논 산맥 만년설. 이 산맥 너머 베카 계곡이 있으며 사진 오른편 낮은 능선으로 고갯길이 있다.

택시기사 후세인은 자욱한 안개 속에 파묻힌 도로 아래 골짜기를 "베카계곡"으로 소개한다. 베카계곡은 1975년부터 2005년까지 레바논·시리아·팔레스타인과 이스라엘의 전쟁으로 총·포성이 그치지 않은 격전장이었다. 오늘날 이곳에는 수십만 시리아인을 수용하는 UN 난민촌들이 곳곳에 있다.

베카 계곡의 넓은 농경지를 가로질러 다마스쿠스와 연결된 4차선 도로. 과거 로마 군사도로를 확장한 길이다.

'미그기 도살장' 베카계곡 공중전

1982년 6월 6일, 이스라엘군은 시리아군과 팔레스타인 게릴라를 몰아내고자 베카계곡으로 기습 침공했다. 6만 병력과 500대 전차가 동원된 일명 "갈릴리 평화작전"이다. 특히 이스라엘 공군은 1973년 제4차 중동전쟁에서 이집트군 지대공미사일에 혼쭐이 난 전훈을 잊지 않았다. 베카계곡에는 25개소의 시리아군 SA-6/8 대공미사일 기지가 포진했다. 이스라엘군은 무인기(RPV)를 활용하여 은박지 등 레이다 교란 물질을 대대적으로 살포하였다. 가짜 항적이 뒤엉킨 레이다 화면은 시리아군을 대혼란에 빠뜨렸다. 이어서 F-4D 팬텀기가 정밀유도폭탄으로 미사일 기지를 박살 냈다. 요격을 위해 수십 대의 시리아군 미그기가 몰려오면서 베카계곡 상공에서 2차 세계대전 이후 최대 규모의 공중전이 벌어졌다. MIG-21/23, Su-22 전투기들이 시리아비행장에서 이륙하는 순간, 이스라엘 공중조기경보통제기(E-2C, 1980년대 이미 보유)는 실시간으로 항적을 추적했다. 시리아 공군기는 E-2C 지원을 받는 F-15/16의 상대가 되지 못했다. 권투에서 눈뜬 선수와 눈감은 선수와의 시합과 흡사했다. 85대의 미그기가 추풍낙엽처럼 떨어졌으나, 이스라엘기는 단 1대의 팬텀기만 추락했다. 적기를 보지도 못한 상태에서 미그기들은 최신형 공대공미사일(AIM-9L)에 맞아 "악!"소리 한 번 내지 못하고 전멸했다. 베카계곡 공중전은 85:1(시리아 : 이스라엘)의 피해비율로 전무후무한 기록을 남기면서 이스라엘군 압승으로 끝났다.

Trip Tips

한국군이 F-15, E-3를 최초 도입한 2005년, 2009년에 비해 이스라엘의 첨단무기 확보는 25~30년 앞섰다. 과감한 국방투자만이 전시 승리를 보장한다는 것을 보여준 좋은 전례다.

레바논 산맥 고갯길에서 내려다본 베카 계곡. 보이는 구름과 안개 아래 넓은 계곡이 펼쳐진다.

이스라엘 공군박물관에 전시된 E-2C기. 이스라엘은 1980년대 초 이미 공중조기경보통제기를 보유했다.

버려진 시리아 난민촌 아이들

레바논 산맥 고갯길이 끝나면 지평선이 보이지 않는 푸르른 농경지가 펼쳐진다. 감자·사과·오렌지·포도·채소류의 대대적인 생산지다. 시원하게 뚫린 4차선 포장도로 주변 곳곳에는 비닐막을 둘러친 초라한 난민촌들이 보였다. 시리아 국경선 옆 대형식당에서 운전사 후세인과 점심을 같이했다. 식당 통유리 밖에는 손님들을 바라보며 손짓하는 남루한 옷차림의 소녀가 있었다. 맑은 눈망울의 이 아이는 구걸 나온 시리아 난민이란다.

13세 난민 소녀 "또순이"는 엄마, 동생 금순·은순이와 작년에 레바논 국경을 넘었다. 아버지는 수년 전 독재정권에 맞선 반정부군에 가담하면서 집을 떠났다.

베카 계곡 일대의 시리아 난민촌의 일부 전경. 시리아국경선 주변에는 이런 임시 텐트촌을 쉽게 볼 수 있다.

그 후 아빠가 그토록 바라던 남동생 "똘똘이"가 태어났다. 총·포탄이 머리 위를 날아다녔지만 돌아올 아버지를 생각하면서 고향집 지하실에서 또순이네는 버티었다. 그런데 전혀 예기치 못한 잔인한 아사드 정부군의 화학무기 공격으로 염소가스가 순식간에 지하실을 덮쳤다. 목구멍 살갗을 벗겨내는 고통 속에서도 또순이는 젖은 수건으로 똘똘이 얼굴을 틀어막았다. 그러나 남동생은 숨을 거두었고, 엄마는 한쪽 시력을 잃고 말았다. 고향 떠난 피란살이는 비참했다. 봄·가을에는 근처 농장에서 허드렛일을 하며 겨우 밥을 얻어먹었다. 장애가 있는 엄마는 그 일조차 얻기 힘들었다. 농한기 겨울에는 또순이가 근처 식당을 돌며 손님에게 손을 내밀었다.

13세 또순이는 조만간 시집을 갈지 모른다. 엄마는 여성을 보호해 줄 수 없는 무질서한 난민촌에서 딸의 안전을 위해 나이에 상관없이 힘센 남자를 물색 중이다.

Trip Tips

'세이브 더 칠더런(Save the Children)' 조사에 의하면 난민촌 소녀의 48%가 자신보다 10살 이상 나이가 많은 남성과 결혼했다. 먹을거리가 없어 딸을 시집보내 한 입이라도 덜어내려는 것도 조혼의 큰 이유이다. 이 이야기는 후세인이 들려준 어느 난민 가족 사연을 필자가 각색하였다.

통제 불가능한 시리아군 화학무기

2017년 4월, 독재자 알아사드가 화학무기로 반정부군을 공격했다. 미국은 응징 차원에서 60~70발의 토마호크 미사일을 시리아 공군비행장에 쏘았을 뿐이다. 그것으로 끝이었다. 10년 내전으로 인간의 죽음을 전쟁 초기보다 상대적으로 가볍게 여기는 분위기에 젖어 들었다. 실제 40만 명에 달하는 전쟁사망자에 비해 화학무기 피해자는 그다지 많지 않다.

하지만 반군 세력에게는 엄청난 심리적 부담을 안겨줄 수 있다. 더욱이 아무런 방호대책이 없는 민간인에게는 치명적이다. 국제적으로 강력한 응징이 없다면 독재자의 은밀한 화학무기 공격은 계속될 것이다.

한국 정부가 지원하여 발굴한 도시유적

시리아 국경선에서 가까운 국도로 자동차는 접어들었다. 후세인은 과거 다마스쿠스를 자주 드나들면서 보따리 장사로 짭짤한 수입을 올리기도 했다. 국경 지역을 손금보듯 잘 아는 그는 필자 눈치를 살피며 비밀통로로 시리아에 잠깐 들릴 수도 있단다.

시리아는 여행 금지국가이며 더구나 목숨을 걸고 지옥의 땅에 들어갈 이유가 없다며 단칼에 거절했다. 대신 이슬람 움마야드 왕조(7~8세기)가 건설한 안자르(Anjar) 도시유적을 찾아갔다. 반듯한 도시 거리와 수차례 지진에도 무너지지 않은 건축물이 일부 남아 있다. 특히 이 유적 발굴비용을 한국이 지원하였다고 설명하는 안내판에는 선명한 태극기까지 붙어 있었다.

안자르 도시유적에 남아있는 일부 건축물 뼈대 전경. 숱한 지진과 자연재해에도 붕괴되지 않았다.

클레오파트라 목을 깨문 독사가 그려진 유적

오늘날 레바논 국민의 삶은 점점 더 피폐해지고 있다. 2020년 베이루트 폭발사고 이후 경제적 충격으로 화폐가치는 90% 이상 추락했다. 수입에 의존하던 생리대와 탐폰 가격이 5배 이상 오르자 여성들은 신문지 · 비닐봉지 등을 대용품으로 사용하는 실정이다. 레바논 정국불안, 시리아 내전, 이스라엘과의 갈등은 관광 수입까지 급감시켰다. 특히 세계적 문화유적지 바알베크 로마 신전의 전쟁 상흔은 처절한 레바논 역사를 말해주고 있었다.

바알베크 도심의 거리 전경. 최근 관광객 감소로 시내는 텅텅 비어 있다.

초대형 신전 건축 로마제국의 위용 과시

자동차는 시리아국경과 평행으로 북쪽으로 쉼 없이 달린다. 전쟁, 난민, 가난의 이미지가 먼저 떠오르는 레바논·시리아 접경지역은 의외로 평화롭다. 가끔 도로를 가로막는 지그재그형 검문소가 있지만, 차량을 세우지도 않는다. 초소 옆 위장망 아래에 미제 구형 장갑차(M113)도 보인다. 바알베크(Baalbeck)는 베이루트로부터 북동쪽으로 85Km, 시리아 다마스쿠스 북쪽으로 75Km 떨어져 있는 작은 도시다. 바알베크 로마 신전은 멀리서 보면 폐허가 된 거대한 돌기둥 군락처럼 보인다.

바알베크 유적지 입구의 비너스 신전 전경. 뒤편으로 바알베크 시내 주택가가 보인다.

하지만 막상 유적지 안으로 들어가면 거대한 규모에 입이 딱 벌어진다. 2000년 전의 건축물이라고는 믿기 어려울 정도의 불가사의한 고대유적이다. BC 64년, 로마 황제 아우구스투스는 시리아를 정복하고 바알베크에 거대한 주피터 신전 초석을 놓았다. 이어서 로마는 200여 년에 걸쳐 웅장한 주피터 · 바쿠스 · 베누스 신전을 건립하여 제국의 위용을 만방에 과시하였다.

바알베크 유적지 내의 비교적 원형이 잘 보존된 바쿠스 신전 전경. 벽면에는 로마 시대의 역사적 사건을 묘사한 부조들이 있다.

불가사의한 2000년 전의 건축기술

보름 만에 처음으로 여행객이 왔다며 유적지 안내인은 환한 웃음으로 필자를 대해 준다. 시리아 내전이 터지면서 관광객 발길이 뚝 끊어졌단다. 이집트 · 이스라엘 · 요르단 · 시리아 · 레바논으로 연결된 관광상품은 5개국 모두의 정세 불안으로 사라져 버렸다. 신전 건물과 주변 기둥은 엄청난 크기의 돌로 건축되었다. 기초석과 지붕 석재 1개 무게가 최대 800톤에서 수백 톤. 건축 자재는 바알베크에서 1500Km 떨어진 이집트 나일강 상류 아스완에서 가져왔단다. 이 무거운 돌을 나일강 하류로 가져와 지중해를 건너 레바논 해안에 하역했다.

육로운반은 레바논 산맥 통과가 불가하여 터키로 우회해야만 했다. 집채만 한 수백 개의 돌덩이를 어떻게 운반했을까? 수십 m 높이의 건축물 위로 초대형 석재를 어떻게 올렸을까? 불가사의한 일이다.

Trip Tips

아치형 건축물은 석재의 상호 버팀 중력을 계산하여 만들었고, 5번에 걸친 대지진에도 무너지지 않았다. 공사 인부들은 전쟁포로 · 노예 · 현지 주민이었다. 평생 가혹한 노역에 시달리다가 돌에 깔려 죽거나, 높은 천정에서 떨어져 죽는 것이 그들의 운명이었으리라.

바알베크 주피터 신전의 일부 전경. 높이 22m, 지름 2.2m의 6개 돌기둥 위에 있는 지붕 석재 1개 무게는 수백 톤에 달한다.

클레오파트라 목을 깨문 독사의 부조(浮彫)

> **Trip Tips**
> 바쿠스 신전에는 로마제국의 역사적 사건을 부조형 조각으로 남겨 두었다. '클레오파트라 최후'를 묘사한 조형물도 있다. 독사를 손에 잡고 자신의 목을 물게 하는 형상이다.

여왕 클레오파트라는 아름다움과 지성으로 이집트 역사에서 가장 극적인 한 페이지를 장식했다. BC 70년, 프톨레마이오스 왕조 공주로 태어난 그녀는 이복 남동생과 결혼하여 공동 왕위에 올랐다. 하지만 남편과의 권력다툼은 심각했다. 이런 상황에서 로마 영웅 카이사르가 이집트로 건너왔다. 매혹적인 클레오파트라를 보는 순간 카이사르는 사랑에 눈이 멀었다.

그는 클레오파트라의 정적들을 깨끗이 제거해 주면서 밀회에 빠졌다. 세계제국의 황후를 꿈꾸며 그녀는 카이사르를 따라 로마로 건너갔지만, 도끼눈으로 노려보는 정부인이 버티고 있었다. 설상가상으로 갑자기 카이사르까지 암살당하자, 소박맞은 아낙네처럼 그녀는 초라한 보따리를 움켜 안고 이집트로 돌아왔다. 뒤이어 로마에서 안토니우스와 옥타비아누스 간 권력투쟁이 벌어졌다. 안토니우스가 클레오파트라에게 전쟁물자지원을 요청하면서 또 다른 사랑의 불꽃이 점화됐다.

그녀는 새로운 실력자의 사랑을 차지하면서 왕위와 이집트 독립을 지켜냈다. 그러나 안토니우스의 패배로 클레오파트라는 또 다시 나락으로 떨어졌다. 그녀는 최후수단으로 옥타비아누스를 유혹했지만, 그 남자는 의외로 로마판 돌부처였다. 클레오파트라

체포를 위해 군사들이 궁전으로 들이닥치자, "나일강에 버려져 구더기가 내 몸을 파먹을지언정, 옥타비아누스 전리품은 되지 않겠다"라며 방안에 독사를 풀었다. 이후 이집트는 로마의 가혹한 수탈에 수백 년 동안 시달렸다. 혹자는 '클레오파트라가 스스로 독사에 물려 죽었다는 것이 사실일까?' 하는 의문을 품기도 한다. 그러나 바알베크 신전의 조각상은 이런 궁금증을 깨끗하게 해결해 주었다.

바쿠스 신전 벽면에 남겨진 클레오파트라 최후를 묘사한 부조. 오른손으로 독사를 쥐고 있는 형상이 보인다.

전쟁터로 변했던 바알베크 로마 신전

웅장한 바카스 신전 기둥에는 마마자국같이 깊게 파인 생채기들이 많다. 돌기둥의 큼직한 탄흔은 중기관총 이상의 피탄 흔적이다. 안내자에 의하면 2006년 레바논-이스라엘 전쟁 당시 일부 헤즈블라군이 이곳에 포진했다. 이스라엘 국경으로부터 130Km 떨어진 바알베크는 안전한 전선 후방이었다. 그러나 2006년 8월 1일, 헬기를 이용한 이스라엘 특공부대가 로마 신전을 급습하였다. 상공에는 무장헬기와 전투기가 기습부대를 엄호했다.

일부 공중 폭격까지 있었으나 다행히 신전은 큰 손상을 입지는 않았다. UN은 세계문화유산 보호를 호소했지만, 생사를 다투는 치열한 전투 간 쌍방 전투원들에게는 먹혀들지 않았다. 헤즈블라군 10여 명이 사살되고 5명이 포로로 잡히면서 전투는 끝났다. 문화유산의 중요성을 아무리 부르짖어도 생사가 갈리는 전쟁터에서는 뒷전이 될 수밖에 없었다.

바쿠스 신전 석재기둥에 남아있는 탄흔. 피탄지의 높이와 크기를 고려 시 중화기에 피격된 것으로 보인다.

국제사회에서 외면당한 쿠르드족

유적지 안내자는 시리아 쿠르드(Kurd)족이라고 자신을 소개했다. 오래전 레바논에 정착했지만, 나라 없는 민족의 서러움은 상상을 초월한단다. 인구 3000~3700만을 가진 민족 중에서 국가 없는 종족은 쿠르드족뿐이다. 전체 인구의 45%는 터키, 24%는 이란, 18%는 이라크, 6%는 시리아에 거주한다. 4개 국가의 국경 지역에 쿠르드족이 차지하고 있는 땅은 30만Km^2로 한반도 1.5배다. 하지만 민족 내부분열, 관련 국가 반대로 독립국가건설은 현실적으로 어렵다.

국익 우선의 국제사회 역시 울부짖는 쿠르드족의 호소에 냉담하기만 하다. 1975년 이래 레바논은 수차례 이스라엘과 전쟁을 치렀다. 이스라엘 또한 1948년 건국 후, 주변 아랍국가들과 4차례의 대규모 전쟁을 겪었다. 과연 오늘날 레바논 · 시리아 · 이스라엘 접경지역은 한국 DMZ와는 어떻게 다른가를 살펴보고자 요르단을 거쳐 이스라엘로 건너가기로 계획하였다.

이스라엘

Israel

반복! 또 반복하는 이스라엘군 정신교육

이스라엘은 지중해 동쪽 끝에 위치하며, 경기도와 강원도를 합친 넓이와 비슷한 작은 나라다. 동으로는 시리아 · 요르단, 서로는 지중해, 남으로는 이집트, 북쪽에는 레바논과 국경을 접하고 있다. 특히 이스라엘은 주변 아랍 국가들과 수차례의 전쟁에서 단 한 번도 패배하지 않고 오히려 영토를 확장해 왔다.

인구 868만 명의 이 나라 국민개인소득은 연 43,300달러 수준. 주변국이나 무장단체와 끊임없이 분쟁을 겪고 있는 이스라엘군 병력 규모는 현역 169,500(육군 126,000, 해군 9,500, 공군 34,000)명과 예비군 465,000명을 보유하며, 남성은 3년 미혼여성은 2년 군 복무를 한다.

요르단에서 이스라엘 국경 가는 길

요르단 수도 암만에서 이스라엘 국경 지역까지 가려면 택시를 이용해야만 한다. 운전기사는 미국에서 대학을 졸업한 후 쿠웨이트에서 직장생활을 한 경험이 있단다. 그러나 귀국 이후에는 제대로 된 일자리를 얻지 못해 현재 택시 운전을 한다. 한때 이스라엘-요르단-시리아로 연결되는 관광코스가 인기를 얻었으나, 시리아 내전으로 여행객 발길은 완전히 끊어졌단다. 제1차 세계대전 이전 이스라엘 · 요르단은 똑같은 팔레스타인 땅이었다. 그러나 승전국 영국은 1922년 이 지역을 분할하여 트랜스 요르단(Trans Jordan)이라는 새로운 독립국을 만들었다. 바로 이 나라가 오늘날의 요르단이다. 프랑스가 시리아를 나누어 레바논을 탄생시킨 것과 흡사했다. 요르단 역시 시리아 난민 문제로 몸살을 앓고 있다.

Trip Tips

요르단 내의 시리아 난민은 약 66만 명 정도로 알려져 있다. 팔레스타인 난민촌이 빤히 건너다보이는 국경 지역 정류소에 도착하여 다시 소형버스로 요르단 세관으로 이동해야만 했다.

사해의 특징을 설명한 표지석과 안내간판.

철저하고 엄격한 이스라엘 국경세관

대형버스로 횡단하는 국경지대는 황량한 평원과 간간이 철조망만 보인다.

Trip Tips

이스라엘과 요르단은 1994년 10월 26일 평화협정을 통해 46년간의 적대관계를 청산했다. 이스라엘은 점령했던 일부 요르단 영토를 반환했고, 하천댐 건설로 일정량의 식수를 요르단에 공급하기로 약속했다.

하지만 대부분 여성이 근무하는 이스라엘 세관의 입국 심사는 엄격했다. 세관원 뒤편에는 기관단총을 든 보안요원이 곳곳에 서 있다. 필자 여권에서 아랍국가 방문기록들이 나오자 미심쩍은 눈초리로 심문을 시작한다. "이집트, 요르단, 키프로스는 왜 갔는지? 모르는 사람이 짐을 맡기지는 않았는지?". 배낭 내용물은 물론이고 카메라와 스마트폰 사진까지 일일이 확인한다. 최근 하마스와의 전쟁과 테러 사건으로 세관원들의 신경이 극도로 예민한 것 같았다. 모든 검색이 끝난 뒤에서야 젊은 여성세관원은 즐거운 여행이 되기를 바란다며 활짝 웃어 보였다.

세계 최대의 홀로코스트 추모기념관

예루살렘 외곽 엘젤산(Mt. Herzl) 전철역 부근의 야드 바셈(Yad Vashem)기념관! 이곳은 1933년부터 1945년까지 유럽에서 나치스의 잔인한 학살로 죽은 유대인들을 추모하는 대형기념관이다. 홀로코스트(Holocaust: 대학살)는 유대인 현대사의 축을 이루고 세계사에서도 중대한 사건이다. 유대 민족을 기생충으로 여겨 완전히 말살하려는 독재자 히틀러의 아집은 결국 150만 아이들이 포함된 600만 명의 유대인을 살해했다. 1953년 이스라엘 국회는 홀로코스트 희생자를 추모하는 기관인 야드 바셈을 만들었다.

홀로코스트 기념관의 이스라엘군 장병 모습.

이곳은 희생당한 유대인을 추모하는 것 이외, 나치스에 대항하여 싸운 유대인들과 그들을 도와준 외국인을 기념하는 일도 함께 하고 있다. 길이 700m, 폭 300m의 넓은 면적을 가진 기념관은 세계 최대의 홀로코스트 자료를 소장한 도서관과 국제학교, 박물관, 유아기념관, 영웅기념탑을 가지고 있다. 독일 총리가 매년 사과함에도 이스라엘은 홀로코스트 자료를 수집하고 홍보를 계속한다. "역사란 끊임없이 입증하고 알리지 않으면 증발해 버리기 때문이다."라는 이유 때문이다.

홀로코스트 기념관의 테러희생자 묘역.

이스라엘군 정신교육의 본산 야드 바셈

이스라엘군 장병들은 연 1회 이상 야드 바셈 기념관을 방문하는 것이 훈련과정에 편성되어 있다. 홀로코스트는 유대 민족의 가장 큰 아픔이다. 그리고 국가라는 울타리의 중요성과 그것을 지키는 일이 얼마나 어렵고도 소중한지를 말해주는 사건이기도 하다. 이스라엘인들은 끊임없이 그 사건을 되새기는 의식을 학교와 군 생활 중 반복하고 있다. 무슬림이 이슬람 사원에서 메카를 향해 엎드려 기도하듯 이스라엘인에게 야드 바셈 순례는 하나의 의식이다.

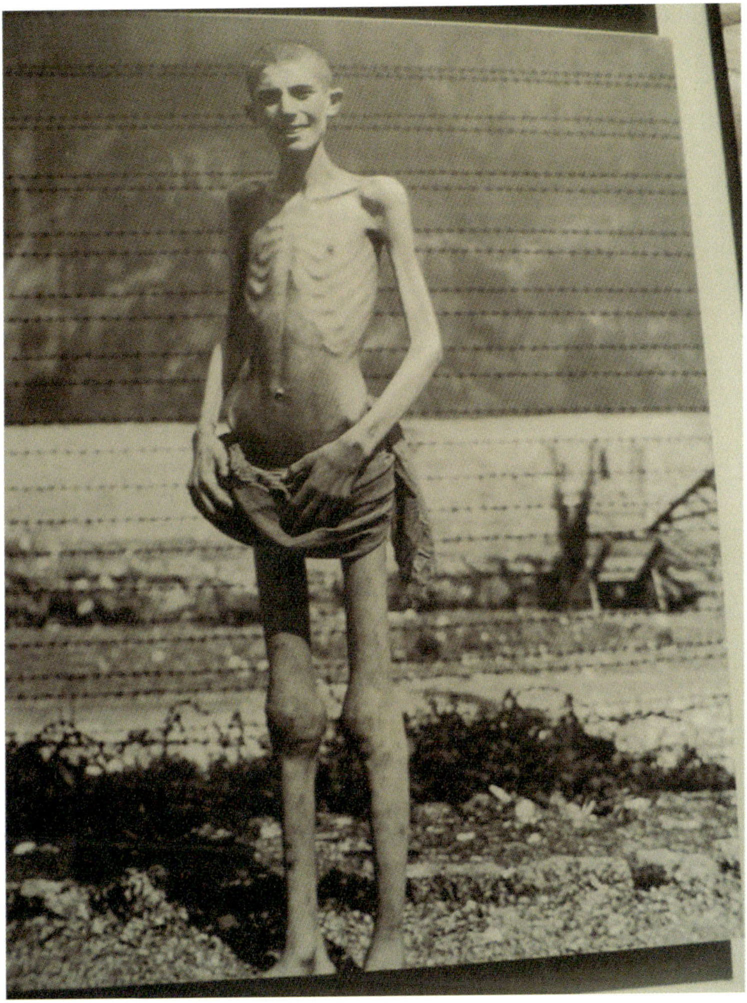

아우슈비츠 유대인 수용소에서 살아남은 수감자.

특히 학살된 150만 어린아이들의 추모관을 거쳐나온 방문객들은 예외 없이 눈시울을 적신다. 기념관 내 1개의 추모 촛불은 프리즘을 통해 150만 개의 불빛을 밝힌다. 컴컴한 전시통로 주변에는 해맑게 웃고 있는 귀여운 아이들의 사진이 빼꼭히 달려있다. 천장 스피커는 쉴 새 없이 그들의 이름을 부른다. "아담 야곱 12살 1943년 아우슈비츠에서 사망, 이브 이솝 7살 1945년 바르샤바에서 사망…".

Trip Tips

여군 장교가 인솔하는 수십 명의 예비군 무리가 유아추모관 답사 후 밖으로 나왔다. 예비군들의 비장한 표정에는 조국 수호의 결의가 역력하다. 인솔 장교는 정신교육이 더 이상 필요 없다는 듯이 바로 훈련을 마무리하였다.

야드바셈 부근에서 만난 이스라엘 남녀 군인.

강군(强軍)의 핵심은 확고한 전투 의지

야드 바셈 주변 나지막한 언덕에는 전몰장병·테러희생자 묘역이 조성되어 있다. 1973년 제4차 중동전쟁 당시 이스라엘 최대의 국가위기를 극복한 골다 메이어(Golda Meir) 여수상도 이곳에 묻혀있다. 기념관 앞 전철역에서 다정하게 손을 잡고 있는 남녀군인을 만났다. 이들 역시 기념관을 방문했으며 연인 사이임을 솔직하게 밝힌다. 여군은 실탄이 장전된 M16 소총을 가졌으나 남군은 비무장이다. 두 사람 모두 휴가 중이지만 여군은 전투부대, 남군은 비전투부대 소속이란다. 전투부대 군인은 외출·휴가 중 개인화기를 휴대하며, 만약 테러상황 직면 시 즉시 사격이 가능하다. 매일 수만 명의 병사가 실탄이 장전된 소총을 가지고 전국을 누비고 다녀도 총기사고가 전혀 없다는 것이 신기할 따름이다.

Trip Tips

군 생활의 어려운 점을 남군에게 물으니 솔직한 답변이 돌아왔다. "3년 군 복무가 너무 힘들고 지겹다. 하지만 내가 이 나라를 지키지 않으면 우리 가족은 아랍국가들에게 밀려서 지중해에 빠져 죽어야만 할 것이다." 자유 분망하고 군기가 빠진 듯이 보이는 이 청년들의 확고한 전투 의지를 보면서 이스라엘군이 강군임을 다시 한 번 느꼈다.

여자 수상 골다 메이어의 안장 묘역 전경.

전국 곳곳에 건립된 군사역사박물관

1948년 5월 14일, 이스라엘은 독립선언과 동시에 7개국의 아랍 국가들과 전쟁에 휘말렸다. 당시 이스라엘 인구는 80만 명으로 아랍의 5천만에 비해 1/62에 불과했다. 이스라엘군은 봉급도 계급도 없는 무장단체 하가나(Hagana)가 아랍 정규군에 맞섰다. 1949년 7월 17일, 전쟁이 끝나자 UN이 분할했던 54%의 최초 팔레스타인지역 유대인 땅이 78%로 확장되었다. 골다 메이어 전 이스라엘 수상은 "우리는 아랍을 상대하는 비장의 무기가 있다. 그것은 바로 전쟁에서 지면 끝장이라는 절박감이었다."라고 술회했다.

이스라엘 육군박물관에 전시된 여군전투병 모습. 여군 눈빛에서 단호한 조국 수호의 결의가 보인다.

뮌헨 테러 사건과 텔아비브 유스호스텔

사막 기후대 이스라엘에도 겨울철에는 폭우가 쏟아진다. 엄청난 강우량으로 텔아비브 시내 교통이 마비될 지경이다. 전철역 개찰구에는 2명의 무장요원이 X-ray 검색대의 승객휴대품을 유심히 관찰한다. 모든 역에 검색 인원을 배치한다면 인력 소요도 엄청날 것 같았다. 유대인들의 테러에 대한 예민함을 처음에는 이해하기 힘들었다. 그러나 텔아비브 유스호스텔이 '뮌헨올림픽 테러 사건' 기념건물이라는 것을 알고서는 생각을 달리하게 되었다.

1972년 9월 5일 새벽, 서독 뮌헨 올림픽선수촌에 팔레스타인 무장단체 '검은 9월단'의 테러범 9명이 들이닥쳤다. 이스라엘 레슬링코치와 역도선수가 살해되고 9명이 인질로 잡혔다. 이들은 이스라엘 정부가 체포한 팔레스타인 234명의 석방을 요구했다. 여자 수상 골다 메이어는 즉각 특공대 파견을 준비시켰다. 하지만 서독 정부는 이 계획을 거절하고 일반 경찰을 대신 투입했다. 엉성한 구출 작전으로 인질 전원이 사망하는 끔찍한 결과로 끝났다.

이스라엘은 팔레스타인 게릴라 기지를 폭격했고, 정보기관 모사드는 검은 9월단 핵심간부 제거 작전을 시작했다. 1979년까지 해외에서 진행된 이 작전으로 20명 이상의 테러관련자들이 사살되었다. 서독은 올림픽 테러 사건의 책임을 통감하면서 희생자를 기리기 위한 '텔아비브 유스호스텔'을 건립하여 이스라엘에 헌정하였다. 이 건물 입구의 기념 동판에는 테러 사건 내용과 희생자 명단이 기록되어 있다.

작은 항구도시 텔아비브의 군사박물관

쉼 없이 내리는 비로 대부분 투숙객이 호텔 안에서 시간을 보냈다. 식당에서 유일한 동양인 일본 대학생 '신타로'를 만났다. 그는 중국여행은 수차례 했지만, 북한에는 가보지 못했다고 한다. 한반도 문제와 전쟁역사에 관심이 많은 그 청년은 텔아비브의 군사박물관 정보를 소상하게 알려주었다. 텔아비브는 인구 40만 명으로 이스라엘에서 예루살렘 다음으로 두 번째 큰 항구도시다. 넓은 백사장을 끼고 쪽빛 바다를 내려다볼 수 있는 수십층 고급호텔들은 이스라엘의 풍요로움을 과시하는 듯하다. 그러나 한국 구미시와 비슷한 인구를 가진 이 도시에 10여 개의 역사·군사박물관이 있다는 것을 아는 사람들은 많지 않다.

텔아비브의 지중해 해변 전경. 1948년 이스라엘 독립 이전 유대인과 팔레스타인 충돌이 가장 많았던 지역이다.

이스라엘의 독립투쟁 무장단체 박물관

- 하가나(Hagana)박물관: '하가나'는 이스라엘 독립 전의 무장단체로 현 이스라엘군의 전신이다. 박물관 건물은 1930년부터 1945년까지 하가나 비밀본부였다. 1954년 옛 건물을 철거하려고 하자 하가나 출신 대원들이 몰려와 독립군 흔적의 필요성을 강력히 주장했다. 결국, 이곳은 박물관으로 개조되어 이스라엘의 독립과정을 소개하는 교육장으로 활용되고 있다.

- 에트젤(Etzel)박물관: '에트젤'은 1931년 하가나에서 분리되어 "하가나 B"로 활동하다가 1938년 에트젤로 개명했다. 이곳은 주로 1947년 아랍인과 영국군에 대항한 전쟁역사 자료를 전시한다. 훗날 이스라엘 수상이 된 지휘관 베긴(Begin)을 중심으로 적극적인 열정과 강한 행동력을 가진 군사조직이었다.

- 레히(Lehi)박물관: '레히'는 은밀한 비밀작전을 수행하는 지하단체였다. 조직의 모토는 "부활(이스라엘의 독립을 의미)"이었고 대대 규모로 편성되었다. 임무는 스파이양성 및 적 조직 내 동조세력 확보, 적요인 암살이었다. 4층 빌딩의 전시실에는 신출귀몰했던 특수작전사례와 다양한 첩보원 장비들이 있다.

- 자파(Jaffa)해방기념관: '자파'는 텔아비브와 맞붙어 있는 지중해의 해변 도시다. 1940년대 이곳에는 유대인과 팔레스타인인들이 뒤섞여 살았다. 제2차 세계대전이 끝나자 유대인들이 이 항구를 통해 대거 이주해 왔다. 두 민족은 첨예하게 대립했고, 팔레스타인의 반유대인 무장폭동이 수시로 일어났다. 전시실에는 유대인·팔레스타인·영국군이 뒤엉켜 싸웠던 전투사례가 소개된다.

1948년 독립전쟁 당시 집단으로 입대하는 이스라엘 여성들의 모습. 현재 이스라엘 군의 35%가 여군이다.

풍부한 전쟁자료를 가진 육군박물관

Trip Tips

텔아비브의 육군박물관은 초라해 보여도 전시실 자료들은 4차례의 중동전쟁 실상을 생생하게 보여준다. 19개의 창고형 건물에는 전쟁기록 사진, 작전상황도, 전쟁영웅 활약상, 여군병영 생활의 전시물이 가득하다.

1948년 독립전쟁 당시 급조한 무기 · 장비로 아랍 정규군을 격파했다는 것이 기적처럼 느껴졌다. 전쟁에 참여코자 여성들이 대거 병영으로 몰려가는 사진 또한 인상적이다. 총들 힘만 있으며 남녀노소를 가리지 않고 전선으로 달려가는 분위기가 물씬 풍긴다. 현재도 이스라엘군의 35%인 65,000명이 여군이다. 검은 안대를 쓰고 최전선 병사들과 함께 풀밭에 주저앉아 양말을 갈아신는 모세 다이안(Moshe Dayan)장군 사진도 있다.

모세 다얀 장군의 전장지역 순시 모습. 전쟁터에서 왼쪽 눈을 잃었지만, 이스라엘 국방부 장관을 역임했다.

그는 14세에 하가나에 입대하여 제2차 세계대전 시 호주군 제7사단 소속으로 레바논 전투에 참전했다. 1941년 6월 8일, 정찰대원으로 프랑스 비시(Vichy)군 동태를 살피다가 저격병 총탄에 왼눈을 잃었다. 죽을 고비를 겨우 넘긴 다얀은 외눈을 가지고도 독립전쟁, 시나이전쟁 등 숱한 전투에 참전했다. 특히 1967년 6일 전쟁 당시에는 국방부 장관으로 아랍제국을 상대로 대승을 거두었다. 야외전시장에는 이집트 · 시리아 · 요르단군으로부터 노획한 소련제 탱크 · 야포 · 미사일이 줄지어 있다. 심지어 수백 Km 적 후방지역 특공작전에서 확보한 적의 장비까지 있었다.

4차례의 중동전쟁에서 이스라엘군이 노획한 아랍군의 소련제 무기 · 장비가 진열된 전시장.

신세대 유대인의 애국심 고취 행사

텔아비브 대학에는 유대인 역사박물관과 국제금융기업가로 이스라엘에 엄청난 자금을 지원한 로스차일드(Rothschild) 기념관이 있다. 캠퍼스 분위기는 한국과 별 다를 바 없다. 넓은 잔디밭에서는 한 무리의 학생들과 병사들이 어울려 단체게임을 즐기고 있었다. 해외 유대인 청소년의 모국방문 병영체험 행사 중이란다.

Trip Tips

신세대의 애국심 고취를 위해 병영과 대학 생활을 경험하는 프로그램이다. 군복 입은 청년들이 대학생들과 캠퍼스 내에서 거리낌 없이 행사를 갖는 것이 전혀 이상하게 느껴지지 않는 분위기였다.

텔아비브 대학에서 해외 유대인 청소년들이 병사들과 어울려 모국방문 행사를 갖는 모습.

수천대의 전차가 격돌한 '눈물의 계곡'

골란고원(Golan Heights)은 이스라엘 · 시리아 · 요르단 · 레바논 4개국의 국경이 맞닿은 전략요충지다. 갈릴리호수 북쪽의 이 고원은 남북 70Km, 동서 40Km의 길이와 폭을 가졌으며 제주도 넓이와 비슷하다. 고원 북쪽에는 해발 2,814m의 만년설이 덮인 헤르몬산(Mt. Hermon)이 있다. 이스라엘은 1967년 제3차 중동전쟁 때 시리아 영토이던 골란고원을 점령했다. 시리아는 1973년 제4차 중동전쟁 당시 이 지역을 탈환하려 했지만 실패했다. 양국은 1974년 접경지역 일부를 비무장지대로 하고, 현재 1000여 명의 UN군이 주둔하고 있다.

골란고원의 후방거점도시 티베리아스

이스라엘 갈릴리호수는 골란고원의 실개천이 모여서 요단강을 이루어 남쪽으로 흘러와서 만들어졌다. 길이 21Km, 폭 11Km 밖에 되지 않지만 '갈릴리 바다'라고 불리기도 한다. 연 300일이 넘는 온화하고 쾌청한 날씨로 호수 서안의 도시 티베리아스(Tiberias)에는 관광객이 끊이지 않는다. 호수 주변에는 성지순례를 온 단체여행객을 맞이하는 한국식당들도 있다. 이스라엘에서 20여 년 살아온 한인 사장은 "유치원·초등생들이 야외학습을 하러 가면 반드시 3~4명의 학부모가 소총으로 무장하고 따라가 아이들을 보호합니다. 하지만 이 나라에서 단 한 번도 총기사고 뉴스를 본 적이 없다."라고 한다.

골란고원 옛 시리아군 진지에서 본 갈릴리 호수 전경. 사진 왼쪽 호수 건너편에 '티베리아스' 도시가 있다.

티베리아스는 골란고원에 배치된 이스라엘군 후방거점도시다. 버스터미널 승객 대부분이 출타 중인 무장군인들이고, 대형트레일러에 탑재된 전차·장갑차가 전선으로 이동하는 것을 쉽게 볼 수 있다. 골란 고원행 시골 버스에서 집에서 출퇴근하는 여군 병사를 만났다. '꿀 보직 군인(Chocolate Soldier)'으로 불리지만, 사격·체력측정에서 영내 병사보다 항상 우수한 성적을 얻는단다. 2시간 내외면 전국 어디든지 갈 수 있는 이스라엘의 독특한 군 복무제도다. 여군 어깨에 걸친 기관단총과 건강미 넘치는 얼굴에서 꿀 보직의 느슨한 모습은 전혀 찾아볼 수 없었다.

출퇴근하며 군 복무를 하는 이스라엘 여군이 상관인 장교와 활짝 웃고 있다.

양보 불가능한 전략요충지 골란고원

Trip Tips

골란고원에서 발원한 요르단강과 갈릴리호수는 이스라엘의 사활이 걸린 식수 공급원이다. 1960년대에도 시리아와 물 분쟁을 겪기도 했다. 군사적 측면에서도 이스라엘은 이 지역을 절대 양보할 수 없는 처지다.

헤르몬산에서 시리아 다마스쿠스를 항시 감시하면서, 만약 전쟁 발발 시 초전 기습방지도 가능하다. 호수 반대편으로 건너가면 골란고원의 허리를 따라 올라가는 좁은 전술 도로가 나타난다. 길 좌 · 우측에는 "지뢰(Mine)" 표시가 달린 철조망이 늘어져 있다. 작은 촌락 모사브(Moshav) 정류소에 내리니 한국 민통선 마을 분위기와 흡사했다. 골란고원에는 30개 정착촌에 2만 명의 유대인이 거주한다. 4개소의 시골 마을에도 비슷한 수의 시리아인들이 있다. 이스라엘 국적을 얻을 수는 있으나, 주민 대부분이 옛 국적을 계속 유지하고 있단다.

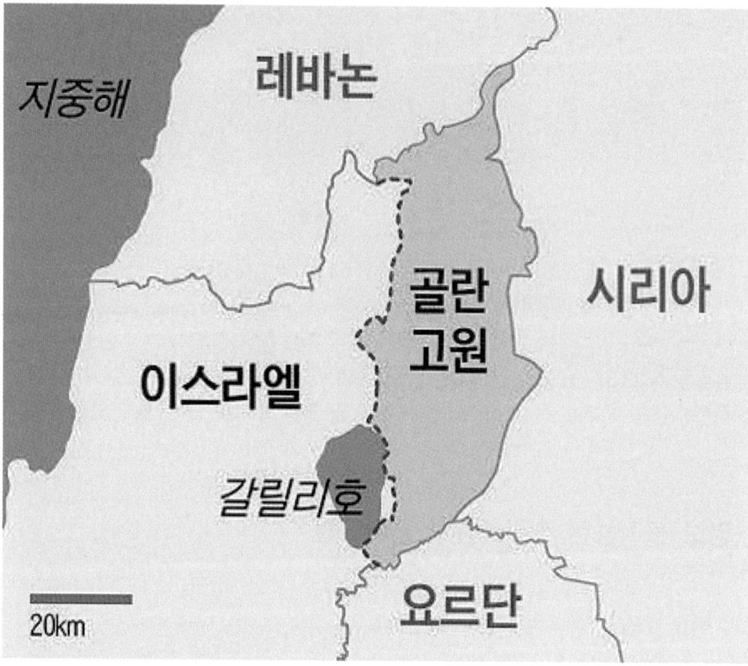

골란고원과 주변국 지도(출처: Goggle 이미지)

전쟁 상흔으로 뒤덮인 격전지 현장

마을 변두리의 여행자 숙소 '징기스칸 골란(Genghis Khan in the Golan)'에는 몽골 전통가옥 게르(Ger)가 몇 채 있다. 갈릴리 호수가 내려다보이는 언덕에는 1960년대의 시리아군 벙커와 교통호들이 곳곳에 남아있다. 골란고원은 도보 혹은 자전거여행도 가능하나, 안내자가 동승하는 차량 여행이 안전하다. 안내인 나아만(Naaman Vardy)은 20년 전 러시아로부터 이스라엘로 건너왔다. 해외입국자에 대한 3년간의 정부 지원으로 큰 어려움 없이 모국에 정착하였단다. 골란고원은 대전차 방벽이나 도로 장애물 정도가 가끔 보일 뿐, 극히 평온한 분위기다.

골란고원 이스라엘 정착촌의 여행자 숙소 전경. 사진 왼편에 몽골 전통가옥 게르가 보인다.

주변 4~5Km의 평원을 완벽하게 관측할 수 있는 야산 주변에 원형 철조망과 녹슨 전차가 보였다. 고지 정상에는 시멘트 벽체로 만든 긴 교통호와 고장 난 캘리버(Caliber) 50 중기관총 1정이 남아있다. 1973년 10월 전쟁 당시 이스라엘군 GP였다. 시리아군 포위 공격을 28명의 이스라엘군이 3일간 끈질기게 버티어 냈다고 한다. 장병 대부분은 전사했고, 단 1명의 생존자가 시리아군 포로가 되었다. 죽음으로 사수한 요충지로 인해 예비군 동원시간을 확보할 수 있었고, 결국 시리아군의 갈릴리호수 진격작전은 포기할 수밖에 없었다.

골란고원 평원지대의 옛 이스라엘군 GP 하단부에 버려진 전차와 윤형 철조망 모습.

'눈물의 계곡'에서의 사상 최대의 전차전

넓은 초원지대를 지나 높은 산 비탈길을 승용차로 한참 올라가니 '눈물의 계곡' 전망대가 나타났다. 많은 여행객이 교통호가 거미줄처럼 얽힌 폐기된 갱도 진지를 돌아보고 있었다. 고지 아래의 평원과 구릉이 수 천대 전차가 뒤섞여 며칠 동안 주야로 싸운 격전지다. 제2차 세계대전 이후 최대의 전차전이었다. 오죽 사상자가 많았으면 피눈물이 강물처럼 흘렀을까?

Trip Tips

1973년 10월 6일 14:00, 시리아군 5개 사단(보병 3, 기갑 2) 병력과 1500대의 전차가 골란고원의 이스라엘군을 기습 공격했다. 유대교 '속죄의 날'인 이 기간에 전 국민이 금식 중이었다.

고원에는 소풍 나온 캠핑족들의 알록달록한 텐트가 곳곳에 펼쳐져 있었다. 전쟁 초기 이스라엘군은 200대의 전차로 필사적으로 저항하며 증원부대를 기다렸다. 기갑 중위 츠비카(Zwicka)의 증언이다. "적 전차를 만났을 때 가장 먼저 찾아온 것은 공포였다. 강한 책임감은 곧 두려움을 극복할 수 있었다. 유리한 지형을 이용하여 내가 탑승한 전차는 시리아군 전차 10대를 격파했다. 야간에는 심지어 10m 거리에서 포격을 주고받았다. 전쟁 2일 차 새벽, 방어지역 전차 수는 50:1의 열세였다. 그러나 신속하게 증원된 제79 동원기갑여단과 공군지원으로 그 위기를 극복했다." 전쟁 후 츠비카는 대통령 관저에서 이스라엘 최고 무공훈장을 받았다.

골란고원 '눈물의 계곡' 전망대 관광객과 폐기된 이스라엘군 갱도 진지 전경

국경선에 붙어있는 휴양도시 메툴라

헤르몬산 하단부는 온통 바윗돌 투성이지만, 눈 덮인 정상에는 스키를 즐길 수 있는 리조트가 있다. 꾸불꾸불한 산악도로를 따라 지중해 방향으로 내려오니 넓디넓은 채소밭과 과수원의 연속이다. 남부 사막지대와는 완전히 다른 지형이다. 이윽고 레바논 국경 지역에 있는 최북단 마을 메툴라(Metulla)에 도착했다. 국경전망대에 올라서니 멀리 레바논 마을도 보인다. 양국 국경을 따라 설치한 철책선 이외에 특별한 방어시설도 보이지 않는다. 이스라엘은 열세한 레바논군을 큰 위협으로 느끼지 않는 모양이다. 휴양지로 각광받는 이 마을의 숙박료는 대단히 비싸다. 이곳에서 머무는 것보다 해군박물관이 있는 가까운 30분 거리의 하이파(Haifa)로 발길을 옮기기로 하였다.

골란고원 북단에 있는 만년설이 덮인 헤르몬산 전경. 산 정상에는 스키를 즐길 수 있는 관광지가 있다.

작지만 강한 군대, 이스라엘 해군!

이스라엘의 3대 주요 도시는 예루살렘, 텔아비브, 하이파이다. 인구 26만 의 항구도시 하이파(Haifa)는 지중해와 카르멜산자락에 접해 있다. 세계 최상급 대학이 2개 있는 하이파는 많은 학생이 거주하며 이스라엘 기술력의 중심지다. 이스라엘 공과대학교(테크니온)는 이공계 연구중심대학으로써 2004 · 2011년에 세 명의 노벨상 수상자를 배출했다. 하이파는 과거 십자군의 해상보급 기지였고, 현재도 지중해 송유관과 해군기지가 있는 전략요충지다.

카르멜산 공원에서 내려다본 하이파 항구 전경. 이스라엘 3번째 도시이며 약 29만 명이 거주한다.

텔아비브의 일본 청년 하이파에서 다시 만나다.

하이파 숙소에서 뜻밖에 텔아비브에서 같은 호텔에 있었던 일본인 '신타로'를 만났다. 여행 중 만난 사람을 다른 도시에서 우연히 다시 만나는 경우가 쉽지는 않다. 그런데 그는 심각한 표정으로 조금 전에 있었던 자신의 경험을 이야기한다. 1층 공동부엌에서 북한 청년을 만나 호기심에서 몇 가지 질문을 하였단다.

그는 신타로가 일본인임을 알자마자 "당신은 우리의 적이다(You are our enemy)."라며 분노에 찬 목소리로 몰아붙였단다. 예상치 못한 반응에 깜짝 놀란 일본인은 바로 2층으로 올라왔고, 혹시 그 청년이 자신에게 해코지할지 모른다는 두려움에 떨고 있었다. 그를 안정을 시킨 후 사태파악을 위해 직접 1층으로 내려갔다. 왜소한 체격의 북한 청년은 30세 전후가 되어 보였다. 힐끔힐끔 쳐다보는 눈길 역시 매서웠지만 모르는 사람에게 시비를 걸 인물은 아닌 것 같았다.

신타로는 항상 나와 동행하면서 만약의 사태에 대응하기로 하였다. 그러나 두 사람 간의 충돌은 일어나지 않았고, 다음날 그 북한 청년은 홀연히 숙소에서 사라졌다. 해외여행 중 북한 사람이 혼자 여행하는 것을 처음 본 사례다.

작지만 강한 군대! 이스라엘해군 역사

Trip Tips

하이파 카르멜산 아래 해군박물관과 해양박물관이 나란히 붙어있다. 병력 9,500명과 소형함정을 주로 보유한 이스라엘해군은 "작지만 강한 군대!"로 불린다.

해군박물관 입구의 구축함 '에일라트'호 전몰장병 추모탑. 히브리어로 쓰인 추모 비문 중간에 '1967. 10. 21' 사건 날짜가 보인다.

전시물의 상당 부분이 1940년대 해외 유대인을 비밀리 해상으로 수송했던 역사유물로 채워져 있다. 1948년 이스라엘이 건국되자, 영국해군으로부터 물려받은 낡은 군함을 주축으로 해군은 창설되었다. 숱한 전쟁을 거치면서 이스라엘해군은 눈부신 발전을 거듭했다. 하지만 박물관 입구의 '에일라트'호 추모탑은 가슴 아픈 패전의 역사를 후세에 전하고 있다.

1967년 10월 21일, 6일 전쟁이 끝난 후 이스라엘 구축함 에일라트(1700톤)는 이집트 포트사이드 항에서 25Km 떨어진 해상에서 작전 중이었다. 패전의 설욕기회를 호시탐탐 노리던 이집트해군은 코마급 초계정(66톤)에서 소련제 함대함 스틱스(Styx) 미사일 4발을 기습 발사했다. 미사일은 방심했던 이스라엘 구축함을 정확하게 가격했다. 군함은 순식간에 두 동강으로 쪼개졌고, 승무원 191명 가운데 47명이 전사했다. 천안함 피격 사건과 너무나 유사했고, 전사자 숫자도 거의 같다.

이집트군은 함대함 미사일로, 북한군은 잠수정 어뢰를 사용했다는 것만 다를 뿐이다. 에일라트함 추모비 하단에는 당시 상황을 작전 요도와 그림으로 상세하게 소개한다. 패배한 전투였지만 전쟁교훈을 알리고자 하는 취지다. 대부분의 세계 군사박물관 입구에는 승전탑을 세워 국민들이 자긍심을 갖도록 한다. 패전 상징물을 세워둔 곳은 아마 이스라엘 해군박물관이 유일한 것 같았다.

박물관 야외전시장의 이스라엘해군 잠수함 전경. 이스라엘해군은 현재 5척의 잠수함을 보유하고 있다.

영화 '영광의 탈출' 제작 계기를 만든 함정

Trip Tips

1960년대 영화 "영광의 탈출(Exodus)"은 키프로스 수용소를 탈출한 2800명의 유대인들이 팔레스타인 땅으로 가는 이야기다. 화물선 갑판위에 콩나물시루같이 빼곡히 탄 이주민, 살인적인 폭염과 열악한 선상생활, 영국군의 강제퇴거 요구에 전원 단식투쟁으로 대항하는 장면이 영화의 압권이다.

결국, 들끓는 세계여론에 굴복하여 영국군은 퇴거 명령을 취소했다. 제2차 세계대전 후, 수많은 유대인이 다양한 종류의 선박을 이용하여 이스라엘로 건너왔다.

영화 '영광의 탈출' 제작 계기가 된 유대인 수송선박 '알프알피첸'호 전경. 함정 내부에는 유대인 이주 역사전시관이 있다.

그중 대표적인 이주선 1척이 야외전시장에 보존되어 있다. 350톤급 전차 상륙함인 아프알피첸(Af-Al-Pi-Chen)호는 이탈리아의 유대인 회사가 1946년에 사들여 수송선으로 사용했다. 1947년 9월 15일, 유대인 445명을 싣고 이 배는 이탈리아를 출발했지만, 영국해군에 불법 이민선으로 나포되어 하이파로 끌려왔다. 이 사건을 각색하여 필사적인 유대인 이주행렬을 묘사한 "영광의 탈출" 영화가 탄생했다. 1948년 독립전쟁이 발발하자, 이 함정은 이스라엘해군에 편입되었다가 1969년 퇴역하여 박물관으로 왔다. 함정 내부는 유대인 이주역사전시관으로 꾸며져 있었다.

사라진 잠수함 31년 수색으로 찾아내다

해군박물관 전시실 한쪽에는 수십 명의 해군 장병 사진과 잠수함모형이 있다. 이스라엘 해군잠수함 "다카르(Daker)" 침몰 사건 전시물이다. 1969년 1월 9일, 승조원 69명과 군사 전문요원들이 승선한 다카르호가 영국 포츠머스(Portsmouth) 항을 출발했다. 수년 동안 영국에서 잠수함 운용기술을 습득한 이스라엘해군 엘리트들의 귀국 항해였다. 그러나 지브롤터 해협을 통과하고 지중해로 들어선 이후 다카르호는 갑자기 사라졌다. 이집트군·소련군 공격설, 무리한 심해운항으로 인한 사고설 등 숱한 추측은 있었지만 끝내 침몰원인은 알 수 없었다. 이스라엘 정부는 승무원 유해를 찾고자 31년 동안 수색 및 탐사작업을 계속했다.

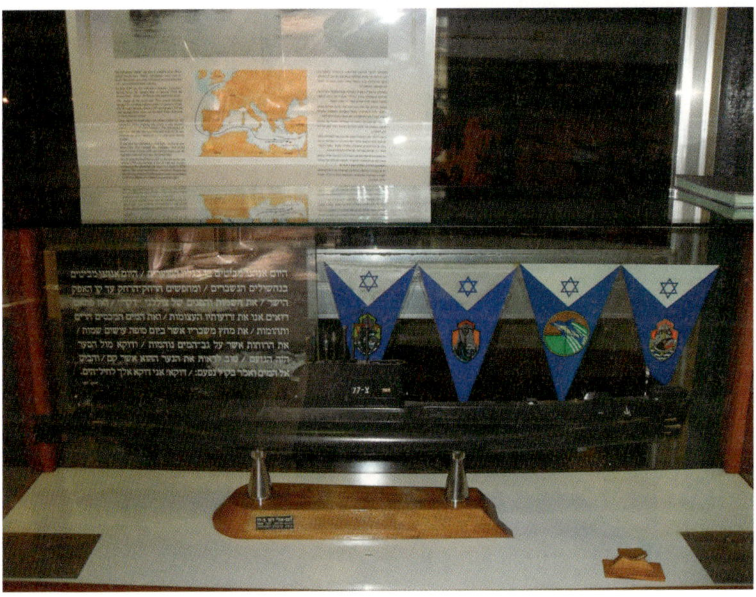

이스라엘 잠수함 '다카르'호 침몰 사건 전시실. 사진 상단부에 잠수함 항로와 실종 지점을 표시한 지도가 보인다.

Trip Tips

마침내 1999년 5월 26일, 실종 잠수함의 잔해를 이스라엘에서 500Km 떨어진 지중해 바닥에서 찾아냈다. 모든 정규방송은 중단되었고, 다카르호 추모특집을 내보냈다. 전쟁포로나 실종자를 끝까지 추적해서 본국으로 송환하는 이스라엘 군사전통은 유대인들의 뿌리 깊은 애국심에 그 바탕을 두고 있는 것 같았다.

해군박물관을 견학하는 이스라엘해군 여군 간부들. 이곳은 학생 · 군인들의 이스라엘 역사 현장체험 학습장소로 활용되고 있다.

이스라엘 공군! 세계 최고의 기량을 갖추다

이스라엘 공군박물관은 중부 사막지대 브엘세바(Beersheba)에 있다. 공군기지 안의 박물관은 전 세계의 군용기, 대공미사일, 레이다를 총집결시켜 두었다. 야외전시장에는 제2차 세계대전 당시의 대부분 전투기와 현대전쟁에서 맹활약했던 미라주, 토네이도, 팬텀, F-16, F-15, 미그(Mig)기 등 약 150대가 진열되어 있다.

공군박물관에서 근무하는 여군 안내 병사들 모습.
뒤편으로 미라주 전투기와 대공미사일 전시물이 보인다.

최고의 전투조종사 기량 무엇이 원천인가?

1983년 훈련 중이던 이스라엘 F-15D와 A4 스카이호크 기가 공중 충돌했다. F-15는 오른쪽 앞날개가 잘려나갔고, A-4기는 추락했다. F-15 조종사 지브(Ziv Nedivi)는 균형 잃은 동체의 수평 유지에 안간힘을 썼다. 기적적으로 재연소장치 점화와 동체를 비스듬히 비튼 비행자세로 양력을 유지했다. 비행학교에서 전혀 배운 적도 없는 이런 상황은 오직 조종사의 순간판단과 실력으로만 극복해야 한다. 16Km 떨어진 라몬 공군기지까지 가까스로 비행한 지브는 노련한 비행술로 무사히 착륙했다. 우수한 조종사 기량의 원천은 무엇일까? 박물관에서는 이런 빛나는 공군의 전통은 이스라엘 청소년들의 창공에 대한 뜨거운 꿈과 애국심이 만들었다고 소개한다.

청소년 최고의 선망 대상 공군 파일럿

이스라엘 고3 학생들은 '하버드를 가느냐? 옥스퍼드를 가느냐?'는 큰 관심사가 아니다. 졸업과 동시에 대부분 군 입대를 하기 때문이다. 오히려 전투 조종사, 특수부대 등 가장 엄격한 자격조건과 힘든 훈련을 거치는 부대에 선발되는 것을 자랑스럽게 여긴다. 파일럿 유니폼을 입고 음식점에 가면 식당 주인이 돈을 받지 않는 경우도 허다하다고 한다. 공군박물관에는 조종사 선발부터 훈련 과정을 보여주는 전시관이 있다.

최종 단독비행을 성공적으로 마치고 돌아온 신임조종사에게 동료들이 물벼락을 퍼붓고 있다.

Trip Tips
최종 단독 비행을 성공적으로 마치고 돌아온 조종사에게 주어지는 선물은 물벼락. 소방호스까지 동원하여 햇병아리 비행사에게 물을 뒤집어씌운다. 아기 병아리가 물을 좋아하기 때문인지? 이스라엘공군 전통이란다. 전시관 마지막 코너에는 살아있는 전설의 에이스 '아미르 나후미(Amir Nachumi)' 이야기가 있다.

공군의 최고 에이스는 이렇게 태어났다

나후미는 1962년 고등학교를 졸업하자마자 어릴 적부터 꿈꾸어 왔던 비행학교에 들어갔다. 그러나 교육과정에서 탈락하여 육군 기갑부대에서 중사로 전역한 후, 히브리 대학으로 진학한다. 1967년 제3차 중동전쟁이 발발하자 재소집 되어 전차장으로 참전했다.

그는 이스라엘공군의 눈부신 활약을 보고 또다시 조종사 양성 과정으로 어렵게 들어가 마침내 1968년 공군소위로 임관했다. 1973년 10월, 나후미 대위는 시나이반도 오피라 공군기지(현 샤롬 엘 셰이크 국제공항)에서 팬텀조종사로 비상대기 중 제4차 중동전쟁을 맞이했다. 28대의 이집트공군기가 기지를 기습하자, 편대기 1대와 긴급 발진했다. 2: 28로 적기를 대적하는 긴박한 상황. 급상승! 급강하! 공중제비! 눈이 튀어나오고 고막이 터질 것 같은 7G(Gravity:중력) 고통을 극복하며 나오미는 이집트군기 5대를 격추했다. 뒤이어 시리아 전선에서 2대의 미그기를 격파하면서 일약 공군 에이스로 부상했다. 그 후 레바논전쟁에서의 전과를 포함하여 모두 14대의 적기 격추로 그는 전설의 공군 에이스로 불려졌다.

4차례 중동전쟁에서 혁혁한 전과를 올린 이스라엘 노후 전투기들이 한곳에 모여 치장되어 있는 모습.

단 "1분 20초" 정밀폭격으로 핵시설 무력화

Trip Tips

1981년 6월 7일 15 : 55분, 시나이반도 에치온(Etzion)기지에서 F-15 6대, F-16 8대가 출격했다. 이라크 오시라크(Osirag) 원자로 제거를 위한 오페라작전(Opera Operation)의 시작이었다.

목표지점까지는 왕복 3,200Km. 기만교신으로 요르단 · 사우디 영공을 무사히 통과 후, 이라크 국경부터는 레이다 회피를 위해 고도 30m를 유지했다. 10층 아파트 높이로 나는 고난도 비행이다. 이륙 1시간 40분 후, F-16 편대는 고도 2,130m로 급상승했다. 강하 각도 30도를 유지하며 16발의 고성능폭탄(MK84)을 투하하였다. 엄청난 폭음과 함께 전투기들은 12,190m까지 고도를 높이며 재빨리 이탈했다.

핵시설을 초토화시키는데 걸린 시간은 단 "1분 20초!". 이라크 대공포가 불을 뿜었지만 이미 전투기들은 사라졌다. 핵시설은 재가동 불능상태가 되었고, 이라크군인 10명과 프랑스인 1명이 목숨을 잃었다. 오페라작전 전시실의 야곱 대위 증언이다. "계획은 단 한 치의 오차도 없었다. 목표물이 파괴되자 히데켈(Hidekel: 티그리스강을 의미) 주변은 온통 화염에 휩싸였다. 애퍼트 버너(After burner)를 가동시키면서 즉시 목표지역을 벗어났다."

전시된 시코르스키 S-58 대형 헬기. 이스라엘 특공부대는 이 헬기를 이용하여 다양한 특수작전을 수행했다.

이스라엘군의 신화 '엔테베 특공작전'

Trip Tips

공군박물관 입구 근처에는 전 세계를 깜짝 놀라게 했던 "엔테베 공항 인질 구출 작전" 전시관이 당시 공중지휘기였던 보잉 707 민항기 안에 있다.

1976년 6월 27일, 승객 242명을 태운 프랑스 여객기가 테러범에게 납치되어 아프리카 중부 우간다로 끌려갔다. 이스라엘은 우간다 대통령, 테러단체와 협상했지만 실패했다. 인질범이 승객 공개처형을 최종 통보해 오자, 군사적 수단 외는 선택의 여지가 없었다. 이스라엘-우간다 왕복거리는 8,000Km. C-130 수송기는 공중급유 없이는 회항이 불가했다. 비행 경로상의 에티오피아·수단·소말리아는 적대국이었다. 하지만 1976년 7월 3일 03 : 10분, 280명의 특공대는 4대의 수송기에 분승하여 출동했다. 부족 연료는 수송기 1대에 싣고가서 공항에서 직접 주유키로 했다.

'엔테베 특공작전' 공중지휘기로 사용한 보잉 707 민간항공기 전경. 내부에는 이 작전 과정을 소개하는 전시실이 있다.

지휘기 보잉 707은 엔테베 남쪽 빅토리아호 상공에서 대기했다. 7시간 30분 비행 후인 22 : 40분, 수송기 4대가 엔테베 공항에 조용히 착륙했다. 관제탑의 우간다군은 수천 Km 밖의 이스라엘군이 갑자기 나타날 것이라고는 꿈에도 생각지 못했다. 우간다 대통령으로 분장한 특공대원이 벤츠 승용차로 인질 막사로 접근했다.

대통령 출현에 깜짝 놀란 경비병은 소음권총에 맥없이 쓰러졌다. 전광석화 같은 기습작전으로 사전 석방된 승객 외 103명의 유대인이 극적으로 구출되었다. 53분간의 작전에서 인질범 7명, 우간다군 45명이 사살됐지만, 이스라엘군 전사자는 지휘관 조나단 네타냐후(Jonathan Netanyahu) 중령이 유일했다. 작전이 끝난 후, 우간다 대통령 아민과 친분이 있는 이스라엘 팔레브 대령이 그에게 전화로 주권침해에 대해 사과했다.

아민의 대답은 "직업군인 입장에서 볼 때 이번 기습은 정말 완벽했네. 이스라엘 특공부대는 참으로 훌륭했소."라고 엉뚱하게 찬사를 보냈다. 지휘관 1명의 희생으로 인질 103명을 구한 이 특공작전을 이스라엘은 "조나단 작전"으로 명명했다.

야외전시장에 이스라엘공군이 보유한 항공기부터 노획한 적성국 전투기와 수많은 공군 장비들이 전시되어 있다.

세계 최대를 자랑하는 라트룬 전차박물관

라트룬(Laturn)은 예루살렘과 텔아비브 중간의 작은 도시이다. 1948년 독립전쟁 당시 이스라엘군이 요르단군 점령지역인 이곳 요충지를 수차례 공격했으나 실패했다. 하지만 1967년 제3차 중동전쟁 시, 결국 이스라엘군은 라트룬을 차지했다. 선열들의 피땀이 서린 이곳에는 세계 최대의 전차박물관이 있으며, 부사관임관식 등 군(軍) 행사가 수시로 개최된다.

전차박물관 전시실의 메르카바 전차모형과 이스라엘 전차병 형상.

이스라엘 건국선언과 독립전쟁

1948년 5월 14일, 벤구리온이 텔아비브에서 이스라엘 독립을 선언함과 동시에 아랍국가들과 전쟁이 발발했다. 인구 80만의 이스라엘은 이집트 · 시리아 · 요르단 · 레바논 · 이라크의 아랍 연합군과 격돌했다. 이스라엘군 초기전력은 보잘것없었다. 병력의 2/3 정도가 구구 각색의 소총으로 무장하였고, 박물관 화포까지 끌고 나와 사용했다. 유대인들은 사력을 다해 싸웠지만, 압도적인 전력을 가진 아랍군은 분열되었다. 연합국간 작전협조조차 없었다. 1948년 6월 11일, 유엔 중재로 30일간의 휴전을 가졌다. 이스라엘에게는 천운의 시간이었다.

미국 등 서방국으로부터 대량의 무기를 들여왔고, 제2차 세계대전에서 실전경험을 가졌던 해외 유대인들이 속속 입국했다. 1949년 2월 14일, 이집트를 시작으로 레바논 · 요르단 · 시리아가 국가별로 휴전하면서 7월 20일 전쟁은 이스라엘 승리로 끝났다. 1947년 UN이 나눈 팔레스타인 땅의 이스라엘 지분 56%는 오히려 78%로 더 늘어났다. 이집트는 가자지역을, 요르단은 요르단강 서안지구를 점령하면서 실리를 챙겼다.

전차박물관 전시실에 있는 1982년 레바논전쟁 당시 실종된 이스라엘군 병사 사연을 상세히 보도한 일간지 사진.

아사 직전 유대인을 구한 '버마로드'

이스라엘은 1948년 독립 이후, 5번의 큰 전쟁을 치르며 전차의 중요성을 실감했다. 박물관 야외전시장에는 1940년대의 전차로부터 최신형 미·영·프·러시아산 기갑장비가 수백 대 줄지어 있다. 라트룬은 영화 "팔레스타의 영웅"에서 묘사된 독립전쟁 당시의 버마로드(Burma Road)로도 유명하다. 요르단군이 텔아비브와 예루살렘의 연결 도로를 라트룬에서 차단하자, 성지(聖地)에서 포위된 유대인들이 아사 지경에 이른다.

이스라엘군은 포위망을 뚫고자 수차례 공격했지만, 수백 명의 사상자만 내고 실패했다. 이때 고대역사에 능통한 이스라엘군 중위가 2천 년 전의 로마도로가 근처에 폐기된 채 있다는 사실을 알았다. 그는 주변을 샅샅이 뒤져 마침내 풀숲에 덮여있는 옛 도로를 발견했다.

메르카바 위의 어린아이들 뒤편에 전차박물관이 보인다. 전차 후면의 쪽문으로 승무원이 차내로 출입할 수 있도록 설계했다.

유대인들은 요르단군 저격을 받으면서도 밤낮으로 공사를 계속하여 우회도로를 복원했다. 드디어 식량 등 보급물자가 이 도로를 통해 예루살렘으로 들어가면서 악전고투하던 유대인들은 구조되었다. (버마로드: 1939년 중일전쟁 중 중국이 외부지원을 받기 위하여 쿤밍에서 미얀마 라시오까지 산악지대를 관통하여 완성한 1090Km의 군사도로.)

실전경험이 반영된 전차 '메르카바(Merkava)'

전차박물관에는 미국산 M4 셔먼 전차가 높은 망루에 올려져 있다. 하단부에는 이스라엘이 최초로 개발한 전차를 만든 '타리크'장군 비각이 있었다. 기갑병과 장교인 그는 국산전차 생산을 강력하게 주장했지만, 해외도입을 요구하는 반대의견에 부딪혔다. 타리크는 국가 존망의 문제를 외국에 의존하는 것이 얼마나 위험한가를 잘 알고 있었다. 숱한 실전경험으로 기존 전차의 문제점도 그는 정확하게 알고 있었다.

결국, 전차개발 전권이 타리크에게 주어졌고, 9년 연구 끝에 1979년 '메르카바'가 탄생했다. 독특한 외형의 이 전차 엔진은 뒤편이 아닌 앞쪽에 있다. 전차전 분석결과 피해의 대부분은 전차 앞면에 몰려 있었다. 엔진 전방배치로 조종수를 보호하고, 뒤편 공간 확보로 승무원이 후면으로 승하차토록 하여 피격위험을 줄였다. 1982년 레바논 전쟁이 발발하자, 메르카바 180대를 포함한 전차 800대가 출동했다. 신형전차는 시리아군의 T-72 전차를 사냥하듯이 격파했다.

Trip Tips

뒤이어 메르카바를 바탕으로 '나메르(Nammer: 표범)'라는 튼튼한 중장갑차까지 개발했다. 이 장갑차는 승무원 3명, 전투원 9명이 탑승하며 차내 사격이 가능하다. 전차 차체의 나메르는 현재 세계 최고의 방호력을 가진 장갑차다.

이스라엘군의 메르카바 전차는 엔진을 전면에 위치하여 조종수를 보호하고, 후면 공간의 쪽문은 승무원 생존성을 높였다.

쾌속돌파 전격전의 놀라운 전투 결과

전차박물관은 영국의 팔레스타인 통치 시절 경찰서 건물이다. 수차례의 전투에서 생긴 파편 흔적이 건물 외벽에 촘촘히 박혀있다. 전시실은 기갑부대 발전과정, 6일 전쟁, 참전용사 증언 영상이 있다. 1982년 레바논 전쟁에서 실종된 전차병 사진과 가족 사연을 소개하는 대문짝만한 신문기사 또한 인상적이다.

40여 년 전 사건이지만, 아직도 실종자 소재를 추적하고 있단다. 또한, 기갑 및 공수부대의 협동작전인 시나이반도 전격전을 이렇게 소개했다. 1967년 6일 전쟁 시, 기갑부대의 일일 기동거리는 70~110Km. 공수부대는 수백 Km를 비행한 수송기에서 낙하하여 적지의 후방요충지를 선점했다. 전차부대가 이집트군 방어진지를 돌파하면 겁에 질린 병사들은 순식간에 흩어졌고, 지휘관 명령은 전혀 먹혀들지 않았다.

이집트군 장교·부사관들이 남아 저항하다가 대부분 포로로 잡혔다. 5500여 명의 포로 중 500명이 장교들이었다. 쾌속 돌진하는 기갑부대는 광야를 유랑하는 이집트군 병사들을 거들떠보지도 않았다.

Trip Tips

남한 면적의 2/3 크기(60,000Km^2)인 시나이반도를 점령하는데 걸린 시간은 단 4일. 이집트군의 전차 900대, 차량 수천 대는 순식간에 사막에서 사라져 버렸다. 전쟁에서 예측지 못한 기습은 이렇게 무섭다.

전차박물관 야외전시장 망루의 미국산 M4 셔먼 전차. 하단부 석벽에는 이스라엘 전차병 전사자 명단이 있다.

이스라엘 병사의 최대 징벌 '전투참여 금지'

박물관 밖에는 수백 명 병사가 분대장 교육수료식 행사 준비 중이다. 4개월 양성 교육을 마친 아들·딸을 보고자 수많은 가족이 연병장 관중석에 꽉 차 있다. 까까중머리에 얼굴이 새까맣게 그을린 초임 하사를 행사장에서 만났다. 작대기 3개의 병장 계급장에 나뭇잎 한 개가 추가되는 하사 표식에 자부심이 하늘을 찌른다.

"100m 구보 후 급속사격, 물 한 모금 없이 사막에서 하루 버티기." 힘들었던 자신의 훈련경험담을 쏟아놓는다. 분대장 직책의 인센티브는? 전투에서 앞장설 수 있는 특권 이외에는 특별한 것이 없단다. 이스라엘군 병사들에게 최고의 벌은 "전투참여 금지령!". 최전방근무자를 후방의 안전한 보직으로 옮겨주는 것이 징계라니? 임관식 행사는 소박했다.

군악대 없이 스피커로 군가를 연주한다. 행사 중 장병·참관객이 함께 어우러져 부르는 노래는 조국 수호에 대한 장엄한 의식같이 느껴졌다. 수료식이 끝나자마자 병사들이 베레모를 하늘 높이 던지고, 어깨춤을 덩실덩실 추며 환호하는 광경은 흡사 한국 대학의 축제 분위기와 같았다.

분대장 수료식을 참관하는 부형이 자녀의 부사관 임관을 축하하는 현수막을 들고 있는 모습.

분대장 수료식이 끝난 후, 병사들이 부대 단위로 모여 임관을 자축하는 전경.

살아서 '노예'보다 죽어서 '자유인'을 택한 마사다요새 유대인

"많은 사람이 로마인에게 정복당하였지만, 우리는 자유인으로서 용감하게 싸웠습니다. 아내와 자식들이 노예가 되기 전에 죽도록 하고, 요새는 불 질러 파괴하되 식량은 남겨둡시다. 식량이 부족하여 죽은 것이 아니고, 우리의 신념 때문에 죽음을 택했다는 것을 보여줍시다. 살아서 노예가 되느니 차라리 죽어서 자유인이 됩시다." AD 73년 마사다 요새 지휘관 '엘라자르 벤 야이르(Elazar ben Yair)'가 로마군의 성채 점령 직전에 한 최후 연설이다. 마사다 저항군의 3년 항전이 끝나면서 유대인들은 나라 없는 민족으로 2000년 동안 세계를 유랑하게 되었다.

유대인 최후의 항쟁지 마사다 요새

마사다 요새는 예루살렘 남쪽 100Km 정도 떨어진 사해 부근의 광야에 우뚝 솟은 바위산이다. 사방이 절벽인 해발 434m 정상에 남북 650m, 동서 300m로 19.5헥타르(약 6만 평) 크기의 요새다. 식물이 전혀 없는 누런 황토색의 편편한 평지에 지휘관 숙소, 보급품 창고, 공중목욕탕, 12개의 물 저장소 흔적이 곳곳에 널려 있다. 급수는 우기에 쏟아지는 빗물을 모아 해결했다. 바위 속 물 비축시설 중 높이 10m, 길이 20m, 폭이 10m에 이르는 것도 있다.

이 요새는 이스라엘 헤롯 대왕이 내부 반란으로부터 신변의 위협을 받자, BC 37년부터 BC 31년까지 6년 공사 끝에 완공했다. 거대한 물 창고와 호화판 목욕탕이 있었던 각종 시설은 지금 보아도 놀라울 정도다. 이스라엘은 BC 64년부터 로마 지배를 받으면서 수년간 독립전쟁을 벌였지만, 110만 명이 학살당하고 예루살렘마저 철저하게 파괴되었다. 치열하게 저항했던 유대인 열심당원들이 로마군에 쫓기어 최후로 맞선 곳이 바로 마사다 요새다.

케이블카에서 내려다본 마사다 요새의 절벽. 바위산 정상의 편편한 공터에 많은 유적지가 산재해 있다.

살아서 노예보다는 죽어서 자유인

AD 73년 초, 로마 제10군단장 살바(Silva)는 포로가 포함된 15,000명의 병력으로 마사다를 포위했다. 요새 동쪽은 400m의 절벽이지만, 서쪽은 높이가 90m였다. 수차례의 공방전을 가졌지만, 난공불락의 요새는 견고했다. 로마군은 서쪽 면에 '로마의 램프(Roman Ramp)'라는 인공언덕 공사를 시작했다. 작업 인부들은 유대인 포로들이었다.

Trip Tips

AD 73년 4월 16일, 로마군은 완성된 언덕으로 공격용 이동식 타워를 앞세우고 뾰쪽한 원목으로 성벽에 구멍을 뚫었다. 무너지는 성벽을 저항군은 목재와 흙으로 보강했으나 역부족이었다. 압도적인 적 병력을 당하지 못한 유대인들은 항복 대신 전원 자결로 대응했다.

마사다 요새에서 절벽 아래로 내려다본 전경. 빨간색 원형안의 "ㅁ"자형 로마군 병영터와 사해가 멀리 보인다.

수비대원들은 아내와 자식과의 마지막 키스를 나누며 칼로 찔렀다. 제비로 뽑힌 10명의 수비대원에게 동료들은 망설이지 않고 목을 내밀었다. 마지막 한 명이 나머지 대원 9명의 목을 베고 자신도 자결했다. 일전을 각오하고 요새 안으로 뛰어든 로마군은 승리의 기쁨보다는 유대인들의 장렬한 최후에 감탄을 금치 못했다. 967명의 요새 인원 중 유일한 생존자는 겁에 질려 물탱크로 도망간 여자 2명과 어린아이 5명뿐이었다.

마사다 요새의 정상에 남아있는 각종 유적지 전경. 이 시설 바깥쪽으로 성곽이 있다.

이론(異論)이 없는 국가안보 의식

요새에서 내려다보면 까마득한 절벽 아래 직사각형 돌담 흔적이 뚜렷한 8개의 로마군 병영터가 보인다. 조국독립을 꿈꾸며 포위된 성채에서 기약 없이 항전하던 유대인들의 심정은 어떠했을까? 마침 동료와 휴가 중 잠시 들렀다는 이스라엘군 병사 2명을 만났다. 케이블카를 타지 않고 '뱀의 길(Snake Path)'로 불리는 갈 지(之)형 2Km 절벽 길을 걸어서 올라왔단다.

그들이 가진 소총을 필자가 메고 사진을 찍자고 하니 두말없이 건네준다. 30발 탄창을 2개로 묶어 장전한 유탄발사기형 기관단총이다. 멜빵을 목에 걸치니 고개가 숙여질 정도로 무겁다. 훈련도 아닌 휴가 중에 전쟁유적지를 스스로 찾아온 병사들의 생각을 선뜻 이해하기 어려웠다.

한동안 이스라엘 장교·부사관임관식 및 신병훈련수료식은 "마사다는 두 번 다시 함락되지 않는다(Masada shall not fall again)"라는 비장한 애국 선서를 하면서 이곳에서 마쳤다.

Trip Tips

마사다 요새, 2000년 민족 유랑, 600만 유대인 학살, 4차례의 중동전쟁역사는 가정, 학교, 군대에서 반복해서 교육된다. '국가생존'의 문제에서 유대인들에게 이론(異論)이 없는 이유가 바로 이런 전통에 있다.

휴가 중 마사다 요새 답사를 온 이스라엘군 병사들. 사진 왼편 병사는 자유롭게 등산모를 쓰고 있다.

탈피오트 작품 강철지붕 '아이언 돔'

이스라엘군의 독특한 군 복무 시스템 "탈피오트(Talpoit)". 전국 최우수 고교생 50명을 선발하여 히브리대 자연과학대학에서 3년 교육 후, 학사학위 수여와 동시에 중위로 임관시키는 제도다. 탈피오트 지원자는 해마다 1만 명을 넘어선다.

군복을 입고 대학 생활을 하고, 혹독한 군사훈련도 병행된다. 중도탈락자를 제외한 35~40명의 졸업생은 5년 이상 사이버부대, 신무기연구부서 혹은 모사드에서 근무한다. 전역 후에는 '탈피오트 출신만'이라는 구인광고가 나올 정도로 기업체에서도 채용 1순위다.

1990년대 가자지역의 하마스는 수시로 이스라엘에 단거리 로

켓과 박격포를 퍼부었다. 탈피오트 2학년 생도들이 대응책으로 최초 '아이언 돔'을 구상했다. 2000년에서 2012년 사이 가자에서 발사된 로켓 공격은 1만 번. '적국 영토에서 전쟁을 한다는 전략개념에 맞지 않는다.'라는 군의 반대도 있었지만 2011년 3월, 아이언 돔이 실전 배치됐다. 2011년 4월, 요격 성공률 66%가 2012년 10월에는 95%에 도달했다.

이스라엘은 고도 50Km에서 적 미사일을 요격하는 '애로우'와 240Km 밖의 적 유도탄을 격파할 수 있는 '데이비드 슬링'까지 자체 생산한다. 완벽한 생존 보장을 위해 도시 상공을 이중·삼중의 강철지붕으로 덮어씌운 나라가 이스라엘이다. 이런 첨단무기 대부분이 탈피오트 작품이다.

이스라엘 남쪽 숨구멍 '에일라트' 항구

Trip Tips

이스라엘 최남단 에일라트는 인구 5만의 관광도시이며 시나이반도 관문이다. 티란 해협의 아카바만은 이스라엘 · 이집트 · 요르단 국경이 접해있다. 또한, 이스라엘이 홍해를 거쳐 인도양으로 나갈 수 있는 유일한 통로다.

이 해협이 봉쇄되면 이스라엘은 아프리카 남단을 거쳐 하이파 항으로 물자를 운송해야 한다. 1956년, 1967년 전쟁 발발 원인 중 하나도 이집트의 티란 해협 봉쇄였다. 거울같이 맑은 아카만은 세계적인 해양스포츠 관광명소로 탈바꿈했다. 해변에는 수십 개의 고급호텔이 즐비하다. 하지만 관광지를 벗어나 국경 지역으로 접근하면 지뢰지대 경고판이 곳곳에 있다. 주변국과의 갈등 속에서도 선진국 수준의 경제적 풍요함을 누리는 유대인의 지혜는 정말 독특하다. 다음은 '서구문화의 본향'으로 불리는 그리스로 발걸음을 옮기기로 하였다.

에이라트 해변 관광지의 고급 호텔 전경. 주변에는 각종 해양스포츠 시설이 있다.

에일라트 관광지 부근 이스라엘-요르단 국경 지역의 지뢰지대 표시판. 하천 건너편이 요르단 영토이다.

그리스
Greece

한반도 '해방 전후'와 닮은 꼴 그리스 현대사

그리스(Greece)는 유럽 남동부 발칸반도 남단의 나라이다. 서양문명의 본향이었던 그리스는 15세기 중반부터 약 400년간 오스만튀르크 지배를 받았다. 인구는 1100만 명, 국토 면적은 13만Km²이며 연 국민 개인소득은 28,000달러 수준이다. 북쪽은 알바니아, 마케도니아, 불가리아와 800Km의 긴 국경선을 접하고 있으며, 동쪽 에게해를 사이에 두고 터키와 마주 보고 있다.

그리스 군사력은 현역 143,850명(육군 93,500, 해군 16,800, 공군 21,950, 준군사부대 4,000), 예비군 221,600명(육군 181,500, 해군 6,100, 공군 34,000)을 보유하고 있으며 징병제로 병 복무기간은 9개월이다.

한반도 현대사의 닮은 꼴 그리스 내전

그리스는 대륙과 해양세력이 충돌하는 교차점으로 수난과 시련을 수없이 겪어왔다. 특히 제2차 세계대전 중인 1940년 10월 28일, 알바니아를 점령한 이탈리아군의 침공과 독일군의 국토 유린으로 혹심한 전화를 입었다. 1944년 11월, 그리스는 연합군에 의해 해방되었으나 좌·우익 내전으로 국민은 양분되었다. 전후 소련은 그리스 공산군에 대한 지원으로 반란전을 획책했다. 공산주의자들은 소련을 비롯한 유고슬라비아·알바니아·불가리아 등 주변 위성국들로부터 강력한 지원을 받았지만, 정부군은 외부 도움을 거의 받지 못했다.

한때 아테네를 제외한 전 국토를 반란군이 장악하기도 했다. 그리스 위기상황을 인식한 미국은 동유럽에서 유일하게 소련 위성국이 되지 않은 자유국가를 지키기 위해 1947년 "마샬 플랜(Marshall Plan)"을 통해 군사·경제지원을 천명하였다. 무기와 탄약이 정부군에게 지원되었고, 1949년 밴프리트(James A Van Fleet) 중장의 합동군사원조단을 파견했다. 1949년 10월 16일, 정부군은 반란군을 몰아내고 5년 내전을 종식하였다. 일제강점에서 해방된 이후, 공산세력 책동으로 한민족이 겪었던 수난의 역사와 너무나 유사하다.

아테네 전쟁기념관 내의 한국전쟁 전시실. 사진 자료, 군복, 무기류 등이 많이 진열되어 있다.

Trip Tips

밴프리트 장군은 한국전쟁이 발발하자 미8군 사령관으로 부임했다. 그리스 경험을 십분 활용하여 한국군 현대화, 빨치산 토벌작전, 육 · 해 · 공군사관학교 창설, 피난민 구호사업에 전력을 다했다. 그의 외아들도 미 육사를 졸업 후, 공군조종사로 한국전에 참전했다. 하지만 그는 1952년 4월 3일, 북한의 순천 상공에서 야간폭격작전 중 실종되었다.

24시간 의장병이 지키는 '무명용사의 벽'

아테네 국회의사당 옹벽에는 '무명용사의 벽'이 있다. 이 추모시설은 터키와의 독립전쟁 전몰장병을 위해 1932년에 건립했다. 그리스 전통의상을 입은 의장병이 24시간 간 추모비를 시키며 관광객들의 카메라 세례를 받고 있다. 고대 전사(戰士) 한 명이 잠든 모습의 부조 옆에는 "용감한 전사에게는 어디든 무덤이 될 수 있다"라는 구절이 적혀 있다.

비각에는 그리스가 치렀던 전쟁목록이 나열되어 있으며, 한국전쟁도 포함되어 있다. 무병용사 추모벽, 신다그마(헌법) 광장은 그리스인들의 정신적 고향이며 관광명소다. 고대 민주주의 발상지 그리스는 한반도와는 너무나 먼 나라였다. 그러나 한국전쟁 시 그리스군 참전으로 양국은 급격하게 가까워졌다.

그리스 국회의사당 옹벽에 건립된 '무명용사 추모의 벽'과 의장병 모습.

영광 · 수난의 역사가 보존된 전쟁기념관

국회의사당에서 가까운 곳에 그리스가 경험한 수난과 영광의 역사를 보존한 전쟁기념관이 있다. 지상 2층 지하 1층의 전시 코너에는 고대 알렉산더 대왕으로부터 1919년 터키전쟁, 1940년 이탈리아 · 독일전쟁, 1950년 한국전쟁, 1974년 사이프러스 전쟁까지의 국난극복사가 재현되어 있다. 기념관 입구 천정에는 1912년 그리스군이 도입한 최초의 비행기가 매달려 있다.

한국군보다 36년 앞선 항공부대 창설이다. 한국전쟁 전시실에는 이승만 대통령의 부대표창장과 그리스군 파병 과정을 소개하고 있다. 1950년 한국전쟁이 발발하자, 내전에서 공산주의 만행을 체험한 국민들 사이에서는 곤경에 처한 대한민국을 지원해야 한다는 여론이 팽배했다. 의회는 6월 29일, 즉각 파병안을 통과시키고 유엔에 통보했다.

전쟁기념관 입구에 전시된 그리스군 최초의 항공기 모습. 도입 일자는 1912년 12월 5일로 명시되어 있다.

최초 3,500명 규모의 육군여단과 C-47 수송기 7대의 파병을 계획했다. 그러나 유엔군의 압록강선 진격으로 규모는 축소되어 보병 1개 대대(849명)가 23일간의 긴 항해 끝에 1950년 12월 9일 부산항에 도착했다.

Trip Tips

공군부대는 12월 1일 일본기지에 도착하자마자 전선에 투입됐다. 연 참전인원은 10,184명(공군 397명)에 달했으며 전사 184명, 그리스 군 부상 545명, 실종 2명의 고귀한 희생으로 한국의 자유를 지켜냈다.

인류 최고의 문화유산 '아크로폴리스 유적지'

아테네는 거대한 고대유적 더미 위에 세워진 도시다. 시내 어느 곳이든 발밑의 땅을 파면 수천 년 전 유물이 쏟아져 나올 정도다. '높은 언덕 위의 도시'라는 의미를 가진 아크로폴리스는 고대유적의 하이라이트다. 고대에는 신전이 세워진 성역이었으며, 도시국가의 핵심적인 요새였다. 아크로폴리스 최정상에는 파르테논 신전이 있다. 가로 31m, 세로 70m, 기둥 높이 10m인 이 신전은 기원전 438년에 완성했다. 그러나 2,500년 전에 완성된 인류 최고의 문화유산도 베네치아공화국과 오스만제국 간의 전쟁에서 처참하게 파괴됐다. 파르테논 신전 아래 2009년에 개관한 '뉴 아크로폴리스 박물관'은 그 외형부터 독특하다. 전시실에는 아테네에서 발굴한 대부분 고대유물이 시대별로 다양한 기법으로 진열되어 있다.

1800년 전에 건립된 아크로폴리스 내의 야외음악당. 현재도 이곳에서 음악회가 개최되며 5000명의 관객을 수용할 수 있다.

몰려드는 관광객과 불안한 아테네 치안

야간조명등을 켠 파르테논 신전 전경. 2500년 전에 건립된 이 유적은 계속 보수공사 중에 있다.

세계 최고의 관광지 아테네는 그리스 경제의 어려움과 몰려드는 난민으로 치안이 다소 불안하다. 숙소주인은 시내지도를 보여주며 일부 골목은 가급적 접근해서는 안된다고 당부한다.

복잡한 거리를 걷는 도중 서너 명의 어린아이들이 꽃을 사달라며 몰려왔다. 꽃송이를 눈앞에서 흔드는 순간, 아이들의 손이 겉옷 주머니 속을 이미 훑고 지나갔다. 다행히 여권 · 카드는 깊숙이 넣어두어 피해는 없었다. 많은 관광객이 파르테논 신전의 야경을 보고자 낮은 언덕에 몰려든다. 야간조명이 켜지자 그 아름다운 자태에 탄성이 터진다. 그 순간 사진을 찍으려고 손가방을 바닥에 잠깐 내려놓았던 어느 외국인이 "My bag!" 하면서 비명을 지른다.

가방을 낚아챈 청년이 어둠 속으로 도주하자 옆 사람이 정신없는 외국인에게 소매치기범이 달아난 반대 방향으로 손짓을 한다. 허겁지겁 피해자가 달려가는 모습을 보고 바람잡이는 유유히 사라졌다. 성동격서(聲東擊西)의 탁월한 수법이다. 이런 관광객 피해가 빈발해도 예산 부족으로 그리스 정부는 치안인력을 늘리는 데 한계가 있다고 한다.

'태양의 후예' 영화 촬영지의 한류열풍

그리스 본토는 복잡하게 얽힌 산맥이 그 등줄기를 이룬다. 최고봉 올림포스산(Olympos Mt)은 해발 2917m. 험한 산세는 외침을 피할 수 있었고, 불편한 교통망은 고대에 도시국가를 형성했다. 또한, 본토 주변에는 6,000개의 크고 작은 섬이 있다. 유럽 전체를 통틀어 가장 많은 섬을 가진 나라다. 아프리카 면적이 그리스 300배이지만, 해안선은 그리스 3배 정도다. 대부분의 주민은 구불구불한 해안선에서 80Km 이내에서 살고 있다. 이런 특성이 그리스를 세계 최고의 해운업을 발전시킨 나라로 만들었다.

한국 배낭여행객들의 의기투합

아크로폴리스 근처에 최근 신축한 유스호스텔(Youth Hostel)이 있다. 시설은 깨끗하고 투숙비용도 저렴하다. 식당에서 초등학교 교사임용을 앞둔 L군과 터키에서 어학연수를 받고 있다는 K씨를 만났다. 한국인과의 만남은 다양한 여행 정보를 쉽게 공유할 수 있어 많은 도움이 된다. 특히 군 복무 시 조리병이었던 L군은 식자재만 있으면 어떤 요리든지 가능하단다. 식료품점에서 생닭, 돼지고기, 통조림, 두부, 대파를 샀다. L군의 현란한 도마 위의 손놀림에 주변 사람들이 감탄한다. 닭백숙, 돼지두부찌개 등 풍성한 음식이 차려진 식탁에 홀로 배낭여행 중인 일본 청년까지도 초대했다.

자신을 '미카엘(Mickael)'로 소개한 일본인은 2년 동안 세계여행 중이란다. K씨는 수송병과 학군장교 출신이다. 내일은 폭발적인 인기를 누렸던 TV 드라마 '태양의 후예' 촬영지와 델포이 신전 유적지에 같이 가기로 의기투합했다. 세 사람 대중교통비를 합하면 렌터카 비용과 비슷하단다. 물론 험악한 산악도로 운전은 수송전문가 K씨가 맡기로 했다.

델포이 유적지와 "태양의 후예" 촬영지

Trip Tips

아테네에서 델포이(Delphi)까지의 거리는 약 120Km. 그리스 본토 대부분은 바위산이나 키 작은 고산목이 자라는 척박한 산악이다. 이런 환경이 그리스인들을 불굴의 의지를 갖춘 강건한 민족으로 만들었다.

험준한 바위산 근처에 남아 있는 델포이 유적지의 일부 전경. 주변에는 이런 고대유적이 산재해 있다.

꼬불꼬불한 2차선 산악 도로를 K씨는 능숙하게 운전한다. 델포이는 수천 년 전 그리스 도시국가들이 하나로 모일 수 있는 장소였다. 작은 국가들이 각자의 정체성을 가지고 있었지만, 4년에 한 번 다 같이 제례 행사를 이곳에서 가졌다.

TV 드라마 "태양의 후예" 촬영지 아라호마 마을 성당 시계탑 전경.

태양의 신 '아폴론'이 거대한 뱀 '퓌톤'을 죽였다는 신화를 기념하고 축하하는 제전이었다. 운동경기, 연극, 공연도 축제에 포함되었다.

당시의 신전, 보물창고, 종합경기장, 계단식 원형공연장이 아직도 남아 있다. 이런 행사는 BC 580년에서 AD 424년까지 약 1000년 동안 계속되었다. 델포이 유적지에서 자동차로 15분 정도 가면 절벽 위의 작은 마을 '아라호바' 마을이 나타난다. 그리스인들이 스키를 타러 '파르나소스' 산을 찾을 때 묵어가는 작은 촌락이다.

자동차를 좁은 도로 옆에 세워두고 마을 중앙언덕을 쳐다보니 우뚝 솟은 시계탑이 저녁노을에 빛나고 있다. TV 드라마 '태양의 후예'에서 남녀 주인공이 열연하던 그 시계탑이다. 고색창연한 주변의 마을 건물도 이국적인 냄새를 물씬 풍긴다.

Trip Tips

난파선이 하얀 백사장에 주저앉아있는 '자킨토스' 섬 또한 인상적인 드라마 배경이었다. 이런 평화로운 그리스도 현대사는 전쟁의 역사로 얼룩져 있다.

협박에 굴복하지 않은 그리스 수상

1940년 10월 28일 새벽 3시, 이탈리아 공사 '그라찌'는 그리스 수상 '메탁사스' 저택을 무례하게 노크했다. 그는 잠옷 차림의 수상에게 "그리스 중립은 보장해 줄 터이니, 이탈리아군이 그리스 내 몇 개의 전략거점을 점령해야겠다."라는 무솔리니의 협박 메시지를 내밀었다. 심지어 3시간 내 답신을 달라고 재촉했다. 69세의 수상은 평범한 외모에 비해 전사(戰士)의 단호한 의지를 가졌다.

그는 "2~3시간 내 자기 집을 팔려고 해도 불가능하다. 내가 조국을 팔다니 어떻게 그런 생각을 할 수 있겠는가?"라며 단호히 거절했다. 그로부터 3시간이 지나기 전, 이탈리아군은 알바니아로부터 그리스 국경선을 넘었다. 발칸 반도의 작은 나라 알바니아는 1939년 4월에 이미 이탈리아군의 군홧발에 짓밟힌 상태였다. 그리스 방위를 약속한 영국은 즉각 지원군을 보내기로 했지만, 아프리카에서 독일군에게 고전 중이었다.

1940년 11월 알바니아 전선에서 이탈리아군을 격파하는 그리스군. 사진 중앙에 이탈리아 국기가 말발굽에 짓밟히고 있다.

침공군에 맞선 불굴의 그리스 군대

'메탁사스'는 독재자였지만 국방력만큼은 튼튼하게 강화해 두었다. 국민은 조국을 지켜야 하는 대의(大義)를 알았고, 지세 또한 유리했다. 농민들은 군수품을 자발적으로 운반했고, 여성·노약자들까지도 전선으로 몰려와 그리스군을 도왔다. 1940년 11월 13일, 그리스군은 빼앗겼던 영토를 되찾고 오히려 국경 너머로 진격하여 알바니아 영토 1/4을 점령했다. 당시 4500만 명의 이탈리아는 그리스 인구의 5배였다. 뒤이어 영하 25도를 오르내리는 혹한이 찾아왔다. 그리스군은 몇 사람이 어울려 큰 구덩이 속에서 뒤엉켜 잠을 잤다. 아침에 일어나면 추위를 참지 못해 참호에 들어와 같이 잠을 잔 이탈리아군이 발견되기도 했다. 쌍방 모두 방한 대책을 갖추지 못해 동상환자가 속출했다. 전쟁 사상자 11만 명 중 1/10이 동상으로 수족을 절단했다. 1941년 3월, 이탈리아군은 9개 사단에서 28개 사단으로 증강됐다. 무솔리니가 직접 지켜보는 가운데 총반격은 시작되었으나, 결국 실패하면서 히틀러에게 손을 내밀었다. 독일의 외교전략은 교활했다. 이 전쟁과 전혀 관계없는 듯한 태도로 그리스를 속였다. 아테네 독일대사는 그리스군의 알바니아 진격 시 관저에서 축하연을 베풀었고, 대사 부인은 병원에서 부상병들을 돌보았다. 하지만 1941년 4월 6일, 최고의 정예부대 독일군이 그리스 뒤통수를 내려쳤다.

Trip Tips

그리스 · 영국 연합군은 사력을 다해 싸웠지만 1941년 4월 27일, 파르테논 신전 정상에는 철십자형 독일 국기가 펄럭이었다.

불가리아 국경을 통과하여 그리스군을 격파하고 수도 아테네에 입성하는 독일군 모습.

저항운동 원동력 무명용사의 순국사

독일군이 아테네를 점령한 후, 시민들 사이에 흉흉한 소문이 떠돌았다. 아크로폴리스 정상에서 독일군으로부터 청백의 그리스 국기를 내리라고 명령을 받은 병사가 있었다. 그는 눈물을 머금고 국기를 내린 후, 그 국기를 몸에 감싸고 30m 절벽 아래로 몸을 던졌다는 이야기였다. 사실 여부를 떠나 전국으로 퍼져 나간 이 병사의 순국사는 수년간에 걸친 처절한 그리스인 저항운동의 원동력이 되었다.

그리스의 모든 전쟁기념관에는 1940년대 레지스탕스 역사 자료가 빠짐없이 전시되어 있다. 노새를 끌고 눈 쌓인 바위산에서 군수품을 운반하는 노인, 밧줄로 총 · 포탄상자를 절벽 위로 끌어올리는 여인들의 모습은 그리스인 애국심을 대변하는 압권이다.

독일군에 저항하는 그리스 민초들을 묘사한 전쟁화. 바위산 위로 여성들이 밧줄을 이용해서 군수품을 끌어 올리고 있다.

영화 '300'의 스파르타 용사 전투현장

그리스는 1430년 오스만제국에게 점령된 이후 수백 년 동안 잊혀진 나라였다. 그러나 1821년부터 8년간의 독립전쟁 끝에 남부지역 아테네를 중심으로 그리스 왕국이 탄생했다. 이어서 1910년대 제1·2차 발칸전쟁, 소아시아 원정 등 수많은 투쟁을 거치면서 단계적으로 영토를 확장해 나갔다. 군사역사박물관에는 처절했던 그리스인의 국난극복 자료가 잘 보존되어 있었다.

공중에 떠 있는 '메테오라' 수도원

터키에서 어학연수 중인 K씨는 수차례의 그리스 여행경험이 있었다. 앙카라-아테네 간 저가 항공기가 수시로 오간단다. 왕복 항공료는 서울-부산 고속철도 왕복요금보다 약간 비싼 수준. 교사발령을 앞둔 L군은 누구보다도 세계역사 공부에 열심이다. K씨 제안으로 바위산 꼭대기에 건립된 '공중수도원(Meteora)'을 찾아갔다. 14세기 초 수도사들은 세르비아 간섭을 피해 험한 바위산에서 기도와 금식을 하며 지냈다. 1356년 최초 건설된 공중수도원은 우뚝 솟은 해발 451m 바위산 위의 건축물이다. 주변

산과 연결 능선은 전혀 없다. 생필품을 도르래를 이용한 망태기로 정상위로 올렸던 이런 수도원이 1500년에는 24개에 달했지만, 현재는 6개만 남아 있다.

451m 높이의 바위산 정상에 건립된 공중수도원. 절벽 아래에서 도르래와 그물망으로 생필품을 올려보냈다.

최후의 결사대 300용사 전투현장

Trip Tips

L군은 군 생활 중 육군의 '300워리어(Warrior)' 선발에 관심이 많았다. 자신은 도전조차 못했지만, 300용사로 선발된 군인의 황금색 베레모에 홀딱 반하기도 했단다.

그는 BC 480년 테르모필레 협곡에서 30만 페르시아 침공군에 맞선 300명의 스파르타 용사 전투현장을 꼭 가보고 싶어 했다. 블록버스터 영화 '300'은 전쟁역사에 흥미를 가진 젊은 신세대의 가슴을 들끓게 하기도 했다. 객관적 전력으로는 무모한 싸움이었지만, 레오니다스 왕을 비롯한 스파르타 전사들은 가족과 자신들의 명예를 위해 죽기를 각오하고 전투에 임했다.

그리고 고슴도치 등가시처럼 적병의 창이 무수히 꽂히면서 전원 전사했다. 2시간 이상의 시골길을 달려 창과 방패를 든 동상이 우뚝 서 있는 '300용사기념관'에 도착했다. 건물 안에는 페르시아전쟁 상황도와 작은 영화관밖에 없다. 2500년 전의 영웅담을 이해하기에는 너무 자료가 빈약했다. 영상자료마저도 장비 고장으로 상영이 불가하단다. 가까운 전투현장 능선에 올라가니 협곡은 보이지 않고 넓은 개펄만 보인다. 오랜 세월의 퇴적으로 가파른 암벽에서 해안선까지 8Km 이상의 평야가 생겨났다. 능선 꼭대기의 300결사대 기념 동판 위에는 이런 추모 글귀만 외롭게 남아 있었다.

"지나가는 나그네여, 가서 스파르타인들에게 전해주오. 우리가 그들의 명령을 이행하고 이곳에 누워 있다고."

스파르타인의 강인한 상무정신

Trip Tips

스파르타 어머니들이 전쟁터로 떠나는 아들에게 방패를 건네주며 하는 말이다. "아들아! 네가 집으로 돌아올 때는 이 방패를 들고 오든지, 아니면 방패 위에 누워서 오너라." 조국을 위해 죽음도 불사하라는 말이다.

기원전 6세기 그리스 최강의 도시국가 스파르타는 철저한 병영체제였다. 공동기숙, 공동식사, 혹독한 군사훈련으로 전우애로 뭉친 무적 강군을 육성했다. 스파르타 자유민은 다른 직업은 가질 수 없었고, 반드시 현역 전사가 되어야만 했다. 노예는 농업을, 반자유인은 상업과 수공업을 담당하며 자유민의 유일한 소임은 국가를 보위하는 일이었다. 스파르타 시민은 전쟁에서 죽었을 때만 묘비에 이름을 써넣을 수 있었다. 이런 스파르타의 상무정신이 페르시아 대군 앞에서 단 1명의 도망자도 없이 당당하게 맞서는 '300용사의 신화'를 만들었다.

테르모필레 전투에서 전사한 스파르타 장병 추모 동상. 추모 시설 뒤편으로 300용사 기념관이 있다.

테르모필레 전투현장의 300용사 추모기념 동판. 사진 윗부분에 협곡에서 멀리 떨어진 해안선이 보인다.

발칸반도 영토분쟁 100년사

그리스는 400년 동안 강대했던 오스만제국 지배를 받았다. 그리스와 터키 국민 마음속에는 현재도 껄끄러운 감정이 남아 있다. 1829년 발칸반도 남부 그리스는 독립을 선언했지만, 북쪽 마케도니아(현 데살로니카)는 이민족과의 갈등이 계속되었다. 이 지역은 그리스 · 터키 등 다양한 민족들이 뒤섞여 살았다.

1800년대 말 오스만이 쇠퇴하자 마케도니아는 그리스 · 불가리아 · 세르비아 · 루마니아의 각축장이 되었다. 1912년 제1차 발칸전쟁 시 그리스를 포함한 4개국이 단합하여 오스만군을 격퇴했다. 그러나 영토 배분에 불만을 품은 불가리아가 또다시 1913년 그리스를 침공(제2차 발칸전쟁)했다. 마침내 그리스군이 승리하면서 마케도니아는 영토로 편입됐다.

1991년 유고연방에서 분리된 작은 나라가 국호를 '마케도니아'로 선포하면서 그리스 일부가 자신들의 영토임을 주장했다. 마케도니아 왕국의 알렉산더대왕을 가장 위대한 조상으로 섬기는 그리스인들이 발끈하는 것은 당연한 일. 국호와 영토 갈등은 다시 발칸반도의 긴장을 고조시켰다. 2019년 마케도니아 공식 국명이 "북마케도니아(North Macedonia)"로 변경되면서 일단 국호 분쟁은 종결되었다.

1820년대 그리스 독립군의 전투 복장. 1829년 독립 이후에도 그리스 북부지역에는 이민족 간 많은 분쟁이 있었다.

오스만 몰락과 그리스의 소아시아 전쟁

1918년 제1차 세계대전이 끝나자, 독일 · 오스트리아 편에 섰던 오스만제국은 패전국으로 전락했다. 광대했던 영토는 쪼그라들었고, 영국 · 프랑스 · 이탈리아 · 그리스군이 터키 본토로 밀고 들어갔다.

1919년 5월 24일, 그리스군이 옛 선조의 땅을 되찾고자 에게해를 건너 터키 이즈미르(Izmir)로 상륙했다. '소아시아 전쟁'의 신호탄이었다. 아나톨리아 반도의 이오니아 지방을 점령한 그리스군은 내륙 550Km까지 진격했다.

서구 열강들은 기독교 성시 콘스탄티노플(이스탄불) 수복을 그리스에 부추겼다. 하지만 시간이 지나면서 전쟁 지원을 약속했던 연합군 태도가 돌변했다. 터키로부터 이미 중동지역을 확보한 강대국들은 그리스 지원을 중단했다. 1920년 4월 23일, '건국의 아버지'로 불리는 무스타파 케말이 터키공화국을 출범시켰다. 앙카라 '케말 파사 기념관'은 터키 · 그리스 전쟁사를 자세히 소개한다.

터키 전국에서 전쟁비용 헌납운동이 불길처럼 일어났다. 가난한 농민은 집에서 키우던 닭 · 오리를, 부자들은 거금을 기부했다. 고립무원의 그리스군 패전은 대재앙을 불러왔다. 1921년 9월 11일, 터키군이 이즈미르 항구를 탈환하자 바닷가로 내몰린 수많은 그리스계 주민들이 익사하거나 학살당했다. 연합국 함정들은 이 모든 것을 지켜보면서도 못 본 체했다. 국익에 따라 약속을 헌신짝처럼 버리는 비정한 국제사회의 민낯이다.

1920년 '소아시아 전쟁' 당시 터키 국민들의 범국가적인 전쟁비용 헌납운동 전경.

Trip Tips

그리스군은 20만 전사자를 남기고 본토로 철수했다. 100만 터키 거주 그리스인들이 본국으로, 수십만 그리스 거주 무슬림이 터키로 이주하는 대규모 인구이동이 뒤따랐다. 하지만 터키 인접 2만 개의 섬 대부분은 그리스가 차지했다. 이 또한 터키공화국 견제를 위한 강대국 전략의 일환이었다고 전해진다.

독일 공수부대의 무덤 크레타 공방전

데살로니카에는 2개의 전쟁역사박물관이 있다. '마케도니아 항쟁 박물관'은 주로 독립투쟁사와 제1 · 2차 발칸전쟁, 제1차 세계대전 자료를 소장하고 있다. 육군 병영 내의 '데살로니카 군사박물관'은 제2차 세계대전, 1974년 키프로스 전쟁, PKO 활동이 전시되어 있다.

팔레스타인 난민 청년의 세계 유랑

아테네-데살로니카 철도는 한국의 경부선 노선과 비슷하다. 발칸반도 남북을 종단하는 이 철로 길이는 약 500Km. 아테네에서 14:18분에 출발한 열차는 데살로니카까지 5시간 30분 걸린다고 안내했다. 하지만 22:40분에 겨우 종착역에 도착하면서 무려 3시간을 연착하였다. 중간역에서 2~30분 정차를 예사로 한다. 대부분 승객은 느긋하게 기다렸지만, 분초 단위의 정확성에 길든 한국인에게는 고역이다. 결국, 저녁도 거른 채 밤늦은 시간 예약 숙소에 도착했다.

넓은 공동침실을 팔레스타인 모하메드 (Mohamed. 24)가 혼자 차지하고 있었다. 그는 4년 전 이스라엘 가자지역을 떠나 독일 · 터키에서 2년씩 보냈단다. 이스라엘 답사경험을 이야기하자, 팔레스타인의 억울한 처지를 이렇게 하소연한다. 높은 방벽으로 둘러싸인 직사각형 형태의 가자구역 200만 주민들은 감옥의 죄인과 똑같다. 해안에서 지중해로 5Km 이상 벗어나는 순간 이스라엘군 총탄 세례를 받는다. 자신의 꿈은 컴퓨터 프로그래머이나 당장 생활비가 없어 세계로 유랑하며 닥치는 대로 일을 하고 있다. 한국도 가보고 싶은 나라 중의 하나란다. 꿈을 이루기 위해서는 피눈물 나는 노력밖에 없을 것 같았다.

지중해의 물귀신 그리스해군 참수함

데살로니카 군사박물관에서는 1940년대 레지스탕스 활동, 그리스잠수함 전투, 크레타섬 공방전 자료가 인상적이다. 민간 저항군의 유품, 지중해 해상전투, 독일 공수부대 장비들이 전시실의 상당 부분을 차지했다.

제2차 세계대전 중 출항 준비를 하는 그리스해군 잠수함과 승조원.

그리스인들은 전통적으로 긴 해안선을 가진 지형적 여건으로 해상활동이 활발했다. 1940년대 이미 잠수함을 보유할 정도로 강한 해군력도 가졌다. 그리스해군의 잠수함 보유는 한국해군이 최초로 소형잠수함을 가진 1983년에 비해 무려 40년 앞섰다. 지중해 해저지형을 손바닥처럼 아는 그리스잠수함은 독일·이탈리아 군함을 수시로 격침했다. 추축국 해군 병사들은 깊은 해저산맥에 숨어있다가 갑자기 나타나는 이 잠수함들을 '지중해의 물귀신'으로 불렀다. 1941년 4월, 크레타·아프리카로 철수한 연합군 병력은 끝까지 독일군에 저항했다.

기습작전의 총아 공수부대 발전과정

Trip Tips

아군 부대를 적 후방에 투입하는 아이디어는 제1차 세계대전 때 나왔다. 1930년대 초 소련군은 항공기 기체 지붕으로 나온 병사들이 날개 위를 걸어가 뛰어내리면서 낙하산을 폈다. 너무나 위험했고, 저속비행으로 항공기 추락 가능성도 있었다. 독일 공수부대는 1936년 1월 29일, 공군소속으로 창설됐다.

네덜란드·벨기에 침공 시 독일 공수부대는 연합군을 공황상태로 몰아넣었다. 독일군의 대표적인 공중강습 기습작전 성공사례다. 1200명의 수비군이 주둔한 벨기에 '에반에말 요새'는 당시 세계 최대규모의 땅굴 요새였다.

현재 이곳은 전쟁유적지로 일반인들에게 공개되고 있다. 1940년 5월 10일 04:30분, 벤첼(Wenzel) 원사 외 80명의 독일 공수병이 9대의 글라이드로 요새지붕 평원에 조용히 착륙했다. 특수폭약으로 시멘트 옹벽을 뚫은 독일군은 화염방사기로 갱도 내부를 불구덩이로 만들었다.

초원지대에 말뚝 장애물이나 지뢰지대만 있었더라도 기습병력 착륙은 불가했다. 글라이드 동체는 군홧발로 걷어차면 분해될 정도로 가볍고 연약한 목재였다. 불과 36시간 만에 수비군은 손을 들고 나왔다.

수송기에서 강하 직전의 독일공수부대원 모습. 철모와 양어깨에 공수부대 상징 마크가 선명하게 보인다.

요새내 화포 운용병들은 대부분 비무장이었고, 하늘로부터의 기습은 상상조차 못했다. 갱도 내외부를 돌아보면서 왜 전쟁의 원칙에 반드시 "기습!"이 포함되는지를 다시 한 번 깨달았다.

독일 공수부대의 무덤 크레타 공방전

1941년 5월, 독일군은 상호 불가침 조약을 파기하고 소련을 기습 공격하고자 은밀하게 준비 중이었다. 그러나 지중해 크레타의 영국군은 뒷덜미를 잡는 골칫덩어리였다.

결국, 대규모 공수작전으로 영국군을 사전 제거토록 했다. 크레타는 동서 260Km, 남북 60Km로 제주도 4.5배 크기다. 낙하산 10,000명, 글라이드 750명, 수송기착륙 5,000명, 함정상륙 7,000명이 동원되는 침공계획이었다. 1941년 5월 20일 새벽, 483대의 JU-52 수송기와 70대의 글라이드가 출격했다. 독일 공수병들은 기술적 문제로 총을 휴대하고 강하를 할 수 없었다. 컨테이너로 투하되는 총과 장비를 회수해야 만이 전투를 할 수 있었다.

크레타 침공작전에서 전사한 독일 공수부대원들의 임시묘역 전경.

수천 개의 백장미가 하늘에 뿌려졌지만, 조종사 착오와 강풍으로 정확한 목표 도달은 불가능했다. 제23 뉴질랜드 대대장은 집무실 창문을 통해 권총으로 5명의 적병을 사살했다. 주민들까지 구식엽총, 몽둥이를 들고 적을 찾아다녔다. 독일군은 올리브농장 속에서 갈팡질팡 몰려다니는 토끼 같은 신세였다. 강하 병력의 40%가 전사나 부상을 당했다. 그러나 강인한 공수부내원들은 백병전으로 상대의 총을 뺏어 전투를 했다.

'하늘의 사냥꾼' 독일 공수부대 당시 구호다. "사냥개처럼 기민하라. 짐승 가죽처럼 강인하라. 강철같이 견고하라. 그러면 그대는 독일 전사의 화신이 될 것이다!" 결국, 10일 격전 끝에 크레타는 독일군이 점령했다. 연합군은 전사 4,000명, 포로 12,000명을, 독일군은 전사 4,000명, 부상 3,500명의 피해가 있었다.

Trip Tips

너무 많은 정에 부대원을 잃은 히틀러는 더 이상의 공수작전을 금지했다. 거꾸로 연합군은 노르망디 상륙작전, 마켓가든 작전에서 대규모 공수작전으로 전세를 만회하였다.

그리스의 뼈아픈 내전 역사

박물관 전시실 한편에는 1940년대 전쟁에서 목숨을 잃은 군인·민간인을 위한 대형 추모공간이 있다. 1944년 10월 초, 독일군이 아테네로부터 철수하자 새 정부에 대해 그리스 공산당이 궐

기하면서 내전에 빠져들었다. 좌익의 총파업으로 교통 · 수도 · 전기는 모두 끊어졌다.

배수구에 팽개치진 시체가 부패하여 악취가 시내를 뒤덮었다. 아이들이 배고픔을 호소해도 저격병 총탄으로 외출은 꿈도 꿀 수 없었다. 경제 마비에 따른 인플레이션으로 1억 드라크마 가치는 겨우 미국 돈 1달러. 휴짓조각이 된 그리스 화폐는 불쏘시개로 사용되었다.

영국은 수차례 반란군과 협상했으나 성과는 없었다. 1949년까지 계속된 내전은 미국의 적극적인 군사지원으로 마침내 정부군 승리로 끝났다. 내일은 1974년 그리스 · 터키 전쟁의 현장 키프로스로 건너가기로 하였다.

군사박물관 내의 전쟁희생자 추모 공간. 그리스 국기 좌·우측에 전쟁영웅 소개 액자를 전시해 두고 있다.

키프로스

C y p r u s

유럽 마지막 분단국가의 현실

지중해의 아름다운 섬 키프로스! 평화롭게만 보이는 이 땅도 터키·그리스 간 피비린내 나는 전쟁과 분단의 아픔을 가지고 있다. 한 뼘의 비무장지대 사이로 수많은 관광객들이 왕래하고 있지만 건물 속의 경계병들은 건너편을 향해 총구를 겨누고 있었다.

한 지붕 두 나라의 키프로스

이스탄불 공항의 북키프로스행 항공기는 국제선 청사에서 출발한다. 북키프로스를 독립국가로 인정하는 나라는 세계에서 터키가 유일하다. 약 1시간 반 정도의 비행 후 나타난 쪽빛 지중해! 비행기가 고도를 낮추자 편편한 초원과 구릉으로 연결된 키프로스 섬이 눈 아래 펼쳐졌다.

북키프로스 에르칸(Ercan)공항은 뜨거운 날씨에 후끈 달아올라 있었다. 지난 1974년 7월, 이 섬은 그리스계와 터키계 주민들의 충돌을 계기로 참혹한 전화에 휩싸였다. 수만 명의 사상자가 생겼고 키프로스는 남북으로 분단되었다. 그리고 폭 100m의 비무장지대를 두고 쌍방은 42년째 대치하고 있다.

키프로스의 분쟁 기원

Trip Tips

1878년 이후 영국이 통치했던 이 섬은 1960년 8월, '키프로스 공화국'으로 독립했다. 새 국가 탄생에도 불구하고 기독교 · 이슬람이라는 다른 종교를 가진 두 민족의 갈등은 계속되었다. 결국 1974년 그리스계 군부세력과 터키계 주민들 사이 대규모의 유혈충돌이 발생했다.

이에 터키는 약 4만 명의 병력으로 키프로스를 침공했다. 그리스 역시 군대를 파견하였으나 터키의 상대가 되지못했다. 결국 이 섬의 37%를 차지한 터키군은 '북키프로스 공화국'을 발족시켰다. 현재 그리스는 에게 해의 터키 해안에 있는 대부분의 섬들을 장악하고 있다. 이런 도서 영유권분쟁 역시 두 나라 간 수차례의 또 다른 전쟁위기를 초래하기도 했다.

니코시아 시내의 북키프로스 세관 전경
(남키프로스 세관은 이곳에서 약 10m 정도 떨어진 곳에 비슷한 형태로 있음. 니코시아에는 3개소의 국경세관이 있어 남북 주민왕래에는 큰 불편함이 없음)

준비되지 않았던 공수작전의 참사

1974년 7월 20일 새벽, 터키군은 기습적으로 이 섬에 상륙했다. 키프로스 방위군은 즉각 대응했으나 역부족이었다. 다음날 그리스는 30대의 수송기에 정예 공수부대원들을 탑승시켜 증원군을 발진시켰다. 레이더망 회피를 위해 항공기는 거의 바다 위에 붙어 갈 정도의 고도를 유지했다. 가까스로 수송기들이 키프로스 국제공항 상공에 도착했으나 이들을 맞이한 것은 키프로스군의 고사포였다. 그리스군 개입을 몰랐던 방공포대원들은 터키군으로 오인하여 사정없이 수송기들을 격추시켰다. 사전 치밀하게 준비되지 않은 공수작전이 빚은 참사였다.

이 전쟁에서 미국산 전투기인 F-4, F-5, F-100, F-102 등은 각각 터키·그리스군 마크를 달고 공중에서 치열한 난타전을 벌렸다. 그러나 같은 나토(NATO)국가들끼리의 전쟁을 미국을 포함한 우방국들은 중립적 자세로 지켜볼 수밖에 없었다.

남니코시아 골목길의 그리스군 경계초소 (뒤쪽 건물은 그리스군 주둔지로 사용하며 수시 근무교대를 위해 병사들이 출입하고 있었음)

터키군의 키프로스 상륙작전 전경
(1974년 7월 20일, 터키군은 키프로스섬 북단의 키리네항을 포함한 수개 소에 대규모의 상륙작전을 실시함. 북키프로스 전쟁기념관에 비치된 그림임.)

건물 속에 숨어있는 중무장 병력

키프로스의 가장 큰 도시인 니코시아(Nicosia)! 시내 중심 군사분계선 좌우에는 폐기된 건물들이 즐비하다. 하지만 남북 키프로스 주민들의 이동은 자유로웠다. '과연 대한민국 여권으로도 통과가 가능할까?' 궁금했지만 세관원은 질문 한 번 하지 않고 입국도장을 "꽝" 찍어준다. 남니코시아 골목에도 가끔씩 경계초소가 보였다. 이런 분위기와 상관없이 길거리에는 관광객들로 북새통을 이룬다.

다시 북니코시아로 돌아와 비무장지대(현지에서는 '그린 존'으로 부름) 근접답사에 나섰다. 방치된 건물 안은 쓰레기투성이다.

더 깊숙한 골목으로 들어가니 갑자기 터키군 경계초소가 나타났다. 깜짝 놀란 초병들이 총을 겨누며 여권을 확인한다. 그곳은 일반인 출입금지 구역이란다. 졸지에 거동수상자가 되어 경계부대로 압송(?)되는 황당한 처지에 빠졌다.

터키군 장교의 한국사랑

심각한 표정으로 질문하던 터키군 장교는 한국인임을 알고서는 태도가 확 달라진다. 화제는 곧 2002년 한국 · 터키 월드컵 축구경기로 옮겨졌다. 그는 당시 한국인들이 대형 터키 국기를 들고 열열이 환영해 준 그 감동을 지금도 잊지 못한다고 했다. 자신은 축구마니아 이지만 국제경기에서 상대팀을 그렇게 응원해준 사례를 본적이 없다고 한다. 또한 길을 잘못 들어 경계초소로 오는 관광객들이 가끔 있다며 나의 실수를 너그럽게 이해해 주었다. 주변 연병장에는 대전차로켓포 · 박격포 등 중화기를 병사들이 손질하고 있었다. 겉으로 보이는 평화로운 키프로스 이면에는 항상 전쟁에 대비하는 숨은 얼굴들이 있다는 것을 다시 한 번 느꼈다.

터키군이 노획한 그리스군 장갑차
(1974년 키프로스 전쟁 당시 양측은 미국 전투장비를 똑같이 사용함. 사진 상의 미국산 장갑차는 북키프로스 전쟁기념관 야외에 전시되어 있음)

오늘날의 키프로스

지중해의 전략요충지 키프로스 섬은 19세기 영국식민지를 거쳐 1960년 독립국가로 탄생했다. 그러나 그리스 · 터키계 주민갈등과 1974년 터키군 침공으로 분단의 땅으로 변했다. 현재 유엔 중재 하에 북쪽은 터키가 지배한 북키프로스 공화국(유엔 미승인국가), 남쪽은 그리스계의 키프로스 공화국(유엔 승인국가)이 있다.

남니코시아 접경지역에서 본 군사분계선 지역
(멀리 비무장지대를 건너 터키 국기가 보임. 사진 우측면에 유엔 깃발이 휘날리고 있음)

키프로스! 양국으로 갈라선 도시 비무장지대 현장

키프로스는 지중해에서 시칠리아, 사르데냐에 이어 세 번째로 큰 섬이다. 이곳은 유럽 · 아시아 · 아프리카대륙을 연결하는 전략요충지이며, 넓이는 9,251Km²로 제주도 5배다. 1960년 영국으로부터 독립한 키프로스는 그리스계와 터키계 주민 간 유혈 충돌이 수시로 일어났다. 1974년 키프로스공화국 · 그리스와 터키의 전쟁에서 북부지역을 터키군이 점령하면서 남북으로 분단되었다.

두 민족 삶의 터전 키프로스 분쟁역사

쪽빛 지중해에 둘러싸인 아름다운 섬 키프로스! 뜨거운 날씨에 후끈 달아올라 있는 북키프로스 에르칸(Ercan)공항은 한산했다. 3만 터키군이 주둔하고 있는 북키프로스는 사실상 터키 영토다. 영국이 통치했던 이 섬은 1960년 8월, '키프로스 공화국'으로 독립했다.

새 국가 탄생에도 불구하고 기독교·이슬람 종교를 가진 두 민족 갈등은 그칠 날이 없었다. 1964년 2월 6일, 헌법 개정을 앞두고 주민 분쟁은 극한에 달했다. 수 세기 동안 쌓여온 증오감이 평화로운 마을을 처절한 싸움터로 만들었다. "이웃을 내 몸같이 사랑하라!"는 종교의 가르침도 인간 욕심 앞에서는 의미가 없었다. 이웃은 증오의 대상이 되었고, 너도나도 살기 위해 스스로 살상무기를 만들었다.

북키프로스 역사박물관에는 민족분쟁 당시에 사용한 사제소총으로부터 자동차에 철판을 두른 장갑차까지 있다. 10년에 걸친 갈등은 1974년 7월 20일, 마침내 전쟁으로 비화됐다. 그리스계 군부세력과 터키계 주민의 유혈 충돌이 발생하자, 터키는 즉각 4만 병력으로 키프로스를 침공했다. 본토로부터 불과 65Km 떨어진 터키, 이에 비해 500Km 밖의 그리스는 절대적으로 불리했다. 8월 16일, 터키군 공격이 중지되자 북쪽의 그리스계 20만, 남쪽의 터키계 8만 5천 주민이 남북으로 교차 이주하는 대대적인 인구이동이 있었다.

섬의 37%를 차지한 터키군은 '북키프로스 공화국'을 발족시켰지만, 이 나라를 인정하는 국가는 현재 세계에서 오직 터키뿐이다.

지중해의 전략요충지 키프로스 위치.

피아식별 잘못이 부른 전쟁터의 대참사

사례#1. 1974년 7월 20일 새벽, 터키군은 기습적으로 북쪽 키레네 항으로 상륙했다. 키프로스 수비대는 사력을 다해 저항했으나 역부족이었다.

7월 21일, 그리스는 정예 공수부대원들을 30대의 수송기로 키프로스군 지원을 위해 발진시켰다. 적 레이더를 피하고자 항공기 편대군은 바다 위에 붙다시피 비행하여 키프로스 국제공항으로 무사히 진입했다. 하지만 그리스군과 키프로스군의 작전협조는 너무나 미숙했다. 착륙하려는 수송기를 터키군으로 오인한 대공포대가 불을 뿜었다. 키프로스군은 지원군 증원을 전혀 몰랐다. 33명의 그리스군이 총 한번 쏘아보지 못하고 어이없이 아군 사격으로 순식간에 전멸했다.

사례#2. 전쟁이 발발하자 그리스와 터키는 해상으로 병력을 수송했다. 그리스해군은 키프로스 서쪽 파포스(Pafos)항으로 접근했으나, 이미 터키군 함정이 봉쇄하고 있었다.

이에 '그리스 구축함들이 파포스 항 진입을 위해 속속 집결하고 있다.'라는 허위통신을 터키군에게 흘렸다. 기만통신에 속아 넘어간 터키함정 2척이 즉각 출동했다. 터키 구축함 코자테페(Kocatepe)함은 파포스항 부근에서 매복작전 중이었지만, 적함으로 오인받아 아군으로부터 공격을 받았다. NATO 동맹국인 그리스군과 터키군은 똑같은 미국산 3500톤급 구축함(기어링형)을 운용하고 있어 혼란이 더 가중되었다. 설상가상으로 터키 전투기까지도 이 함정에 1000파운드급 폭탄을 퍼부었다. 결국, 어이없이 이 군함은 침몰했고, 80명의 승조원이 몰살당했다. 키레네항 언덕에는 당시 전투에서 전사한 전몰장병 추모탑이 지중해를 말없이 내려다보고 있다.

키레네 항구 부근에 조성된 키프로스 전쟁 터키군 전사자 묘역 전경.

북키프로스 에르칸 국제공항청사 전경. 이 공항 근처 니코시아를 거쳐 남북 키프로스를 자유롭게 방문할 수 있다.

곳곳에 남아있는 키프로스 전쟁 상흔

Trip Tips

키프로스에서 가장 큰 도시인 니코시아(Nicosia) 중심에는 남북을 가로지르는 군사분계선이 있다. 경계선 주변에는 파괴된 건물이 즐비하지만, 남북을 오가는 주민들은 전혀 개의치 않는다.

국경세관 부근 카페 옆에는 3단 윤형철조망이 흉측스럽게 올라가 있지만, 관광객들은 여유롭게 차를 마신다. 한국 여권을 제시하니 남북 키프로스 세관원 모두 단 한마디 질문도 없이 스탬프를 쾅쾅 내리찍는다. 남니코시아 골목에는 가끔 경계초소가 보였다. 길거리에는 관광객들로 북새통을 이룬다. 그리스 아테네와 비슷한 분위기다. 남니코시아 주민들이 북쪽보다는 경제적으로 훨씬 윤택해 보였다. 공원에서는 수많은 외국인이 모여 축제를 즐기고 있었다. 스리랑카 노동자들을 위한 행사란다. 이들은 5년 이상 일하면 남키프로스 영주권을 얻을 수 있단다. 의외로 많은 스리랑카 · 뱅글라대시 · 파키스탄 · 네팔인들이 식당 · 호텔에서 부족한 노동력을 메우고 있었다.

군사분계선 건물 속의 무장병력

키프로스 군사분계선의 정전 감시는 1300여 명의 유엔 평화유지군이 담당한다. 2002년에는 한국군 장성이 키프로스 주둔 유엔군 사령관을 맡기도 했다. 이 섬에서 가장 큰 도시인 니코시아 중앙에 폭 100m의 비무장지대(일명 Green Zone)가 있다. 여건에 따라서는 담벼락 한 가닥이 남북을 구분했다. 주변에는 불타고 파괴된 건물들이 곳곳에 남아있다. 50여 년 전 처절했던 전쟁의 상흔이다. 남북 키프로스 국기를 세워둔 쌍방 경계초소 역시 한국 비무장지대의 GP 축소판이다. 초소 인근 건물은 예외 없이 근무자 숙소다. 가끔은 쓰레기가 잔뜩 쌓인 폐허가 된 건물 자체가 '그린 존'이었다.

북니코시아 국경 지역의 터키군 순찰로 전경. 사진 왼편이 그린 존(Green Zone)지역이며 주변 건물은 비어 있다.

북키프로스 답사 간의 황당한 경험

북니코시아 도심에는 짧은 머리의 사복 차림 청년들이 몰려다녔다. 빨간 베레모와 하얀색 각반 복장의 군사경찰도 곳곳에 있다. 이들은 안보현장교육을 온 터키군이었다. 케말 파샤 동상 앞에서 한 무리의 병사들을 만나니 사진을 같이 찍자고 한다. 한국인임을 밝히니 2002년 월드컵축구 3·4위전 당시 터키팀 응원에 칭찬이 자자하다.

필자 핸드폰을 건네주며 터키어 표기 사진 자료의 설명을 부탁하니 서로 나선다. 나른 팀까지도 인증사진을 찍자며 몰려든다. 우쭐하는 기분으로 이곳저곳에서 사진을 찍었다. 왁자지껄한 분위기가 끝나고, 그들은 버스를 타고 떠났다. 잠시 후, 공원에 전시된 화포 촬영을 위해 핸드폰을 찾으니 없어졌다. "아뿔싸!" 동상 앞으로 달려갔지만, 아무도 보이지 않는다.

시내에는 2개의 경찰서가 있었다. 물어물어 어렵게 찾아간 곳은 하필 군사경찰서였다. 다시 수소문하여 일반경찰서에 가니 핸드폰 고유번호(IEMI)를 요구한다.

Trip Tips

다음날, 겨우 한국에서 확인한 번호를 수사관에게 알려주니 황당하게도 핸드폰은 지중해를 건너가고 있단다. 뒤늦게 경솔했던 행동을 반성했지만, 사진 자료들은 깨끗이 날아가고 말았다.

전쟁으로 점철된 키프로스 역사

발칸 · 터키대륙과 중동 · 아프리카 간 무역중계지 키프로스! 비옥한 땅과 아름다운 자연까지 갖춘 이 지중해 보물섬을 두고 주변 열강은 1500여 년을 다투어 왔다. 이와 같은 뿌리 깊은 역사적 앙금으로 오늘날까지 키프로스는 팽팽한 긴장감이 남아 있다.

니코시아 분쟁현장과 터키군 안보교육

북키프로스 수도 니코시아 중심부에는 무스타파 케말 동상이 우뚝 서 있다. 거리 곳곳에서 넘쳐나는 케말의 초상화, 사진, 현수막! 북키프러스는 사실상 터키의 일부이며 터키군의 안보교육장이기도 하다. 매주 수백 명의 터키군들이 비무장지대와 전적지를 방문한다.

케말 동상 앞에서 한 무리의 병사들을 만났다. 그들은 에게해 부근의 이즈미르(Izmir)에서 왔단다. 사진을 같이 찍고 스마트폰 속의 자료를 보여 주기도 했다. 휴대폰을 서로 건네며 호기심 어린 눈으로 사진을 확인한다. 한 병사는 친절하게 다음 여행지 그리스에 대한 자세한 정보까지 알려준다. 왁자지껄한 분위기가 끝나고 그들은 버스에 분승하여 떠났다.

니코시아 시내 공원에 전시된 16세기경의 화포들.

 북니코시아 무스타파 케말 동상(원경)

오스만의 키프로스 정복전쟁

니코시아 북쪽 해변의 키프로스 최고의 관광지 키르네(Girne)! 탁 트인 지중해, 청명한 날씨, 부두를 꽉 채운 요트, 물가까지 저렴하다. 그러나 주변 곳곳의 군사유적들은 이 항구 역시 전쟁의 아픈 상흔이 서려 있음을 보여 준다. 항구를 감싼 웅장한 키르네성, 뒤편 언덕의 터키해군 전몰장병 추모탑이 대표적인 전쟁유적이다.

키르네성 박물관 자료는 인접 파마구스타(Famagusta)성에 얽힌 전쟁이야기를 이렇게 전해주고 있었다.

"1570년 6월, 오스만제국의 술탄 셀림은 수백 척의 함선과 10만여 명의 병력으로 키프로스를 침공했다. 당시 베네치아 령인 이 섬의 방어병력은 불과 4천 명. 오스만군은 섬의 대부분은 쉽게 점령했다.

그러나 파마구스타 해안 성곽에서 악착스럽게 저항하는 수비군을 1년 넘도록 굴복시킬 수 없었다. 오스만군 총사령관 무스타파 파샤는 수비군이 성문을 열면 무사히 섬을 떠나게 해 주겠다는 약속을 했다. 키프로스 총독 브라가딘은 이 신사제의를 믿고 성문을 열었다.

그러나 파샤는 약속을 깨고 대부분의 주민들을 처형하고 나머지는 노예로 팔았다. 더구나 베네치아 총독은 산 채로 살가죽을 벗겨서 바닷물에 수없이 빠뜨린 후 목을 잘랐다. 오스만 병사들은 벗긴 피부 속에 짚을 채워 잘려나간 머리를 꿰매 붙였다. 그리고 이스탄불 중앙광장에 전시한 후 투르크 각지를 순회시켰다."

지중해에서 본 키르네성 전경

Trip Tips

이런 잔인한 행동은 유럽 기독교 국가들을 단결시켰다. 뒤이어 1571년 10월 7일, 기독교국 연합함대와 오스만 해군과의 레판토 해전에서 복수심에 불타는 베네치아 해군은 대승을 거둔다.

과거 많은 전쟁에서 패자에게 관용을 베풀던 오스만이 분노를 이기지 못해 저지른 야만적 행위가 결국은 제국의 쇠락을 가속시키는 계기가 되었다.

키프로스 전쟁과 터키해군 참사

1974년 7월 21일, 키프로스 전쟁에서 기독교·이슬람 후손들이 또 다시 지중해에서 격돌했다. 당시 그리스함정들은 증원 병력을 싣고 키프로스 서쪽 파포스(Pafos)항으로 접근 중이었다. 그러나 강력한 터키 해군이 이 해안을 봉쇄하고 있었다. 절대적으로 열세인 키프로스군은 "그리스 구축함들이 파포스 항에서 멀리 떨어진 해역에 속속 집결하고 있다."는 허위통신을 흘렸다.

이 무전을 감청한 파포스항 부근의 터키함정 2척은 즉각 그곳으로 달려갔다. 그러나 그 곳에는 터키 구축함 코카테페(Kocatepe)함이 있었다. 당시 터키·그리스 해군 모두 미국제 기어링급 구축함을 운용했다. 적 함정으로 오인한 터키군은 즉각 목표를 공격했다. 설상가상으로 터키공군기까지 이 함정에 1000파운드급 폭탄을 퍼부었다.

결국 그 배는 침몰했고 80여명의 승조원이 전사했다. 터키군의 피아식별 부실이 빚은 끔직한 참사였다. 키레네항 언덕에는 당시 전투에서 전사한 해군전몰장병 추모탑이 지중해를 말없이 내려다보고 있다.

아는 만큼 보인다!

키프로스 영유권 역사

- 1191년 제3차 십자군 점령, 보급기지 활용
- 1489년 베네치아 공화국 영토로 편입
- 1570년 오스만제국 침공 점령
- 1878년 오스만 영국 식민지로 양도
- 1960년 키프로스 공화국 독립
- 1974년 터키군 침공, 남북키프로스 분단
- 2004년 유엔 남북통일안 제안(아닌 계획)
- 2008년 남북장벽 제거, 주민통행 재개

국제사회의 무력함을 보여준 키프로스 전쟁

아직도 키르네(Girne)시 일부에는 전쟁 상흔이 남아 있다. 전몰장병묘역, 전쟁기념관, 평화기원비 등을 도시 근교에서 쉽게 찾아 볼 수 있다. 그러나 문화적 · 종교적 배경이 같은 북키프로스 주민들은 활기차고 인간미도 넘쳤다. 여기에다 수많은 외국인 노동자들까지 어우러져 키프로스는 과거의 아픈 역사를 멀리하고 활력이 넘치는 관광명소로 발전해 가고 있었다.

관광명소와 외국인 노동자 삶

수많은 호텔과 리조트가 늘어선 키르네 해변! 푸르른 바다가 내려다보이는 야외식당에는 삼삼오오 모여 앉은 관광객들이 담소를 즐기고 있다. 이곳 식당 · 호텔 · 가게 종업원들의 대부분이 파키스탄 · 네팔 · 필리핀인이다. 유창한 영어 덕분에 현지 관광업계 취업도 용이하다.

해변식당에서 만난 파키스탄 청년 하산(Hashan.25)은 2년 전 북키프로스로 왔다. 식당에 취업 후 얼마 되지 않은 월급은 전액 고향으로 보내고 숙식은 주인집에서 더부살이를 하고 있다. 자신에게 관심을 가져주자 틈이 생기면 와서 말을 걸곤 했다. 지켜보던 식당주인의 불호령이 떨어졌다. “여유 있으면 식당밖에 나가 다른 손님들을 끌어와!”라고 소리 지른다. 놀란 수탉처럼 후다닥 달려 나가 지나가는 여행객들에게 스페셜 메뉴판을 흔들며 선전한다. 해외체류 국민들의 대접도 모국(母國)의 경제적 수준에 따라 냉정하게 정해진다는 것을 다시 한 번 느꼈다.

키르네 항구 전경
(수많은 요트와 뒤편 식당·호텔들은 이 도시가 키프로스 관광명소 임을 보여줌. 이런 관광산업의 종업원들의 대부분이 외국인 노동자들임)

키르네 버스기사와 전몰장병 묘역

키레네 버스정류장의 좁은 공터에 미니버스들이 줄지어 서있다. 승차권 매표소도 없고 운행코스도 승객이 물어서 확인 한다. 운전사와 차내 승객들은 버스운행 중에도 서로 웃고 떠들며 장난까지 친다. 교외로 벗어나니 해안을 따라 폭넓은 2차선이 나타났다. 갑자기 버스 옆에 붙어선 다른 봉고차 기사가 앞서거니 뒤서거니 하면서 큰 소리로 대화하며 운전한다. 좁은 섬 안의 주민들은 평소부터 서로 잘 아는 듯 했다. 넘치는 인간미가 보기는 좋으나 여행객 등줄기에서는 식은땀이 흘렀다.

터키군 전사자 묘역은 지중해 해변에 깨끗하게 조성되어 있다. 묘역 주변에는 키프로스 전쟁 배경·과정을 설명하는 석판과 터키국기가 선명하게 새겨진 하얀 묘비들이 줄지어 서 있다. 또한 4명의 터키군 장병들이 묘역관리와 안보 현장교육까지 담당하고 있었다.

터키군 병 교관의 현장 안보교육

전몰용사 묘역에서 터키군 정신교육을 담당하는 아흐네트(Ahnet.24)는 가지안테프(Gaziantep)대학에서 기계공학과를 졸업하고 입대한 병사이다. 터키군은 1년 미만의 군복무로 병사들은 계급장이 없다. 더구나 대졸자 병역기간은 6개월에 불과하다. 군복무에 대단한 자부심을 가진 아흐네트는 어려운 과정을 거쳐 전사적지 현장교육 교관으로 선발되었다.

키르네 터키군 안보현장 병 교관(Ahnet)

당당한 체구에 훤칠한 용모까지 가진 그는 병 교관 역할에 조금도 손색이 없어 보였다. 일단의 터키군 장병들이 묘역으로 몰려 왔다. 추모탑 앞에서의 정신교육은 엄숙하고 진지했다. 교관은 얼굴이 붉어질 정도로 목청을 높이며 양손까지 번쩍 번쩍 들었다. 약 10여 분 간 계속된 교육내용을 알 수는 없었지만 진지한 그들의 태도에 차마 카메라 셔터조차 누를 수 없었다. 이어서 전쟁기념관 견학과 전사자 명비 앞의 숙연한 추모행사를 보면서 어느 나라나 전몰용사의 희생을 애국심으로 승화하고자 하는 노력은 똑같다는 것을 느꼈다.

터키군 병교관의 현장 안보교육 전경
(사진 왼쪽에 손을 들고 키프로스 전쟁에 대해 설명하고 있는 병사가 교관임. 교육 인원들 중 어린이들은 간부 자녀들인 것으로 추정됨)

키프로스 전쟁과 국제사회의 무력함

1974년 7월 21일자 당시 한국 일간지들은 키프로스 전쟁을 이렇게 보도했다. "터키 육 · 해 · 공군은 키프로스를 기습적으로 침공, 수도 니코시아와 북부 해안도시 키르네를 순식간에 점령했다. 즉각 그리스군은 전군 비상사태를 선포하고 이스탄불 북방 터키 · 그리스 국경지역으로 지상군 병력을 집결시켰다. 과거에도 양국 간 수차례의 긴장사태는 있었고 미국 정보당국은 터키군의 대규모 함대이동을 그리스에 외교적 압력을 가하기 위한 책동으로 간주했다."

그러나 이 전쟁에서 국제사회의 역할은 무력했다. 키프로스 서쪽 지중해에 떠 있는 미 제6함대와 영국함대는 타오르는 니코시아의 불길을 지켜만 보았다. 유엔 또한 당사국들의 자제를 호소하며 대화를 종용할 뿐 이었다. 결과적으로 터키는 "평화작전"이라는 이름으로 키프로스의 절반을 차지했고 민족 갈등은 임시적으로 봉합되었던 것이다.현재 그리스와 터키는 기프로스 사태에 대해 각각 다른 입장을 취하고 있다.

그리스는 터키군 철수와 연방국가 수립을, 터키는 협상을 통한 분쟁해결과 국가연합을 주장한다. 오늘날 남 · 북 분계선을 통과하는 수많은 사람들은 모두가 키프로스 사람임을 인정하고 있다. 그리고 국제사회의 지속적인 통일방안 제안과 주기적인 쌍방 대화는 키프로스 분쟁 해결의 희망적인 모습을 보여주고 있다.

키르네 도심지의 평화기원탑
(과거 전쟁 상흔을 씻고 평화로운 키프로스를 만들자는 취지로 주민들이 건립한 평화기원탑. 이와 비슷한 평화기원탑이 수도 니코시아에서도 있음.)

키프로스 통일협상 연혁

- 2002년-EU 동시가입 전제 통일방안
  양측 국민투표 실시, 결과 무산
- 2005년-그리스총리 터키 방문,
  양국관통 가스관 기공식 참석
- 2008년-남 · 북 키프로스 대통령 통일회담 개최
- 2009년-양측 연례군사훈련 잠정 중단
- 2010년-유엔사무총장 주관 3자 평화회담 실시

키르네 해변에서 담소를 즐기는 외국관광객
(엄청난 여행객들이 해변 식당에서 지중해를 바라보며 여가를 즐김. 특히 키프로스는 타 유럽지역에 비해 물가가 저렴한 것으로 알려져 있다)

Northeast Asia
동북아시아

중국
China

중국 근대사 비극이 담긴 상하이 전쟁유적

세계 14개국과 국경을 접한 중국 지도.

세계 14개국과 22,147km의 국경을 접하며, 인구 14억 5천만을 가진 중국은 공산주의 체제의 거대한 국가다. 군사력은 정규군 203만 5천 명(육군 965,000, 해군 260,000, 공군 395,000, 전략미사일 및 지원부대 265,000, 기타부대 150,000)과 무장경찰이 50만에 이른다.

상하이는 2500만의 시민이 거주하는 세계무역 중심도시이다. 이곳에서 과거 전쟁 상흔을 찾아보기는 쉽지 않았지만, 일부 격전지 현장에는 전쟁기념탑과 총포탄 흔적이 있는 역사적 건물까지 보존되어 있다. 1 · 2차 상하이전쟁 기념공원과 800용사의 투혼이 서린 사행창고(四行倉庫)가 대표적인 전쟁유적이다.

개혁개방의 상징 황푸강의 야경

Trip Tips

황푸강 유람선 야간여행은 상하이 관광 1순위다. 휘황찬란한 불빛의 유람선과 고층빌딩의 알록달록한 조명등은 여행객의 정신을 아득하게 만든다. 1층 선실부터 2층 갑판을 가득 채운 승객의 절반이 한국인이다.

항일유적기념공원 내의 제1·2차 상하이전쟁 기념탑.

탑승객들을 유심히 살펴보니, 아니나 다를까 안면있는 인물을 발견했다. 인천의 지방자치단체에서 근무하는 그는 중국 공공기관과의 교류 행사차 상하이에 왔단다.

1980년대까지 논밭이었던 황푸강의 푸둥 지역은 덩샤오핑이 1990년대 경제특구로 지정한 후, 발전에 발전을 거듭하여 세계 금융의 중심지가 되었다. 관광명소 동방명주, 세계에서 2번째로 높다는 상하이 타워 등은 급속한 중국 경제발전의 상징물이다. 특히 안내인은 2011년 김정일 국방위원장이 상하이를 방문하면서 투숙했다는 강변의 고급호텔을 가리킨다. 당시 김정일은 북한의 중국식 개혁개방을 구상했다는 소문도 많았지만, 결국 그 뜻을 이루지 못했다. 공산이념을 지향하는 중국정부는 국민의 물질 우선주의 의식 확산에 고민이 많을 것 같았다.

황푸강의 야간 유람선과 강변의 고층빌딩 전경.

1930년대 격랑의 중국 전쟁역사

1912년 청나라 멸망 후, 중국은 군웅할거의 시대였다. 1920년대부터는 중국공산당 선동으로 민주주의와 공산주의 이념 갈등은 국론 분열을 부추겼다. 1930년대 중국 대륙은 전쟁의 격랑에 휩싸였다. 1931년 9월 18일, 만주사변으로 북부에는 일본의 괴뢰정권 만주제국이 탄생했다. 중국은 지방별 군벌지배체제로 국력 결집은 어려웠다. 1937년 7월 7일, 베이징 부근 루거우차오(노구교)에서의 중국·일본군 충돌은 중일전쟁으로 이어졌다. 일본은 사전에 치밀하게 이 사건을 계획했다.

1930년대 일본의 중국 침탈을 묘사한 삽화.

당시 일본군은 30만 명 정예 병력과 만주국·내몽골인 부대 15만, 예비군 200만이 있었다. 또한, 세계 3위의 강력한 해군력과 항공대까지 갖추었다. 이에 비해 중국군은 400만 명이 넘었으나, 현대식 무기를 갖춘 부대는 장제스 직속부대인 30만에 불과했다. 지방 군벌은 부패했고, 군사장비조차 제대로 갖추지 못했다. 양측 해군력은 총배수량 100만 톤을 가진 일본군에 비해, 중국군은 6만 톤에 불과했다. 파죽지세로 진격한 일본군은 7월 30일에는 베이징 · 톈진을 점령했다. 8월 13일에는 남부지역 상하이에 일본군이 전격 상륙하면서, 전쟁은 중국 전체로 번졌다. 1937년 12월 13일, 중국 수도 난징을 점령한 일본군의 30만 양민 대학살은 인류 전쟁역사에서 가장 비열한 기록으로 현재까지 남아있다.

'팔백(八伯)' 영화로 되살아난 상하이 최후전투

Trip Tips

1932년 · 1937년 2차례에 걸쳐 상하이에서는 일본과의 처절한 시가지 전투가 있었다. 최근 중국인들을 열광케 한 전쟁영화 "팔백(八伯)"의 촬영 현장인 사행창고는 벽면에 탄흔이 아직도 그대로 남아 있다.

이 영화는 1937년 10월 26일, 일본군에 대항하는 중국군의 마지막 4일간의 영웅적 전투상황을 재현했다. 실제 전투 병력은 800명이 아니라 420명 정도. 영화 제목은 그리스 시대 "300 용사"를 모방했고, 중국인들이 좋아하는 8(八)의 숫자도 가미하였다. 다소 과장된 시나리오였지만 이 영화는 관객들의 눈시울을 적셨고, 일거에 14억 중국인 가슴에서 뜨거운 애국심을 솟구치게 하였다. 실제 이 전투는 50m 강폭의 오송강 건너편 조계지에서 중국인과 외국인들이 지켜보는 가운데 벌어졌다. 밤마다 휘황찬란한 네온사인이 번쩍거리는 도시 강 건너편에서는 지옥 같은 전투가 반복되었다.

상하이 오송강 부근의 항일전쟁유적 사행창고 전경.

건너편 천국과 한 뼘 경계를 둔 상행창고 주변 전투는 처절했다. 조계지로의 탈출, 전우애, 복귀, 애국심이 뒤엉킨 주인공의 번민이 고스란히 나타난다. 결국, 이 최후의 전투를 지켜보던 중국 소녀가 죽음을 불사하고 강을 건너 전달한 청천백일기가 건물 옥상에 휘날린다. 뒤이어 수많은 조계지 시민들의 열광적인 전쟁비용 헌납 열기는 이 영화의 압권이다. 비극적인 과거 역사에서 전쟁영웅들을 다시 불러내어, 후세에 교훈을 던지는 작가의 지혜가 돋보인다. 오늘날까지도 사행창고 항일전쟁유적은 학생들의 생생한 현장 체험 학습장으로 널리 활용되고 있다.

임시정부청사 기념관과 윤봉길 의거

상하이 여행에서 한국인들이 빠지지 않고 들리는 곳이 대한민국 임시정부기념관이다. 3·1 독립운동을 계기로 1919년 4월 11일, 상하이에서 임시정부가 탄생했다. 5000년 한민족 역사에서 최초로 국민이 국가의 주인인, 3권분립에 기초한 민주 공화정부였다. 초대 대통령은 이승만, 국무총리는 이동휘가 맡았다. 임시정부는 상하이 프랑스 조계지에 있었지만, 상하이사변과 윤봉길의 폭탄 투척 사건을 계기로 일본군 위협을 피해 비밀리 청사를 옮겨야만 했다. 청사 한편에는 김구와 윤봉길 간의 의거를 앞두고 애틋한 마지막 대화가 기록으로 남아 있다.

상하이 대한민국 임시정부청사의 김구 집무실 전경.

윤봉길 의사 기념관과 한국 대학생 독립유적지 답사단 모습.

훙커우 공원과 한국 대학생들의 눈물

Trip Tips

1932년 4월 29일, 일본 천황 생일 축하와 전승 기념식이 열렸던 훙커우 공원 행사장에 물통 폭탄 1개가 날아들었다. 일본 고관대작들이 무더기로 쓰러졌고, 사건은 전 세계로 타전되었다.

윤봉길 의사의 한민족 독립 절규에 장제스는 "중국 100만 대군도 하지 못한 일을 조선의 한 청년이 해냈다."라고 말했다. 이후 중국의 전폭적인 한국 독립운동 지원은 태평양전쟁이 끝나는 날까지 계속되었다. 특히 이 의거는 국제사회에서 처음으로 한국 독립을 약속한 1943년 '카이로선언'의 밑거름이 되었다.

온통 녹지로 변한 홍커우 공원에서 1932년 실제 폭탄이 터진 장소를 정확히 아는 사람은 아무도 없었다. 단지 한·중 양국에서 항일의 표상으로 거듭난 윤봉길 기념관만 공원 안에 자리 잡고 있다.

윤 의사의 죽음을 불사한 폭탄 투척과 사형집행과정의 안내인 설명에 독립유적지 답사단원들이 손수건으로 눈물을 닦는다. 관광명소와 유명 맛집 방문을 자랑스럽게 여행기에 남기는 일부 신세대보다 의식 있는 이 한국 대학생들이 너무나 자랑스럽게 느껴졌다.

윤봉길 폭탄투척 의거 이후 임시정부 이동로.

'인류역사의 치욕' 난징 대학살 현장

1940년 9월 17일, 중국 충칭에서 한국광복군이 창설되었다. 임시정부는 장제스 국민당 정부와의 협력으로 군대 확장을 도모하던 중, 1941년 12월 7일 태평양전쟁이 발발하였다. 임정은 12월 10일 당당하게 일본에 대해 선전포고를 했다. 광복군은 영국군 요청으로 인도 · 버마 전선에 투입됐고, 미군과 함께 시안에서 한반도 진공을 위한 특수훈련을 받기도 했다. 하지만, 수천만 대군이 자국의 국익을 위해 피 튀기며 싸웠던 이 시기에 광복군이 그 존재감을 드러내기에는 한계가 있었다.

임시정부의 대장정과 광복군 창설

1930년대 임시정부는 일제의 추격을 피해 4000km에 달하는 대장정에 올랐다. 1932년 상하이에서 출발하여, 항저우-전장-장사-광저우-루저우-지장을 거쳐 1940년 충칭에 정착했다. 1937년 중일전쟁이 발발하자 국민당 정부와 행동을 같이했지만, 일제의 임정 요인 암살시도는 집요했다. 상하이를 벗어난 가흥의 호수가에는 '김구 피난처'가 유적지로 남아있다. 일제 추적대가 기습 시 호수를 통해 탈출할 수 있도록 숙소 옆에는 작은 나룻배까지 준비되어 있었다. 중국인 복장으로 변복한 김구는 심지어 중국 처녀와 위장 결혼까지 했다. 1940년 충칭으로 이전한 임시정부는 마침내 8년 4개월의 긴 피란길을 끝냈다.

상해 근교 가흥의 '김구 피난지' 옆 호수 전경.

인재 양성의 산실 황푸군관학교

어느 국가이든지 국민생존을 위해서 "국방 인재육성"에 심혈을 기울인다. 군사 강국 대부분은 과거부터 군사학교에서 최신 과학기술과 애국심을 교육했다. 미국 웨스트포인트, 영국 샌드허스트, 프랑스 앵발리드 사관학교는 근대국가 출발과 함께 건립되어 수많은 국가지도자와 군사전문가를 배출했다. 이에 비해 중국의 인재육성은 너무 늦었다. 1894년 청일전쟁에서 독일 · 영국에서

육·해군 군사교육제도와 신식무기를 본받은 일본군은 청군을 일방적으로 격파했다. 조선도 육군무관학교와 통제영 학당(해군사관학교)을 설립했지만, 그 빛을 발하기도 전에 나라를 빼앗겼다. 1924년 중국 혁명가 쑨원은 늦게나마 광저우에 소련 지원으로 '황푸군관학교'를 설립했다. 교장은 장제스, 교무처장은 공산당원인 저우언라이였다. 임시정부는 교장 장제스를 설득하여 한국 청년도 군관학교에 입교시켰다. 정치적 격랑의 시대를 거치면서 졸업생들은 국민당군 혹은 공산군으로 흩어져 동기생들 간 총부리를 겨누었다.

Trip Tips

1931년 학교가 해체될 때까지 한국인 졸업생은 73명. 우한분교 한인 졸업생을 합하면 200명이 넘는다. 조선총독부 폭탄투척, 일제 요인 암살 작전을 벌였던 의열단원 등 수많은 독립투사가 이곳 출신이다. 현재 황푸군관학교의 정문·강의동·교장실·생도숙소는 역사유적으로 보존되고 있다.

역사유적으로 보존된 황포군관학교 강의동 전경.

한반도 진공계획 '독수리 작전'

1944년 10월, 광복군 제2지대장 이범석이 미 전략첩보국(OSS)과 접촉하여 한반도 진공 작전을 제의했다. 한국에는 일본군 제19 · 20사단이 주둔했지만, 주력은 1942년부터 뉴기니 · 필리핀 · 버마로 차출되어 껍데기만 남아있었다. 이범석의 전략구상은 다음과 같았다. "한국이 독립 명분을 얻으려면, 광복군은 반드시 연합군과 함께 대일항전에 참전해야만 한다. 만약 광복군이 한반도에서 전략적 견제 활동을 하고, 이를 외교적으로 최대한 활용한다면 한국 발언권은 강화될 것이다." 그 누구도 착안하지 못한 전략적 탁견이었다.

충칭 시내의 광복군사령부 건물 전경.

광복군과 미 OSS는 한반도 침투 작전인 '독수리 계획'을 수립했다. 1945년 4월부터 광복군 60명을 엄선하여, 3개월간 정보수집 및 통신 · 폭파훈련을 했다. 이들 중 45명의 적격자를 선별하여 잠수함과 낙하산으로 서울 · 부산 · 평양 · 신의주 · 청진으로 여름에 침투시키고자 했다. 8월 7일, 서안에서 김구와 미군 도노반 소장이 최종 작전 개시를 선언했지만, 원자폭탄 투하로 일본이 무조건 항복을 했다.

Trip Tips

김구는 "수년 동안 노력한 참전 준비가 모두 헛일이 되고 말았다. 지금까지 들인 정성이 아깝고, 다가올 일이 걱정된다."라고 탄식했다. 만약 보다 빠른 시기에 한국의 준비된 군사력이 있었더라면, 전쟁이 끝난 후 국토분단은 피할 수도 있었을지도 모른다.

전장에서 패배한 군인들의 말로

1930년대 중국 수도였던 난징은 중일전쟁 유적이 많이 남아있다. 난징 대학살기념관, 종군위안부기념관은 전쟁의 잔혹성을 그대로 보여준다. 학살기념관 지하전시실은 어두컴컴한 분위기다. 당시 전쟁 상황을 보여주는 사진이나 보도 자료들이 많았다. 1937년 12월 13일, 일본군이 난징을 포위했다. 각 부대에 내려진 명령은 "모든 전쟁 포로는 죽여라!"였다. 일본군이 시내로 들어가니, 50만 시민과 9만 중국군이 있었다. 일본 항공기는 "안전을 보장한다!"라는 전단을 뿌렸다. 사기가 떨어진 중국군은 무기력했다. 일본군 병사 아즈마가 남긴 일기다.

'7천 명의 중국군이 죽은 나무에 백기를 묶어두고 한곳에 모여 있었다. 푸른색 군복의 병사들은 담요를 두르거나 침낭을 메고 있었다. 중국군은 일본군이 잡으러 올 때까지 기다렸다. 일본군은 2개 중대, 중국군은 7천 명에 이르렀다. 만약 그들이 반란을 일으켰다면, 일본군을 완파할 수 있었다."

난징 대학살기념관 외부의 추모 조형물 전경.

아즈마는 중국군을 겁냈던 자신이 부끄러웠고, 자연스럽게 포로들이 해로운 벌레나 동물처럼 느껴졌다. 결국, 중국군 포로들은 양쯔강 변에서 기관총 세례를 받고서야 강 속으로 뛰어들었다. 하지만 반대편에 도달한 포로는 단 한 명도 없었다.

인류 역사의 치욕 '난징 대학살'

Trip Tips

일본군이 난징을 점령하자 시민들을 보호해 줄 사람은 아무도 없었다. 중국군을 색출한다는 명목으로 일본군은 조직적으로 시민들을 살해했다.
학살된 군인 · 시민은 30만 내외. 1937년 12월 7일 자 아사히 신문기사 '1백 명 목 베기 대회'에서도 그 만행은 잘 나타난다.

무카이 중위와 노다 중위는 난징을 점령하기 전, 누가 먼저 중국인 1백 명의 목을 벨 것인지 내기를 했다. 12월 5일까지 점수는 무카이 89명, 노다 78명. 일주일 후 이 신문은 1백 명으로 판정내리기 힘들어 '목표를 150명으로 높였다.'라고 보도했다. 신문기사가 전시실에 비치되어 있는데도, 일본 극우세력은 대학살의 진실을 애써 외면한다. "시민과 게릴라가 혼재된 교전에서 12,000명 정도의 민간인 피해가 있었다."라는 황당한 주장을 한다. 여성들은 나이가 많든 적든, 강간의 위협을 피할 수 없었다. 심지어 국제안전지대, 수녀원에서 보호받던 여자들도 강제로 끌려나갔다. 지상에서 가장 처참했던 지옥의 현장을 재현한 곳이 바로 난징 대학살기념관이다. 많은 인류학자는 난징 일본군의 야만성과 현재 일본인 예의범절을 도저히 이해할 수 없는 영역으로 평가하고 있다.

百人斬り"超記録"
向井106—105野田
兩少尉さらに延長戰
【紫金山麓にて十二日淺海、鈴木兩特派員發】
"百人斬り競爭"の兩將校
(右)野田巖少尉 (左)向井敏明少尉

일본 아사히 신문에 게재된 '목 베기 시합' 기사.

난징 대학살이 일어난 기간이 명시된 추모비 전경.

난징 대학살 사건을 사죄하는 일본 시민단체 모습.

조선처녀 눈물이 마르지 않는 종군위안부기념관

난징에는 1930년대 중국 운명을 결정했던 역사유적이 많이 있다. 장제스 집무실과 영빈관, 위안부기념관, 중일전쟁 외국인 조종사 묘역, 대학살기념관이 대표적이다. 특히 항일전쟁과 국공내전 역사를 고스란히 담고 있는 장제스 정부시설은 최고의 관광명소다. 중국공산당은 1937년 국공합작을 계기로 소멸 직전, 기적적으로 다시 살아났다.

마오쩌둥 위장전략은 교활했다. "중국인은 중국인과 서로 싸우지 않는다!"라는 구호로 공산당을 공격했던 장제스를 압박했다. 국민당군을 "우군(友軍), 교우(交友)"로 불렀지만, 뒤로는 음해를 계속했다. 공산당은 "항일 1할, 국민당 견제 2할, 조직강화 7할"의 분할전략을 구사했다. 일본군과 교전이 벌어지면, 적을 국민당군 앞으로 끌고 가서 쌍방 전투를 유도한 후 슬쩍 빠졌다. 장제스는 내부의 적을 품고 일본군과 싸워야만 했다. 1937년 2만 내외의 공산군이 1945년에는 86만이 되었다.

김구 · 장제스 회담과 대한민국 임시정부

1932년 4월 윤봉길 의사 사건 이후, 장제스는 임정에 대한 인식을 달리했다. 1933년 5월, 김구는 난징의 국민당 영빈관에서 장제스와 1:1회담을 가졌다. 이 회담에서 장제스는 중앙육군 군관학교에 '한인 특별반'을 설치하여 한국 청년들에게 군사훈련을 받도록 했다. 당시 피신 중인 김구의 현상금은 중국 돈 60만 원(현재 가치 약 200억 원). 일제의 암살대를 피하려고 김구는 회청교 운하 근처에서 고물상 행세를 했다.

난징의 장제스 국민당 정부 영빈관 전경.

위급 시 물길을 통해 언제든지 도피할 수 있도록 준비하였다. 임정 요인과 가족생활은 고달팠다. 임정 안살림을 맡았던 독립투사 정정화 여사 회고록이다. "간신히 조직을 유지하면서 조국 독립을 꿈꾸어야 하는 고달픈 일상이었다. 가까스로 주먹밥 한 개로 끼니를 때웠다. 직원들은 각자 능력을 살려 취업하였고, 그 수입으로 가족 생활비를 해결하고 활동 자금으로 기부했다.” 임정 가족들은 일제 추격을 피해 도시에서 도시로 이동했다. 일자리를 구하는 것도 어려워져 생활은 더욱 궁핍해졌다.

전투에서 이겼지만, 전략에서 패배한 장제스

국민당 정부 영빈관 뒤편에는 장제스 집무실인 총통부가 남아 있다. 1887년 장제스는 부유한 가정에서 태어났지만, 소금장사였던 아버지는 그가 여덟 살 때 세상을 떠났다. 장제스는 일본 육사 진학을 위해 3년 과정의 일본군 예비사관학교에 입학했다. 1910년 졸업하자, 그는 일본군대에서 이등병으로 1년 근무했다. 1911년 신해혁명으로 청나라가 무너지고, 동아시아 최초의 공화국인 중화민국이 탄생했다. 육사 입교를 포기하고 중국으로 돌아온 장제스는 혁명가 쑨원을 만났다.

1924년 황푸군관학교 교장이 된 그는 쑨원 후계자로 등장했다. 중국 대륙 대부분은 지역 군벌이 장악했다. 장제스의 군벌 해체를 통한 조국 통일은 중일전쟁 발발과 국공합작으로 좌절됐다. 1945년 8월, 전쟁이 끝나면서 공산군과 4년간의 내전이 벌어졌다. 항일투쟁보다는 내부결속을 다져온 공산군에게 장제스는 무릎을 꿇었다.

Trip Tips

1949년 8월, 국민당 정부는 50만 군대와 200만 난민을 이끌고 대만으로 탈출했다. 마오쩌둥은 1949년 10월 1일, 천안문 광장에서 중화인민공화국 수립을 선포했다. 전투에서는 이겼지만, 결국 장제스는 민심을 얻지 못한 전략에서 패배했다.

장제스 집무실이 있었던 총통부 입구 전경

눈물이 마르지 않는 종군위안부기념관

Trip Tips

총통부 건물에서 걸어서 3분 거리에 종군위안부기념관이 있다. 8개 건물의 동양 최대규모였던 과거 위안소를 2016년 원형 그대로 복원했다.

기념관 상징조형물은 한국 소녀다. 역사 교과서에 실린 임신한 한국인 위안부 박영심의 모습이다. 전시실은 사진 촬영을 엄격하게 금지할 정도로 충격적이고 섬뜩하다. 고 박영심 할머니가 1939년 17세 나이로 강제로 끌려가 3년 동안 생활했던 2호 건물 19번 방은 그대로 보존되어 있다.

한국 · 중국 · 필리핀 · 대만 · 홍콩, 심지어 네덜란드 여성까지 끌려왔다. 기념관 건물 벽에는 '말없이 흐르는 눈물방울'이라는 조각품이 달려 있다. 중국 전역에 세워진 위안소는 대략 40개소. 특히 순결의식이 강했던 20만 한국 여성들은 전쟁이 끝나자, 대부분 과거를 숨기며 한 많은 인생을 살아가야만 했다. 400여년 전 병자호란의 '환향녀(還鄕女)' 사연이 힘없는 국민에게 어김없이 되풀이된 것이다.

종군위안부기념관의 한국 소녀 조형물 전경.

인정받지 못한 대한제국 '중립론'

중국 남쪽으로 뻗어 내려간 랴오둥반도 끝자락의 뤼순 항구! 뤼순항은 청일·러일전쟁 격전지다. 1900년대 초 대한제국은 러·일·청나라의 틈바구니에서 '중립'을 내세웠다. 하지만, 자주권을 지킬 군사력은 너무나 허약했다.

1904년 2월 6일, 일본군은 선전포고 없이 러시아 군항 뤼순을 기습 공격했다. 러일전쟁 신호탄이었다. 대한제국은 일본으로부터 한일의정서(공수동맹) 체결을 강요당했다. 핵심은 "외교권 박탈과 전쟁물자 지원"이었다. 일본군은 평양 · 압록강을 거쳐 만주로 거침없이 진격했다. 강제 동원된 한국인들이 지게에 무거운 보급품을 지고 군대의 뒤를 따랐다.

지게 위의 물품 식별이 쉽도록 일본군은 짐꾼 뺨에 페인트를 칠했다. 빨강은 탄약, 노랑은 식량, 하얀색은 의약품 등으로. 힘없는 정부가 할 수 있는 것이라고는 남의 전쟁 뒤치다꺼리뿐이었다. 1905년 2월 2일 일본군은 뤼순항을 점령했다. 일본군 최고지휘관 노기 대장의 두 아들도 이 전투에서 전사했다.

5월 28일 연합함대는 러시아 발트함대를 격파했다. 일본이 새로운 패권 국가로 등장하자, 한반도 관할권은 일본으로 넘어갔다. 대한제국의 '중립론'은 말만 앞세운 허세에 불과했다.

뤼순 감옥에서 본 약소국의 비애

Trip Tips

뤼순 시내에는 해군박물관, 관동군사령부 유적관, 203고지 격전지 기념탑, 뤼순 감옥 등 청일 · 러일전쟁 유적지가 곳곳에 있다. 이곳에서 한국의 존재감은 찾아볼 수 없다.

단지 한국인들이 이 도시에서 가장 많이 찾는 곳은 독립투사들이 갇혔던 뤼순 감옥이다. 이 유적지는 안중근 · 신채호 · 이회영이 사형 당했거나, 순국한 한민족의 아픔이 서려 있다. 의외로 관련 자료들이 잘 정리되어 있다. 중국에서 독립운동을 하다 체포된 한국인 대부분은 이 감옥에 갇혔다.

안중근 의사가 생활했던 독방 앞에는 흉상이 있고, 책상 · 침구 · 서예도구가 온전하게 보존되어 있다. 관람코스 마지막은 사형집행장이다. 교수형에 처해진 사형수는 나무 바닥 아래에 있는 지름 50cm 나무통에 떨어졌다.

구겨 넘어진 시신은 그대로 주변 산야에 매장됐다. 1942년에서 1945년 사이 이곳에서 처형된 한중 항일투사는 700여 명. 조국 독립을 위해 싸우다 장렬한 최후를 맞이한 이들을 기억하는 후세 사람들은 그리 많지 않다.

많은 한국 독립투사들이 갇혔던 뤼순 감옥 전경.

아무도 관심 갖지 않는 압록강변 탈북청소년

압록강 하구의 중국 단둥은 신의주와 마주 보고 있다. 북 · 중이 공동관리하는 압록강의 유람선은 북한 쪽 강둑까지 접근할 수 있다. 단둥에는 매일같이 새로운 빌딩이 치솟고 있지만, 신의주 근교는 적막강산이다. 인적없는 북측 강변에 축 늘어진 기중기를 보니 안타까운 마음 금할 길 없다. '항미원조기념관'의 웅장한 상징탑이 단둥 시내와 신의주를 내려다본다. 전시실은 한국전쟁 참전의 정당성과 북 · 중 혈맹관계를 강조하는 선전물로 가득하다. 중국 청년의 자원입대 열기, 김일성 친필 휘호, 북 주민 환영행사 등의 자료다.

7대 불가사의 만리장성과 명 13릉

1987년 세계문화유산에 등록된 베이징 근교의 팔달령 만리장성은 끝이 보이지 않을 정도로 산릉선 위에 이어져 있다. BC 200년경 진시황은 북방민족 위협에 대비하여 최초 만리장성을 쌓기 시작했다. 2000년간의 공사는 1300년대 명나라 시기에 완성되었다.

높이 7.8m, 폭 3~10m의 여러 겹의 성곽 길이는 최대 2만 1000km. 축성에 필요한 석재는 수백km 떨어진 곳에서 옮겨 왔다. 공사 간 사망자도 속출했다. 성곽 주변에서 수시로 유골이 출토된단다. 사고를 당한 인부들이 작업장에 그대로 묻힌 것이다. 부근의 "명 13릉"도 유명한 역사유적지다. 명나라 13명의 황제와 황후들이 안장된 곳이다. 명나라를 멸망으로 이끌었던 제13대 왕 만력제(신종, 神宗)가 건설한 지하 27m의 화려한 무덤은 인간 탐욕의 극치를 보여준다. 당시 명 왕조는 거대한 지하 묘실을 미리 만드는 것이 유행이었다.

지상에는 단 한 자의 글씨도 새기지 않은 "무자비(無字碑)"로 불리는 비석이 있다. 후세 사람들이 만력제 48년 재위 기간의 치적을 기록하려니 쓸 만한 공적이 없어 비워 두었단다.

베이징 근교의 팔달령 만리장성 전경

인민혁명 군사박물관의 국공내전 역사

Trip Tips

중국은 인구 대국답게 어느 곳에 가나 사람들이 많다. 지하철도 예외가 아니다. 복잡한 차내에서 박물관역을 놓치지 않도록 전광판에 시선을 고정해야만 했다.

옆의 여학생에게 군사박물관을 물으니 유창한 영어로 친절하게 알려준다. 한국이나 중국이나 젊은 학생들의 발랄함은 차이가 없다. 중국인민 혁명군사박물관은 1930년대 항일전쟁, 1940년 국공내전, 건국 이후의 중국군 발전사 자료들이 많았다. 야외의 좁은 공간에는 고속정 1척과 고사포만 있었지만, 실내 전시관에는 항공기를 포함한 대형 무기류가 가득하다. 국공내전시 '국민당군과 공산군의 병력비교표'가 인상적이다.

1946년 430만:120만, 1947년 373만:195만의 병력 비율이 1948년 11월에는 국민당군 290만, 공산군 300만으로 역전되었다. 민심을 잃은 국민당군은 1949년 마오쩌둥 군대에 패배했다. 한국전쟁은 중공군의 압록강 도하와 갱도공사 사진만 있을 뿐, 비중 있게 다루지 않았다. 생뚱맞게 노획한 미 제7사단 31연대 연대기를 상징적으로 크게 전시해 두었다. 전투과정, 노획일시에 대한 언급도 전혀 없다. 1950년 10월, 중공군이 청천강 부근에서 미군을 기습 공격하면서 확보한 군기인 것 같았다. 마지막 전시실에는 우수한 국방인력 확보를 위한 홍보성 자료들이 많았다. 매년 큰 폭으로 증가하는 국방비부터 군인에게 주어지는 각종 혜택을 소개한다. 다음날은 한국전쟁 자료를 집중적으로 전시하고 있다는 단둥의 군사박물관으로 발걸음을 옮겼다.

중국 건국과정을 전시한 인민혁명 군사박물관 전경.

항미원조기념관의 한국전쟁 전시물

단둥 항미원조기념관의 전시실 절반이 갱도진지 모형과 중공군 지하생활 소개로 채워져 있다. 한국전쟁에서 공산군 인해전술에 유엔군은 불벼락을 퍼붓는 화해(火海)전술로 맞섰다. 변변한 무기를 갖추지 못했던 중공군은 땅속 깊이 파고들어 공습과 포격을 피해야만 했다. 더는 군사력으로 상대를 완전히 굴복시키기 어려워진 양측은 1951년 7월에 휴전회담을 시작했다. 이 시기를 이용하여 중공군은 8월부터 1952년 12월까지 한반도 허리에 지하 만리장성을 건설했다.

총연장 280km, 폭 20~30km에 달하는 거미줄 같은 지하요새다. 참호와 교통호 길이를 합한다면 4,000km에 육박한다.

중국 단둥의 항미원조기념관 전경.

유엔군은 엄청난 피의 대가를 치르지 않고서는 북진이 어려웠다. 공산측의 휴전협상 지연은 전쟁에서 유리한 입장을 차지하려는 의도된 전략이었다. 현장학습을 마친 학생들이 마오쩌둥과 평덕화이 동상 앞에서 현수막을 펼쳐놓고 단체 사진을 찍는다. 이런 모습에서 중국인의 한국전쟁 인식은 다를 수밖에 없다는 것을 느꼈다.

한국전쟁 전선에서 갱도 공사 중인 중공군 모습.

압록강 하류의 중공군 도하 지점

1950년 10월 19일, 30만 중공군이 압록강을 건넜다. 택시 기사에게 중공군 도하사진을 보여주니 목적지를 쉽게 이해한다. 말은 통하지 않지만, 승객의 불편함이 없도록 세심하게 신경을 쓴다. 중국 택시의 바가지요금은 옛말이다. 출정군인들이 손을 흔드는 동상이 있는 도하지점은 공원화되어 있다. 병력이 건넜던 수중교 말뚝까지 강물 위로 보였다.

중국지원군 부사령관 홍학지의 회고록이다. "모 주석의 출동 명령이 떨어졌다. 최초 4개 군(한국군 군단급)과 3개 포병사단이 이동했다. 1950년 10월 19일 밤, 이동이 시작되어 다음 날 새벽 4시에 멈추고 5시까지 은폐를 끝냈다. 북한 정부 각료 박일우는 눈물을 글썽이며 말했다. 만약 지원군이 출병하지 않았더라면, 정말 북조선은 끝장났을 것입니다."

하얀 천을 뒤집어쓰고 눈 위에 엎드린 중공군을 유엔군 정찰기는 발견할 수 없었다. 이 시기 맥아더는 미 대통령 트루먼에게 이렇게 보고했다. "미군은 연말 크리스마스 이전에 미국으로 다 돌아갈 것이다."라고. 도하지점 공원에서 멀지 않은 곳에 중국이 호산산성으로 이름을 바꾸어 만리장성의 동쪽 기점으로 주장하는 고구려 박작산성이 있다. 역사 왜곡으로 고구려 유적을 억지로 중국 역사에 끼워 넣은 대표적인 사례이다.

압록강 중공군 도하지역에 남아있는 수중교 교각 모습

북 · 중 국경지대에서 떠도는 탈북 청소년

단둥을 벗어나 고구려 유적이 집중된 압록강 상류로 향했다. 강 건너 강계 주변의 북한 산야는 대부분 민둥산이다. 부족한 농경지 확보와 땔감을 구하기 위해 비탈 산의 수목은 사정없이 잘려나갔다. 쏟아지는 빗물에 토사는 흘러내렸고, 강바닥은 높아만 갔다. 홍수가 오면 잦아진 범람으로 농경지는 황폐화되었다. 상식을 벗어난 '주체 농법'이 빚은 참극이다.

강변 근처의 식당에 들르니 종업원 대부분이 풀죽은 모습의 왜소한 청소년들이다. "저 아이들 대부분은 강을 건너온 탈북소년들입니다."라고 안내원이 귀띔한다. 식당 안에서 왁자지껄 떠들고 있는 단체여행을 온 한국 학생들과는 너무나 대조적이다. 음식을 가져온 탈북소년에게 약간의 달러를 슬며시 쥐어 주니 살짝 고개를 숙이면서 황급히 주방으로 사라졌다.

고구려 박작산성 역사를 왜곡하여 만리장성 시작점으로 표기한 비각

동북공정에 파묻힌 고구려 역사유적

만주 대륙은 수천 년 동안 한반도 역사와 같이 숨 쉬어 온 땅이다. 단둥 · 선양 · 집안 · 연길 · 용정과 백두산에서는 한민족 숨결을 느낄 수 있다. 압록강과 두만강 인접 지역인 연변에는 고구려 유적과 항일 독립군 전적지들이 많다. 최근 완공된 고속도로 덕분에 이곳 교통은 한결 편리해졌다. 고구려 · 발해 멸망이 이후, 한민족 강역은 압록강 이남으로 쪼그라들었다. 하지만, 만주 정세변화가 우리 민족에게 영향을 미쳐왔던 역사적 교훈을 다시 한번 살펴볼 필요가 있다.

조선인 60만이 끌려간 중국 선양

단둥-선양(瀋陽) 도로는 1636년 병자호란 당시 60만 조선인들이 포로로 끌려갔던 통로다. 청이 만주를 석권하고 침공 의도를 분명히 했지만, 조선의 위정자들은 "명 · 청 중 어느 쪽을 섬길 것이냐?"를 두고 다투었다. 군비를 강화하여 전쟁에 대비하는 것은 뒷전이었다. 1636년 12월, 청군이 압록강을 건너 한양으로 질풍처럼 달려왔다. 한강 변에 비축한 군량미는 남한산성으로 옮기지도 못하고 적에게 넘어갔다. 청군에게 포위된 상태에서도 국론은 통일되지 못했다. “밖으로 싸우기보다는 안에서 싸우기가 더 모질었다. 글 읽는 자들은 갇힌 성안에서 싸우고 또 싸웠다(출처: 김훈의 ‘남한산성).” 인조는 47일간의 항전 끝에 식량 부족으로 청 태종에게 무릎을 꿇었다. 패전국 백성의 고통은 참혹했다. ‘환향녀(還鄕女)’, ‘호로자식(胡虜子息)’ 비속어도 이 시기에 생겼다. 선양 도심의 ‘중산공원’은 조선 삼학사가 처형된 곳이다. 주변에는 조선인 노예들이 거래되었던 ‘남탑거리’도 있다. 1800년대 말 서태후의 청 제국도 국제사회의 변화에 둔감했다. 1911년 신해혁명으로 제국은 무너졌고, 일본은 1931년 괴뢰정부 만주국을 세웠다. 이런 만주 대륙의 역사는 랴오닝성박물관과 9·18기념관에 잘 정리되어 있다.

만주사변·중일전쟁 자료를 전시한 9·18기념관 전경.

9·18 기념관의 일본 만주진출 역사

Trip Tips

9·18 기념관은 1931년 일본군이 고의로 철도폭파 사건을 일으킨 현장에 건립되어 있다. 만주사변·중일전쟁 자료를 전시한 이 기념관 표지석에는 "치욕을 잊지 말자!"라는 구호가 새겨져 있다.

일본은 1932년 3월 1일 괴뢰정부 만주국을 세우면서 대표는 청나라 마지막 황제 푸이를 임명했다. 태평양전쟁이 끝나면서 만주국은 해체되었다. 전시실에는 1931년 9월 18일 일본 관동군의 류타오거후 조작사건(만철 폭파사건)을 이렇게 설명했다. "1931년 9월 18일 밤 10시, 펑톈(현재의 선양) 북부 교외에서 폭발음이 들렸다. 중국인으로 위장한 일본군이 철로에 폭탄을 설치하고 중국인에게 폭발 혐의를 뒤집워 씌웠다. 곧바로 일본군은 점령지역을 확대해 나가며 만주사변을 일으켰다.

9월 21일, 한반도의 일본군 1개 여단이 압록강을 건넜다. 만주의 군벌 장쉐량 군대 10만 명은 일본군에게 속절없이 무너졌다. 3개월 만에 일본군은 동북 3성(지린성·랴오닝성·헤이룽장성)을 완전히 제압했다. 중국은 일본 침략을 국제연맹에 제소했지만, 일본은 국제연맹을 탈퇴하고 전쟁을 확대해 나갔다. 결국, 1937년 중일전쟁까지 이어졌다." 기념관에는 일본군의 화학무기 사용, 731부대 잔학행위 등 다양한 사료를 전시하고 있다. 역사가 소용돌이쳤던 이 시기에 우리 민족은 어떤 시련을 겪었을까? 다시 압록강·두만강이 인접한 간도의 한인 역사를 찾아 나섰다.

9 · 18기념관내 일본군 731부대 전시실 자료.

한국인의 간도 지역 이주 역사

Trip Tips

만주의 간도 지역은 18세기 청나라 봉금정책으로 외부인 출입을 금지했다. 하지만, 고구려 · 발해 역사가 살아 숨 쉬는 간도는 조선인에게는 친숙한 땅이었다. 19세기 중엽, 정부 학정과 계속되는 흉작은 많은 조선인을 간도로 내몰았다. 1911년 12월, 간도 거주 한국인은 약 11만여 명. 이어서 일제의 토지조사사업이 시작되자, 농토를 강탈당한 농민들까지 대거 간도로 몰려왔다.

1926년 간도 지방에서 한국인이 5만 2,881호인데 비해, 중국인은 9,912호에 불과했다. 전체 농토의 52%가 한국인 소유였고, 연길과 하룡지방에서는 72%의 땅을 한국인이 차지했다. 한인들은 하천 지역 저지대와 습지를 개간하여 벼농사를 지었다.

후일 쌀생산은 만주 경제에서 주곡으로 등장할 정도였다. 1909년 9월 4일, 청나라와 일본의 간도 협약으로 영토권이 청나라로 넘어갔다. 외교권이 없었던 조선의 개입 여지는 전혀 없었다. 지린성(吉林省) 곳곳에는 중국식 주택과는 판이한 한국 고유의 초가집도 보인다. 선조들이 피땀 흘려 개척한 간도의 문전옥답은 이처럼 어이없이 빼앗기고 말았다.

청나라 시대 선양의 시장거리 전경.

동북공정에 파묻힌 고구려 졸본 산성

고구려 발상지 졸본성은 현지에서는 오녀산성으로 불린다. 졸본성(흘승골성)의 정확한 위치에 대해서는 역사학자들의 다양한 주장이 있다. 해발 820m의 산성 정상에 오르는 길은 999개의 외길 계단밖에 없다. 힘겹게 올라간 바위산 정상에는 놀랍게도 우물, 왕궁터, 비축창고 흔적이 남아있다. 산정에서 수십 km를 내려다볼 수 있는 천혜의 요새다. 물론 평시에는 산성 주변에서 농사를 짓다가 외적이 침공하면 산성으로 들어와 결사 항전했을 것이다. 산 아래는 비류수로 알려진 강물이 흐른다. 중국은 웅대한 고구려인 기상의 홍보보다는 '다섯 여신이 산과 마을을 수호한다.'라는 의미의 오녀산성으로 세계문화유산에 등록했다.

산정 아래 '오녀산성 유적진열관'은 졸본성에서 발견된 유물 일부가 전시되어 있다. 전시관 어귀에 붙어 있는 "고구려는 동북 지방의 소수 민족이며 지방 정권 가운데 하나다."라는 문구가 유독 눈에 거슬린다.

고구려 시대 축성한 졸본성이 있는 바위산 전경.

집안 시의 광개토대왕비와 장수왕릉

AD 3년 고구려는 졸본성에서 국내성(집안)으로 수도를 옮겼다. AD 427년 20대 장수왕이 평양으로 도읍을 옮길 때까지 집안은 425년간 고구려 정치 · 경제의 중심지였다. 집안 일대는 주변 사방이 고구려 유적이다. 장수왕의 능묘 장군총, 국내성 성벽, 광개토대왕비 등이 대표적이다.

확인된 고구려 고분만 12,000여 개에 이른다. 광개토대왕비의 1,775자 한자 속에 건국신화, 역대 왕 치적이 기록되어 있다. 그러나 450개 글자는 훼손되어 해석이 불가하다. 일본은 광개토대왕비문을 교묘하게 왜곡하여 "임나일본부설(任那日本附設)"을 제기했다. 삼국시대 당시 '한반도 남부를 일본이 이미 지배하였다.'라는 황당한 주장이다. 하지만, 일본이 삼국과 싸워 대승을 거두었다는 기록은 어떤 사료에도 없다.

양심적인 일본 역사학자들까지도 한반도 지배설이 허구임을 인정한다. 한국인의 고구려 유적 방문에 관리인들은 예민하게 반응한다. 태극기는 물론 현수막조차 사용 금지다. "동북공정"이라는 역사왜곡 작업에 한국인 방문은 걸림돌일 뿐이다.

집안시에 있는 고구려유적 장수왕릉 전경.

조선인 수난의 역사현장 동북 3성

지린성 연변지역에는 한때 80만 조선족들이 거주했다. 연변 자치주는 용정·투먼시 등 6개 시와 2개 현으로 이루어져 있다. 연변대학교는 조선족들이 민족교육의 중요성을 인정하고 1949년에 설립하였다. 학생 수는 2만여 명이고 600개 중국대학 중 100위권에 드는 우수한 학교다. 그러나 상당수 조선족이 연변을 떠나 한국이나 중국 도시로 이주하면서 최근 인구가 급격히 감소했다. 연변에서 조선족 구성비가 30% 이하가 되면, 자치주 지위를 잃을 수도 있다는 우려가 점점 커지고 있었다.

백두산 정상에서 만난 중국군 병사

민족의 영산 백두산은 북한이 55%, 중국이 45%를 관할한다. 1712년 조선의 숙종 시기 백두산정계비를 설치했다. 현재까지도 불분명한 국경선을 1962년 김일성과 저우언라이의 조·중 국경조약으로 획정하였다. 백두산 등반로인 서파코스는 1,000개의 계단을 통해 올라간다. 북한과 중국을 가르는 백두산 정상 경계비석에는 4명의 무장 중국군이 버티고 있다.

굵은 밧줄로 경계선을 표시하고 관광객이 북한 땅을 밟지 못하도록 한다. 군인들은 한결같이 체격이 좋고 자신감이 넘친다. 카메라를 건네주며 북한 표지석 촬영을 부탁하니 의외로 쉽게 협조한다. 중국 병역제도는 징병제이나 사실상 모병제로 운영된다. 높은 급여, 공산당 입당우선권, 대학진학 특혜, 군관(장교) 진출, 전역 후 취업 보장 등으로 입대 경쟁비는 치열하다. 우수인력 확보를 위한 국방정책의 효과다. 안경착용자는 신체검사에서 탈락할 정도다. 중국을 떠나기 전, 안경 쓴 군인을 찾아보려고 애써 보았지만 결국 한 사람도 만나지 못했다.

백두산 정상 북·중 경계 비석 옆의 중국군 모습.

표지석 하나 없는 신흥 무관학교 옛터

Trip Tips

1910년대 잃어버린 조국을 되찾고자 조선의 청년들이 학업과 군사교육을 병행했던 신흥 무관학교! 이회영 · 이시영 형제가 주축이 되어 1911년 최초로 봉천성의 삼원포에 무관학교를 세웠다. 1912년에는 일제 방해와 만주 군벌의 탄압을 피해 학교는 합니하로 이전했다.

1920년 학교가 강제 폐교되기 전까지의 졸업생은 3,500명. 사관생도들은 군사훈련과 함께 농사까지 지었다. 자급자족하지 않고서는 학교 운영이 어려웠다. 만주의 독립투쟁 주력은 무관학교 출신들이었다.

합니하 신흥무관학교 옛터 부근 전경.

독립군 핵심 인재였던 이들은 1940년 광복군 창설에도 크게 기여했다. 1945년 조국광복 이후 생존이 확인된 졸업생은 불과

307명. 유적지 답사단 일행은 먼저 경찰서에 출입 신고부터 해야만 했다.

합니하 시골길을 3~4km 걸어서 도착한 유적지는 온통 옥수수밭이다. 무관학교 표지석 한 개조차 없다. 대략적인 학교 위치를 확인 후, 선열을 위한 꽃바구니만 헌화하고 발길을 돌렸다.

청산리 격전지와 조선족 마을

1920년 10월 21일, 연변지역 청산리에서 김좌진·홍범도의 독립군 연합부대가 일본군과 격돌했다. 독립군은 유리한 지형을 최대로 활용했고, 6일간 10여 회의 대소전투가 있었다. 한국인의 독립 의지를 만천하에 과시한 전투였다.

멀리 보이는 언덕 위의 청산리대첩비와 조선족 마을 전경.

3,000여 명의 사상자를 낸 일본군은 그 보복으로 3,700명의 연변 한인들을 무자비하게 학살했다(경신참변). 청산리전투 승리

는 이범석이 체코군단의 최신무기를 대량으로 사들였기 때문이다. 당시 러시아 내전에서 블라디보스톡으로 이동해 온 체코군단은 귀국선을 기다리고 있었다. 이들로부터 사들인 무기는 소총 1,200정, 기관총 6정, 박격포 2문, 탄약 80만 발이었다. 무기 비용은 한인들의 기부 물품으로 충당했다. 훗날 체코 현지에서 한국인의 금비녀, 금반지가 쏟아져 나왔다.

승전탑 부근에는 아직도 조선족 마을이 있다. 이들의 선조들이 100년 전 독립군을 도왔다. 동네 어귀에서 만난 두 여성은 수원에서 회사생활을 했단다. 수십 리 떨어진 용정 시내까지 과거에는 예사로 걸어 다녔다. 하지만 한국 취업으로 형편이 나아진 마을 주민들이 최근에는 콜택시를 이용한단다. 함께 사진을 찍으면서 이들은 엄지손가락을 치켜들며 "한국 최고!"를 외쳤다.

 한국 취업 경험이 있는 청산리 마을의 조선족 여성.

국경도시 투먼과 봉오동 전적비

두만 강변 국경도시 투먼은 북한 양남시와 마주 보고 있다. 두만강을 가로지르는 중조우의교는 죽음의 땅 북한과 연결되어 있다. 중국산 생필품이 바로 이 교량을 통해 들어간단다. 빤히 건너다보이는 양남시 건물은 저녁에 모두 불이 꺼져 있었다. 중국쪽 강변에는 강태공들이 한가롭게 낚시를 한다.

세관 교량 위쪽의 강폭은 불과 20~30m. 좁은 수로에도 유람선이 떠다닌다. 유심히 건너편 숲속을 살피니 북한군 경계호가 보인다. 배고픔 때문에 강을 건너는 자국민을 사살하는 정부는 지구상에서 북한 이외에는 없다. 러시아 인접 훈춘으로 가는 길목에 봉오동전투 기념비가 있다. 사냥꾼 출신의 전설적인 독립투사 홍범도! 봉오동전투는 1920년 6월 7일 한국 독립군이 최초로 일본 정규군 월강 추격대대와 전투를 치른 역사적인 사건이다. 봉오동 격전지 현장은 댐 건설로 큰 저수지에 수몰됐다.

봉오동을 떠나 훈춘으로 가는 길은 두만강을 끼고 있다. 피폐한 북한 산야에서는 새들도 먹을 것이 없어 대부분 중국으로 날아와 서식한다는 안내인 말에 비통한 마음 금할 길 없었다.

북 · 중 · 러의 교차점 훈춘과 녹둔도

훈춘시는 중 · 러 · 북한 국경을 마주하는 도시다. 현재 북한 나진과 러시아 포시에트를 연결하는 국제개방도시로 발전하고 있다. 연변 자치주에 속하는 이곳에도 많은 조선족이 거주한다. 시내 일부 여행사는 두만강 건너 북한의 나진 여행객을 모집하기도 했다. 이 도시에는 1만 7000명의 북한 노동자들도 체류한다. 훈춘에서 멀지 않은 두만강 하류의 녹둔도는 이순신 장군 최초 부임지였다. 1860년 청·러 베이징 조약으로 이 섬은 러시아로 넘어갔다.

조선은 1889년(고종 26년)에서야 이 사실을 알고 청에 항의했지만 묵살당했다. 현재 외딴섬 녹둔도는 지형 변화로 러시아 영토에 붙어 버렸다. 예민한 영토문제가 얽힌 이곳을 러시아는 군사지역으로 선포하여 외부인 출입을 엄격하게 금지한다. 20세기 초 수많은 선조들이 일제 강점에 놓인 한반도를 벗어나 만주·연해주로 기약 없이 떠났다. 100여 년 세월이 흐른 지금, 중국·러시아인들이 거꾸로 '희망의 땅' 한국으로 몰려온다.

훈춘 세관을 통과하여 러시아 자루비노항에서 여객선을 타면서 중국·연해주 답사는 끝났다. 선상에서 서울·부산으로 취업을 위해 간다는 많은 러시아인을 만났다. 새로운 한국 생활에 부푼 꿈을 안고 있었다. 100년 전 이국땅으로 떠났던 우리 선조들의 심정도 비슷했었으리라. 속초 세관을 통과하여 쾌적한 관광버스에 몸을 실은 답사단원들이 이구동성으로 내뱉는 말은 "한국은 중국·러시아에 비해 천국이야, 천국!"이었다.

북·중 국경도시 투먼시 옆의 폭이 좁은 두만강 전경.

한국행 여객선 선상에서 만난 러시아인 가족.

일본

Japan

무사도정신을 일깨우는 '가미가제' 특공박물관

일본 열도는 4개의 큰 섬(혼슈, 규슈, 시코쿠, 홋카이도)과 6,800여 개의 작은 섬으로 이루어져 있다. 인구 1억 2,600만 명, 국토면적은 37.8 만km^2로 한반도의 1.7배다. 연 국민개인소득은 43,000달러 수준이며, 재일 한인 동포는 약 82만 5천 명(재외동포 45만, 귀화자 37.5만)이다. 일본 자위대는 247,150명(육상 150,700명, 해상 45,350명, 항공 46,900명, 방위성 4,200명)의 병력과 준군사부대 14,350명, 예비군 56,000명을 보유하고 있다.

자위대는 75%가 부사관 · 장교로 구성되어, 유사시 신속한 병력확장이 가능하다. 또한, 55,300명의 미군(육군 2,500명, 해군 20,100명, 공군 12,700명, 해병대 20,000명)이 일본에 주둔하고 있다. 이번 연재에서는 규슈의 최남단 가고시마에서 홋카이도의 최북단 와카나이에 걸쳐 있는 일본의 군사유적을 소개하고자 한다.

일본 고속열차 최남단 종착점 가고시마

Trip Tips

신칸센(新幹線)은 일본의 중요한 상징물이다. 1964년 도쿄 하계올림픽을 계기로 세계 최초로 만든 고속열차다. 제2차 세계대전이 끝난 후, 불과 20년 만에 시속 200~300km를 주파하는 철도체계를 완성하여 일본 기술력을 전 세계에 과시했다. 2014년 개통 50주년이 될 때까지 단 1건의 사고가 없을 정도로 완벽했다.

160만 인구의 가고시마 신칸센 역은 복합상가 건물 속에 있다. 여행안내소에서 역사유적지를 확인하고, 터미널을 찾아 나섰다. 역사 입구에 혼자서 안내판을 들고 있는 일본 고교생이 있었다. 체험학습을 떠나는 동료들에게 집결 장소를 알려주고 있단다. 필자가 한국에서 왔다는 이야기를 듣자마자 "오우!"라는 탄성과 함께 까무러친다. 소년들이 흔히 가지는 이웃 나라에 대한 호기심이다. '사진을 찍어도 되겠냐?'라는 질문이 떨어지자마자, 그 소년의 천진난만한 촬영 자세가 바로 나왔다.

가고시마역 앞의 일본 고교생 모습.

근대화의 선구자 '19인 유학생 동상'

가고시마(鹿兒島)는 옛날부터 오키나와 열도를 통해 타이완, 필리핀, 베트남 등과 해상교류가 활발했다. 터미널 바로 옆에는 멀리 바다를 쳐다보고 있는 '19인의 유학생 동상'이 있다.

1865년 19명의 학생이 미지의 세계인 영국으로 가고자 가고시마 항을 떠났다. 일본 최초의 해외 유학생이다. 싱가포르를 거쳐 66일 만에 런던에 도착했다. 산업혁명 이후 천지개벽을 이룬 유럽 도시를 보면서 유학생들은 벌어진 입을 다물 수가 없었다. 높은 빌딩, 거리의 전차, 남녀가 벌건 대낮에 거리낌 없이 입을 맞추는 것을 보고 큰 충격을 받았다. 일본의 개혁개방에 대한 열정이 불타올랐던 이들은 미국·중남미를 거쳐 3년 후 귀국했다. 1868년 메이지유신이 시작되면서 유학생 대부분은 정부 요직에 발탁되었다.

1871년 일본 정부는 100여 명의 사절단에게 미국과 유럽 12개국을 2년 동안 순회시키면서 선진 과학기술을 본격적으로 도입했다. 하지만, 대원군이 집권했던 당시의 조선은 거꾸로 강력한 통상수교 거부정책을 펼쳤다. 1866년 병인양요, 1871년 신미양요를 거치면서 "서양 침범에 대항하지 않는 것은 곧 나라를 파는 것이다.'라는 의지를 새긴 척화비를 전국 곳곳에 세웠다. 세계 변화의 도도한 흐름을 제대로 읽지 못한 위정자들의 한계였다.

일본 최초의 해외유학생 19명 기념 동상.

메이지유신 기념관과 무사도 정신

Trip Tips

일본 근대화의 출발점이 된 '메이지유신 기념관'도 시내 중심부에 있다. 1868년 일본 열도는 봉건체제가 막을 내리고, 삼권 분립을 기초로 한 천황체제가 출범했다. 세제개편을 통한 국가재정 확보, 의무교육과 학제 변경, 징병제 시행으로 국가 면모를 일신했다.

구미 열강을 모델로 자본주의 육성과 군사력 강화에 국력을 쏟아부었다. 기념관 옆에는 여성과 청소년 교육을 중시한 사쓰마번(藩)의 "시마즈 타다요시' 유적도 있다. 그는 사람의 도리, 삶의 태도, 지도자 마음가짐을 노래형태로 알기 쉽게 만들어 보급했다. 청소년 상무 정신 함양을 위한 무술훈련 구호도 인상적이다. "첫 번째 칼을 의심하지 말라, 두 번째 칼은 패배다"라고 했다. 즉, 선제공격을 중시한 일격필살의 무사도 정신을 강조하고 있었다.

가고시마 하천 변의 메이지유신 기념관 전경

새롭게 부각되는 지란 특공평화회관

가고시마에서 시외버스로 1시간 반 남쪽으로 달리면, 시골 마을 지란에 '특공평화회관'이 있다. 매년 100만 이상의 일본인들이 몰려드는 전쟁기념관이다.

1941년 12월, 일본군은 육군비행학교 지란 분교를 개설했다. 전세가 악화되자 1945년 3월, 오키나와와 가까운 이 분교는 특공기지로 바뀌었다. 전투기 자살공격으로 1,036명이 전사했는데, 지란 기지 출격자가 439명이다. 전쟁이 끝날 때까지 3,800명의 일본군이 전투기·잠수정·보트로 미 군함에 돌진했다. 특공전투기는 귀환 연료 대신 폭탄을 가득 채웠다. 적함을 찾지 못한 상당수의 조종사는 망망대해에 연료 부족으로 추락했다.

1980년 6월, 심해에서 건져 올린 해군 항공기가 처참한 몰골로 당시의 비극을 전시실에서 증언하고 있다. 단체견학 학생들이 수백 명의 영정사진 앞에서 인솔 교사의 설명을 숙연하게 듣고 있다. 교사의 역사 인식이 어떤지 귀를 쫑긋 세우고 들었지만 이해할 수 없다. 단지 출격을 앞둔 앳된 조종사들이 주먹을 휘두르며 비장한 군가를 부르는 귀퉁이 영상물이 학생들의 감성을 울리고 있는 것은 틀림없었다.

'호타루' 개인 전시관의 아리랑

지란 특공대원 희생자 중 한국인은 11명으로 추정된다. 비행기지 근처의 도미야 식당은 당시 조종사들이 단골이었다. 여주인 도메와는 아무도 면회오지 않는 한국인 탁경현 소위를 아들처럼 여겼다.

태평양에서 건져 올린 일본 해군기 잔해.

그의 고향은 경남 사천이다. 교토 약학전문학교를 졸업한 엘리트 청년은 1943년 강제 징집되었다. 조종사관 훈련을 마치자마자, 그는 특공대원으로 차출됐다. 1945년 5월 10일 저녁, 출격을 앞두고 탁경현은 작별 인사 겸 식당을 찾았다. 그는 저녁을 먹으며 "오늘이 마지막이니 고향 노래를 부르겠다"고 했다. 비통한 목소리로 아리랑을 부르자 여주인과 두 딸은 통곡했다. 그것이 탁경현의 마지막 모습이었다.

전쟁은 끝났지만, 그는 돌아오지 않았다. 여주인의 손자 메이큐 씨는 과거 식당을 개조하여 '호타루(반딧불)'라는 태평양전쟁 개인 전시관을 열었다. 그는 주로 어린 시절 할머니한테서 직접 들은 특공대원들의 사연들을 극적으로 재연했다. 전시실에는 전사한 조종사들이 남긴 유품 · 유서 · 편지 · 사진들이 가득하다. 특히 탁경현 소위의 추모곡 아리랑이 건물에서 수시로 울려 퍼진다. 선택의 여지가 없었던 한국인 특공대원들의 친일 논쟁은 아직도 계속되고 있다.

나가사키 군함도! 조선인은 지옥경험, 일본인은 자부심

일본 나가사키(長崎)는 인구 40만의 유서 깊은 항구도시이다. 부산과 비슷한 지형을 가진 이 도시는 미쓰비시 회사를 주축으로 조선·방산업이 발달한 곳이다. 또한, 1945년 8월 9일 히로시마에 이어 원자폭탄(Fat Man, 24kt) 투하로 순식간에 7만 4천 명이 목숨을 잃은 비극의 현장이다. 한편 나가사키 앞바다의 석탄 광산 군함도(하시마)는 메이지 산업혁명과 관련하여 2015년 세계문화유산으로 등록되었다.

상대를 우선 배려하는 일본 문화

나가사키 중앙역 가까운 곳에 숙소를 정하려 했지만, 대부분 예약이 이미 끝났단다. 난감하다. 여행안내소 직원은 인내심을 가지고 10여 곳 숙소를 일일이 확인한다. 결국, 여행자 숙소 한 곳을 찾아냈다. 다음날 새벽, 숙소 주변 하천 변에 많은 사람이 건강 체조 중이다. 녹음기에서는 들릴 듯 말 듯한 음악 소리만 흘러나온다.

운동과 관계없는 타인에 대한 배려다. 군함도 답사를 위해 안내소에 다시 들르니, 어린 여직원이 신청서를 대신 작성해 주겠단다. 그녀는 방문객 대기실 의자 앞 바닥에 무릎을 꿇고 서류 빈칸을 채운다. 의자에 앉아 편하게 작성하라니 끝까지 처음 자세를 유지한다. 지나칠 정도로 상대를 배려하는 일본 문화를 이해하지 못해 혼란스럽기까지 했다.

해상에서 바라본 군함도 전경.

미쓰비시 조선소와 군함도 석탄 광산

나가사키 미나미 항에서 매일 2차례의 군함도 관람 선박이 출발한다. 주로 학생들의 현장학습 단체들이 많았다. 1810년 최초로 군함도에서 석탄이 발견됐다. 미쓰비시 회사는 1890년 해저 수백 m에서 본격적으로 채굴을 시작했다. 1941년에는 연간 41

만 톤의 석탄이 생산되었으며, 1974년까지 탄광은 계속 운영되었다. 항구를 벗어나자마자 다이아몬드 세 개 모양의 미쓰비시 마크가 선명한 조선소 건물과 크레인이 나타났다.

태평양전쟁 당시 전함 무사시(7만 톤급) 등 82척의 군함과 1만 7,000개 어뢰를 이곳에서 생산했다. 6,000명의 조선인 징용자가 노역을 한 곳이기도 하다. 부두에는 수천 톤급 해상자위대 군함들과 건조 중인 선박들도 보였다. 약 40분 후, 폐허 건물들만 즐비한 군함도에 상륙했다. 견고한 4~10층 구조물이 무너져 내린 것은 바닷물을 이용한 건축공사와 태풍 때문이란다. 동서 160m, 남북 480m로 야구장 2개 크기의 작은 섬에 1960년대에는 5,267명이 거주했다. 1916년 이곳에 일본 최초로 철근콘크리트 건물인 7층 아파트가 세워졌다. 더 높은 건물들이 빽빽이 들어서면서, 그 모습은 마치 군함처럼 보였다. 이 좁은 공간에 학교 · 병원 · 목욕탕을 비롯하여 재래시장과 영화관까지 있었다.

미쓰비시 조선소 전경과 정박 중인 해상자위대 군함.

조선인 징용자의 처참한 삶

군함도는 말 그대로 일본 근대화를 상징하는 그들의 자랑스러운 역사 유산이다. 하지만, 강제로 끌려온 조선인들에게는 지옥도였다. 1943년부터 1945년 사이에 500~800명의 조선인이 이 섬에 있었다. 옆 섬 다카시마 탄광까지 포함하면 1,299명에 달했으며, 50여 명의 조선인이 이곳에서 목숨을 잃었다.

지하 710m의 해저 탄광은 습하고 후끈후끈했다. 개미굴처럼 파고 들어간 높이 50cm의 비좁고 낮은 막장에서 눕다시피 한 자세로 하루 10시간씩 석탄을 캐냈다. 화장실도 없는 막장은 악취가 진동했고, 오염된 지하수로 광부들은 갈증을 달래야만 했다. 고된 작업이 끝나고 닭장 같은 숙소로 돌아오면 득실거리는 빈대까지 징용자들을 사정없이 물어뜯었다. 일본인들은 수시로 나가사키로 외출을 나갔지만, 조선인은 감시 속에서 바깥출입이 허용되지 않았다.

군함도 건너편 육지까지는 약 5km. 필사적으로 탈출을 시도한 징용자는 대부분 살인적인 조류에 익사했다. 가끔 육지에 도착해도 바로 붙잡히어 초주검이 되도록 매를 맞았다. 이런 피맺힌 사연들이 있었건만, 선착장 부근의 세계유산 안내판은 엉뚱한 이야기만 한다.

"군함도는 메이지 산업혁명 유산이다. 이 섬은 1850년대부터 1910년까지 석탄·철강과 함께 조선업으로 일본의 눈부신 산업화를 이룬 역사유적지다. 이런 성공으로 이후 50년 이상 일본이 식민지화되지 않고 스스로 자신의 시대를 만들었다."라고. "조선인 징용자" 수록은 1910년 한일합병 이전 표기로 교묘하게 빠져

나갔다. 유엔에 최초 약속했던 "강제노역" 표기는 깨끗하게 사라졌다. 만약 일본이 잘못된 과거사를 진솔하게 반성한다면 '국제사회에서 국가 위상이 한층 더 올라갈 것인데….'라는 아쉬움이 남았다.

군함도에서 현장학습 중인 일본학생들의 모습.

천주교 기념관에서 만난 한국 청년

나가사키 부두에는 천주교 유적기념관이 있다. 포르투갈 · 스페인 신부들이 나가사키에서 최초로 선교 활동을 시작했단다. 안내인이 영어로 유적지 전시물을 설명한다. 주변 섬 곳곳에는 고색창연한 성당들이 많았다. 마지막에 필자가 "한국에는 수백만 천주교인들이 있다."라고 하니 그는 반색하며 "한국인입니까?"라고 되묻는다. 한국 관광객들이 가장 많이 기념관을 찾아와, 6년 전

그 청년은 한국인 직원으로 채용되었단다. 위풍당당하게 혼자 들어와 종교유적에 관심을 가지면 당연히 한국인으로 알아봐야지. 괜히 어려운 영어로 소통하느라 시간만 보냈다고 서로 마주 보고 웃었다. 그는 나가사키에서 혼자 생활하고 있지만 큰 어려움은 없단다.

아무도 기억하지 않는 한인 원폭 피해자

나가사키에 투하된 원자폭탄 조형물.

나가사키 중앙역에서 가까운 평화공원에는 원폭기념관, 폭탄투하 원점, 평화기념상 등 다양한 시설이 있다. "1945년 8월 9일, 한 대의 B29 미군 폭격기가 원자폭탄을 장착하고 일본 고쿠라를 목표로 출격했다. 그러나 고쿠라 상공에서 조종사는 소이탄에 의한 연기로 목표물을 식별할 수 없었다. 결국, 예비목표 나가사키로 기수를 돌렸다. 운명의 시간 11:02', 고도 9.600m에서 투하된 원자폭탄은 지표면 상공 400m에서 폭발했다. 번쩍하는 섬광과 함께 순식간에 나가사키는 초토화되었다."

당시 24만의 시민 중 73,884명이 즉사하고, 74,909명이 다쳤다. 기념관 전시실에 기록된 조선인 희생자는 13명. 폭심지로부터 100m 떨어진 '나가사키 형무소 우라카미 형무지소' 사망자 134명 속에 포함된 인원이란다. 미쓰비시 징용자, 시내거주 조선인 피해자는 파악조차 되지 않고 있다. 평화공원은 병아리 떼처럼 몰려온 학생들로 초만원이다. 평화기념상 앞에서는 인솔 교사의 감독하에 여학생 대표가 희생자 추모사를 비장하게 낭독하고 있다. 질서정연하게 정렬한 학생들이 뒤편에서 고개 숙여 묵념한다. 흡사 소규모 현충일 행사처럼 보인다. 과거 선조들이 일으킨 전쟁으로 이웃 국가들에게도 참담한 피해를 준 역사를 진정으로 회개하는 내용이 추모사에 담겨있기를 간절히 기원했다.

원자폭탄 기념공원 내의 평화기원탑 전경.

한반도 운명을 가른 '시모노세키' 조약

시모노세키(下関)는 혼슈섬 남단의 도시다. 일본 동서를 관통하는 칸몬 해협을 끼고 있는 항구도시로 규슈섬과 마주 보고 있다. 시모노세키 인구는 약 25만 명이며 부산광역시가 일본 도시 중 1976년 최초로 자매결연을 맺었다. 중남미의 파나마 운하와 비슷한 지형을 가진 이곳은 현재 길이 1,068m, 높이 61m의 칸몬 현수교가 혼슈와 규슈를 연결하고 있다. 시모노세키의 역사유적으로는 청일전쟁 강화협상장, 조선통신사 상륙지, 서구 연합함대 격전지, 영국영사관 건물 등이 있다.

신칸센 열차와 시모노세키 가는 길

나가사키에서 시모노세키로 가는 열차는 중간역에서 2번 갈아타야 한다. 일본 철도는 1872년에 신바시와 요코하마 구간에서 처음 개통되었다. 노량진-인천 노선의 한국 최초의 철도가 1899년에 완공된 데 비해 무려 17년 앞섰다. 일본은 1930년대 이미 전국을 철도망으로 연결했고, 현재 시골 구석구석까지 기차가 운행된다.

5열 순방향의 고속열차 이등석은 다리를 쭉 뻗을 수 있을 정도로 간격이 넓고 쾌적하다. 이등석 수준이 한국 고속열차 일등석과 비슷하다. 다른 노선 철도로 갈아탈 때도 개찰구 옆의 대기 역무원이 친절하게 안내한다. 승차권 시간도 자유석 운용으로 개찰구 현장에서 즉시 변경해 준다. 시모노세키는 한국과 일본을 연결하는 항구도시다. 야간 여객선이 부산항을 출발하면, 다음 날 아침 시모노세키에 도착한다. 이런 편리한 교통망으로 자연스럽게 많은 한인이 이 도시에 거주한다. 시모노세키역 부근 '한국의 거리'에는 한글 간판이 즐비하다.

대형 카페리선이 운항되고 있는 시모노세키 항구 전경.

가라토 어시장과 영국영사관 유적

가라토 어시장은 부산의 자갈치 시장과 비슷한 곳으로 한국 관광객들이 빠지지 않고 들리는 명소다. 저렴한 가격의 초밥과 회를 어시장에서 가지고 나와 해변에서 먹고 있는 시민들의 모습도 흔히 볼 수 있다. 시모노세키는 복어 집산지로도 유명하다. 대형 복어조형물이 마스크를 끼고 답답한 표정으로 관광객을 쳐다본다. 도로 건너편에는 시모노세키 영국 총영사관유적지가 있다. 1906년에 건립된 이 건물은 일본과 '찰떡궁합'의 외교 관계를 유지했던 현장이다.

가라토 어시장의 대형 복어조형물.

1층은 전시관으로, 2층은 찻집으로 운영되고 있다. 1902년 2월 12일, 일본은 영국과 군사동맹을 맺었다. '동맹국 중 한 국가가 전쟁을 하면 중립 유지 혹은 원조한다.'라는 약속이었다. 일본은 최고의 선진국 영국에서 전함 6척, 장갑함 4척을 구입했다. 1904년 2월 러일전쟁이 발발하자, 상트페테르부르크에서 출항

한 러시아 발트함대는 영국 관할의 아프리카 항구에서 석탄공급을 받을 수 없었다. 일본은 영국으로부터 러시아함대 이동 첩보를 수시로 받았다. 수개월의 항해 끝에 기진맥진하여 대한해협을 통과하는 발트함대는 일본군의 상대가 될 수 없었다. 1905년 5월 27일, 도고 헤이하치로 제독의 연합함대는 적함 27척을 격침하고, 6척을 나포하면서 대승을 거두었다. 일본 해군은 단지 어뢰정 3척만 침몰했을 뿐이다. 동맹국 영국 지원이 결정적이었다. 하지만 1941년 12월, 태평양전쟁이 발발하면서 일본-영국은 철천지원수의 나라로 변하게 된다. 영원한 적도 우방도 없는 국제사회의 냉혹한 현실을 보여주는 사례다.

청일전쟁을 풍자한 삽화. 주저앉아 울고 있는 사내(청)를 지켜보는 덩치(러시아).

청일전쟁 강화협상과 한반도 운명

Trip Tips

영국영사관을 나와 도로를 따라 10여 분 걸어가면 왼쪽 언덕에 청일전쟁 강화기념관이 보인다. 1895년 3월, 청국의 북양대신 이홍장과 일본 총리대신 이토 히로부미가 이곳에서 강화회담을 했다.

동북아 근대사의 이정표를 바꾼 현장이다. 회담 장면 사진, 문서와 기록물, 테이블 등 당시 물품이 그대로 보존되어 있다. 1894년 동학란 명분으로 양국은 한반도에 군대를 파병했다. 조선의 종주권을 두고 양국이 충돌하자, 일본군은 청군을 격파하고 파죽지세로 만주로 진격했다. 청의 위신은 떨어졌고, 열강의 권고로 굴욕적인 강화협상에 들어갔다. 이토는 청년 시절 서구 열강과의 시모노세키 전쟁 시(1864년) 패전국 통역을 맡은 경험도 있어 국제감각이 뛰어났다. 예나 지금이나 강화협상 장소는 통상 승전국이 정한다.

1895년 4월 17일, 청국은 "조선의 자주독립국 인정, 타이완·랴오둥반도 할양, 2년 치 일본 정부 예산에 해당하는 배상금 2억 냥 지불 등"의 굴욕적인 조약에 합의했다. 하지만, 러시아·프랑스·독일의 "삼국간섭"으로 일본은 랴오둥반도를 토해내야만 했다.

청일전쟁 강화협상 기념관 전경.

'조선의 독립국' 조항은 한반도 식민지화를 위한 일본의 포석이었다. 엄청난 배상금은 일본 군비확장에 효자 노릇을 톡톡히 했다. 이후 일본은 9년 동안 러시아와의 다음 전쟁 준비에 국력을 집중했다.

조선통신사의 세계기록유산 등재

청일전쟁 강화기념관에서 내려다보이는 해변에 조선통신사 상륙지 기념비가 있다. 녹슨 닻 1개와 통신사 유래를 기록한 석판이 전부다. 1428년(세종 10년) 박서생을 정사로 하여 교토에 파견되었던 사절단이 최초의 통신사였다. 양국의 선린외교를 위한 이 교류는 1592년 임진왜란으로 중단되었다. 하지만 1607년에 재개되어 1811년까지 12차례의 통신사가 파견되었다.

사절단 최대규모는 500명, 왕복 소요 기간은 6개월~1년이 걸렸다. 한반도의 우수한 문화 · 예술이 일본에 전파되는 행사가 되기도 했다. 600년 전 한국-일본 뱃길에서도 시모노세키가 가장 편리한 항구였다. 조선통신사 기록물은 2017년 유네스코 세계기록유산에 등재됐다. 의외로 가고시마 · 나가사키 · 후쿠오카 시내에도 조선 통신사소개 현수막을 수시로 볼 수 있었다.

조선통신사 상륙지와 기념비(소나무 숲) 전경

세계 최초의 열차 해저터널

조선통신사 상륙지 해변에서 멀지 않은 곳에 칸몬 현수교가 있다. 이 교량 아래 해저에는 도보·차량·열차 통행이 가능한 해저터널이 있단다. 1936년 9월에 착공해서 1942년 11월에 1개 터널을, 1944년 9월에 세계 최초의 복선 해저 철도가 완공되었다. 일본은 1km 폭의 해협에 철도 연결을 위해 다양한 방안을 구상했다. 1930년대 만주사변, 중일전쟁을 계기로 교량 대신 방호력이 뛰어난 터널을 선택했다. 태평양전쟁 중 이 해협은 미군의 기뢰투하로 선박 운항이 불가능했다.

하지만, 지하터널의 군수품 열차운송은 안전했다. 역사적으로 칸몬 해협은 전략요충지였다. 1864년 통상수교 거부정책을 고집하던 일본은 열강 세력과 치열한 포격전을 벌이며 해협봉쇄를 시도했다. 그러나 미국·영국·프랑스·네덜란드 연합함대의 압도적인 화력에 무릎을 꿇었다. 칸몬 기념공원에는 당시의 해안포들이 전시되어 있다. 갑자기 포구에서 흰 연기와 함께 "펑!" 하는 공포탄이 발사된다. 일정 시간에 자동 작동되는 모양이다. 깜짝 놀란 관람객들이 다시 한번 옛 화포를 살펴본다.

일본 혼슈섬과 규슈섬을 연결하는 칸몬 대교 전경.

세계적 인재를 기른 '에타지마' 해군병학교

구레 해군 역사기념관 입구로 옮겨온 도고 제독 숙소.

구레시(呉市)는 군항으로서의 좋은 여건을 가진 인구 21만의 도시다. 1886년 본격적으로 일본해군의 모항으로 개발되었고, 1903년에는 해군공창까지 들어섰다. 이후 수십 년 동안 전함·잠수함·어뢰를 생산하는 군수산업 도시로 발전했다. 태평양전쟁 중에는 미군 폭격으로 이곳은 초토화되었다. 곳곳에 남아있는 많은 군사유적지가 도시 역사를 말해준다. 구레항 건너편 에타지마 섬에는 과거 일본 해군장교들의 요람이었던 해군병학교도 있다.

일본해군 발원지 구레의 150년 역사

Trip Tips

히로시마 중앙역에서 열차로 30분 정도 가면 구레시에 도착한다. 관광안내책자의 절반이 군사유적지다. 시내 중심부를 걸으면 해상자위대 훈련소, 방면대(함대)사령부, 전쟁박물관, 자위대원아파트가 쉽게 눈에 띈다.

폐쇄된 100년 전의 해군회관도 군사유적이란다. 옛 해군기지 사령관 공관이 역사기념관이다. 생뚱맞게 입구에는 방 2칸짜리 기와집이 있다. 러일전쟁의 영웅 도고 헤이하치로(東郷平八郞)의 집이다. 그는 1890년 5월부터 1891년 12월까지 구레에서 함장으로 근무했다. 당시 도고가 거주했던 숙소를 이곳으로 옮겨왔단다. 기념관은 해군 발전과정 자료들로 채워져 있다.

보잘것없었던 구식 수군이 영국지원으로 근대 해군으로 탈바꿈했다. 별관에는 1920년대 해군항공대 창설을 주도했던 영국군 장교의 특별전시관까지 있다. 경사진 큰길 옆에는 낡고 비좁은 자위대 아파트단지가 있다. 한국군 간부 숙소보다 더 열악해 보였다. 군항을 한눈에 내려다볼 수 있는 "역사의 언덕"에는 기념탑이 즐비하다. 특히 세계 최대의 전함 야마토함 완공비가 인상적이다. 바로 눈 아래 조선소에는 수만 톤급 다목적 군함이 완성 직전에 있었다. 과거 세계 최고의 함정 건조 기술력을 가졌던 일본이 부활한 현장이다.

국가 군사유적으로 보존되는 1920년대 구레 해군회관.

전함 야마토의 탄생과 침몰

일본인 마음속에는 전함 "야마토"에 대한 자부심이 은연중 남아있다. 오늘날 역사소설 · 오락게임 · 영화에서 이 전함은 숱하게 등장한다. 선착장에 인접한 야마토 박물관은 '세계 최대의 군함이 어떻게 만들어졌는가?'를 생생하게 보여준다. 야마토는 만재배수량 7만 3000톤, 길이 263m, 높이 51m의 규모에 승조원은 무려 2,767명. 주 함포 9문의 460mm(18.1인치) 구경은 인류가 만든 화포 중 가장 크다. 포탄 1개 무게는 1.36톤, 사거리는 42km. 야마토는 1937년부터 구레 해군공창에서 극비리 건조하여, 1941년 12월 16일 취역했다.

1942년 2월, 연합함대의 기함이 되었으나 눈에 띄는 활약은 거의 없었다. 해상전 주력은 이미 항공모함의 항공기로 넘어가고 있었다. 1945년 4월 7일, 오키나와 전투에서 야마토는 최후를 맞이했다. 900여 대의 미 함재기가 이 전함이 포함된 10척의 군함에 벌떼처럼 달라붙었다.

구레 역사의 언덕에 건립된 야마토함 완공 기념비.

2시간 만에 야마토는 탄약고와 엔진실 폭발로 침몰했다. 전사자 4,000명 중 야마토에서만 3,056명이 죽었다. 생존자는 276명에 불과했다. 미군 손실은 10대의 함재기가 추락하고, 12명의 조종사 전사뿐이었다. 거함거포(巨艦巨砲)주의에 매달린 낡은 생각이 빚은 비극이었다.

야마토 전함을 1/10로 축소하여 박물관에 전시한 모형.

한국전쟁과 해상자위대 소해작전

야마토 박물관 옆의 대형잠수함은 해상자위대 사료관이다. 전시자료는 태평양전쟁 이후의 역사였다. 전후 일본 근해에는 수많은 미군 기뢰들이 떠다녔다. 1952년 8월까지의 소해작전 간 79명이 목숨을 잃었고, 항구 곳곳에 희생자 추모탑이 세워졌다. 한국전쟁 중의 북한군 기뢰제거작전도 이렇게 소개했다. "자위대 소해부대는 유엔군 요청으로 1950년 10월 중순부터 12월 초까지 한국전선에 투입됐다. 43척의 소해정이 원산 · 인천 · 진남포에서 작전을 펼쳤다. 1척의 함정이 기뢰접촉 사고로 침몰하면서 1명이 사망하고, 18명이 다쳤다."

관람을 마치고 나오면서 사료관 파견근무 중인 나카무라 원사를 만났다. 그는 음향탐지부사관으로 잠수함에서 35년 근무했다. 곧 전역하지만, 재취업 문제를 걱정한다. 정부 차원의 직업알선도 미흡하단다. 전역 군인의 고민은 어느 나라나 비슷한 것 같았다.

구레 해상자위대 사료관으로 활용되는 퇴역잠수함 '아카시오' 전경.

에타지마 해군병학교와 군사유적

해군병학교(현 간부후보생학교)는 에타지마 섬의 작은 시골 마을에 있다. 주말에는 일반인에게도 학교를 개방한다. 교내 건물은 한눈에 봐도 고색창연하다. 1888년에 개교한 일본 해군병학교는 미국 아나폴리스, 영국 다트마우스 해군사관학교와 더불어 명문 군사학교에 속했다. 교육 기간은 3년~3년 8개월. 당시 육사 생도들은 상병 대우를 받았지만, 병학교 생도들은 준사관 직위가 주어졌다.

에타시마 섬의 해상자위대 간부후보생학교 (구 해군병학교) 정문 전경.

매년 120명~190명의 졸업생이 항해 · 포술 · 항공병과 장교로 임관했다. 요코스카 병학교 분교에서는 기관병과 장교들을 별도 교육했다. 1945년 폐교될 때까지의 졸업생은 12,433명. 1921년 공식적으로 조선인도 입학을 허락했지만, 실제 졸업생은 없다. '조선인은 수준이 떨어진다.'라는 황당한 이유로 병학교는 받아들이지 않았다. "내선일체(內鮮一體)"는 허울 좋은 구호였다.

에타지마 마을에는 "하사관회관" 유적지가 있다. 복지회관을 상상하면서 현장을 찾아갔다. 길쭉한 낡은 기와집의 관리인에게 "과거 복지시설이냐?"라고 질문하니 의외의 대답을 한다. 해군병학교 시절 부사관들의 검도 · 유도수련장이란다. 1900년대 초에 지어진 이 체육관은 국가 군사유적으로 지정되어 있다.

이즈음 한국 뉴스에서는 육사 이전 문제로 논란이 뜨거웠다. 현 육사가 자리 잡은 태릉은 국군창설지이자, 수백 명의 사관생도가 서울을 지키기 위해 전사한 호국의 성지이다. 이런 역사를 아는 사람은 별로 없다. 군사유적에 대한 인식이 한국과 일본이 이렇게 달랐다.

해군병학교 부근 국가 군사유적으로 지정된 "하사관회관" 전경.

인력 확보를 위한 자위대 홍보관

구레항 카페리선 옆에 자위대 잠수함이 부상하여 항구로 복귀 중이다. 정박지는 항구에서 노출되지 않았다. 에타지마 섬에는 군사용 터널 입구도 간간이 보인다. '과거 일본군 요새인데, 현재는 주일미군 탄약고로 활용되고 있다'라고 옆 승객이 귀띔한다. 일본 주요 도시에서는 자위관 모집 홍보관을 쉽게 볼 수 있다. 다양한 현수막과 벽보가 붙어있는 구레 홍보사무실을 방문했다. 반갑게 대해주는 상담직원은 '지원대상은 아닌 것 같은데…'라는 실망의 표정이 역력하다.

'자위대 인력충원에 관심이 있다.'라고 하니 홍보자료를 한 꾸러미 챙겨준다. 자유분방한 신세대들의 입대 기피로 모집정원의 80% 정도 채용된단다. 최근 지원가능 상한나이도 26세에서 32세로 파격적으로 올렸다. 하지만, 군인도 아닌 공무원 신분의 자위대원들에 대해 타부서 공직자보다 획기적인 처우개선을 요구하기도 쉽지 않다고 그는 인력획득의 어려움을 내비쳤다.

구레 조선소에서 건조 중인 해상자위대 다목적함 모습.

미래전쟁을 준비하는 요코스카 방위대학교

도쿄도(東京都)는 일본 수도이자 혼슈 동부의 최대 도시다. 정치 · 경제 · 교육 · 금융 · 교통의 중심지이며, 뉴욕 · 런던과 함께 세계 3대 도시에 속한다. 인구는 1,400만 명이며, 세계에서 다국적 대기업 본사가 가장 많은 도시이다. 군사유적지는 도쿄에 방위성 이치가야 기념관, 항공박물관, 천황 사열연병장이 있으며, 요코스카에 '미카사'호 박물관과 방위대학교 역사기념관이 있다.

세심하지 못한 계획으로 당한 낭패

고쿠라역을 출발한 신칸센은 늦은 밤에 도쿄역에 도착했다. 서울역을 상상하고 느긋한 마음으로 개찰구를 빠져나갔다. "아뿔싸!" 엄청난 인파와 30여 개의 플랫 홈은 정신을 혼미하게 만든다. 고속열차 · 간선철도 · 지하철을 함께 안내하는 노선도는 너무 복잡하여 일본인도 인터넷 검색 없이는 역 이름을 찾지 못한다. 편의점에서 짐을 옮기던 청년에게 여행안내소를 물으니 하던 일을 멈추고 앞장선다. 쉽게 목적지까지 왔지만, 미안한 마음 금할 길 없다.

안내소 직원이 시내열차 탑승구와 하차역 근처의 숙소 위치까지 알려준다. 하지만, 우에노역 부근의 예약호텔로 가니 잘못 찾아왔단다. 똑같은 이름의 호텔이 주변에 7개나 있다. 다시 다른 호텔로 갔으나, 역시 예약자 명단에 없다. 직원이 몇 가지 개인 신상을 확인 후, 정확한 숙소를 알려준다. 예약정보를 사전에 꼼꼼하게 기록하지 않았던 실수였다. 주변의 먹자골목은 젊은이들로 발 디딜 틈이 없다. 한식과 비슷한 차림표를 내건 식당에 들렀다. 옆 사람이 맛있게 먹는 메뉴를 주문했다. 가져온 음식은 소금물 같은 짠맛으로 입에 댈 수 없다. 종업원에게 눈을 흘기며 더운물을 한 컵 붓고 억지로 삼켰다. 고난의 행군에 음식궁합까지 맞지 않은 최악의 밤이었다.

수많은 인파로 붐비는 도쿄역 청사 내의 전경.

방위문제연구소의 군사(軍史) 자료

도쿄 중심부의 방위성 부지에는 다양한 국방조직들이 있다. 방위연구소의 전쟁사센터 연구원 초청으로 군사역사자료실을 방문했다. 1872년 일본군 창설 시부터의 역사문서를 소장하고 있다. 태평양전쟁 이후, 미군이 가져갔던 10만 점의 사료를 반환받아 현재 정리 중이다. 자료들은 먼저 초저온 냉동실에 넣어 미생물을 박멸했다. 이어서 조심스럽게 꺼낸 문서들을 다리미로 펴서 보존한다. 전시실에는 1930년대 제작된 한반도 주요 도시지도가 있다. 경남 마산지도를 확인하니, 구 마산역 주변 도로와 시내 골목길까지 정확하게 그려져 있다. 식민통치를 위해 일본이 얼마나 노력했는지를 알 수 있는 문서였다. 영내에는 일본육사 건물과 전범재판소가 역사유적으로 남아있다.

도쿄 중심부의 방위성 청사 전경.

일본 방위대학교와 고등공과학교

Trip Tips

도쿄에서 기차로 '요코스카 추오'역을 거쳐, 다른 노선으로 갈아타면 시골역이 나온다. 1시간 30분 내외의 거리다. 다시 시내버스로 15분 정도 가면 종점이 방위대학교 정문이다. 1955년 방위대학교는 요코스카항만이 내려다보이는 이곳으로 이전했다.

요코스카 항만 부근의 방위대학교 정문 전경.

군대의 강약은 장교단 수준이 결정한다. 211만m²(64만 평)의 넓은 부지를 가진 이 학교는 매년 500여 명의 신입생을 선발한다. 학생들에게는 월 120만 원의 급여와 연 2회 상여금이 지급된다. 46명의 외국 생도들도 수탁교육 중이다. 한국 육사생도 생활과 일과는 비슷하다. 06:00분 기상 후, 혹한기에도 신체단련을 위해 알몸을 수건으로 피부마찰을 한다.

1학년들은 7월경 학교 앞바다에서 8km 원영(遠泳)을 4시간 안에 주파해야만 한다. 건빵을 담은 비닐봉지를 물 위에 던져주면, 그것으로 허기를 달랜다. 이 기준을 통과하지 못한 신입생 중 일부는 학교를 떠난다. 여름 · 겨울에는 오키나와 · 이오지마를 포함하여 전쟁유적지를 순회하며 군사훈련을 받는다. 졸업 시 원사 계급을 받은 후, 1년 추가 교육을 마치면 장교로 임관된다. 특히 교육 간 낙동강 다부동격전지를 방문하여 한국전쟁을 연구하기도 한다. 한국 육사에서 6 · 25전쟁사 과목을 폐지한 것과는 대조적이다.

자위대 기술인력 확보를 위한 별도의 고등공과학교(고교과정)도 운영한다. 현역 장군이 교장이다. 교육체계는 방위대와 비슷하며, 시설은 한국 국립대의 공과대학 규모에 버금간다. 졸업생 일부는 방위대 · 항공간부로 진출하며, 대부분 기술병과 부사관으로 근무한다. 이같이 과거 일본군의 전쟁경험 교훈과 노하우는 자위대 안에서 고스란히 이어지고 있었다.

육상자위대 고등공과학교 전경. 매년 300명의 신입생을 선발한다.

러일전쟁의 기함 '미카사' 박물관

Trip Tips

방위대학교에서 멀지 않은 요코스카에는 미 해군기지가 있다. 시내에는 외출을 나온 미군 장병들이 자주 눈에 띈다. 부두에는 러일전쟁의 일본해군 기함 '미카사'호 함상박물관이 있다.

영국에서 건조된 15,000톤급(길이 132m, 넓이 23m, 305mm 주포 4문) 미카사는 1902년에 취역했다. 1905년 쓰시마 해전에서 러시아 함대로부터 23발의 포탄을 얻어맞기도 했다. 전시실에는 승조원 생활상과 도고 제독 자료들이 많다. 한반도를 중심으로 열강들의 갈등이 숨 가쁘게 돌아갈 때, 대한제국도 해군력 강화에 발버둥 쳤다. 1903년 국방 예산의 1/4을 투자하여, 3,400톤급 증기선 '양무호'를 도입하기도 했다. 하지만, 러일전쟁 결과로 한반도 운명은 일본이 거머쥐었다. 1905년 1월, 미국의 시어도어 루스벨트 대통령이 국무장관 헤이에게 보낸 편지 내용이다. "우리는 한국인을 위해서 일본에 간섭할 수 없다.

한국인들은 자신들을 위해 주먹 한 번 휘두르지 못했다. 자기 나라에 아무런 이익이 되지 않음에도 불구하고, 한국을 돕겠다고 나설 국가는 이 세계 어느 곳에도 없다." 1950년 6월 25일 북한군이 한국을 침공하자마자, 불과 3일 만에 세계 16개국이 한국을 위해 군대 파병을 결의한 사건은 세계사에서 찾아볼 수 없는 기적이었다.

러일전쟁 당시의 일본해군 기함 '미카사'호 전경

백제 왕인 박사와 일본의 천자문 · 논어

우에노역 도심공원은 과거 일본 영주들 간 치열한 전투가 벌어졌던 격전지였다. 1873년 전쟁으로 황폐해진 이곳을 일본 정부는 공원으로 개발하기로 했다. 국립박물관 · 과학관 · 미술관 · 동물원 · 호수가 있는 이곳은 봄철에는 도쿄의 벚꽃 명소로도 유명하다. 국립박물관은 도요토미 히데요시의 칼을 포함하여 국보급 유물들이 소장되어 있다. 박물관 안내인에게 공원 안의 왕인 박사 기념시설 위치를 물었다. AD 4세기경 왕인은 일본에 천자문과 논어를 전파한 선구자였다. 인터넷 검색 후, 직원은 왕인이 중국인임을 주장한다.

"백제(百濟)"라는 국호를 이해하지 못했기 때문이다. 그의 역사 지식 부족을 탓하며 왕인 박사를 찾아 나섰다. 공원의 깊숙한 숲속에 있는 왕인 동상과 기념비는 1940년 '왕인 박사 헌창회'가 건립했단다. 주변에는 음식 축제를 즐기는 인파가 많았지만, 한일 양국의 과거 역사에 대해서는 큰 관심이 없는 듯했다.

우에노 공원 안에 있는 왕인박사 기념비 전경.

1920년대 이미 일본은 '하늘의 전쟁'을 준비했다

일본 열도는 상상보다 넓고 길다. 규슈 남단 가고시마에서 도쿄까지 1500km, 홋카이도 북쪽 끝 와카나이까지는 2800km에 달한다. 자동차로 쉬지 않고 달려서 36시간, 신칸센으로도 24시간 걸린다. 오키나와를 포함하면 4000km(서울-부산 거리의 10배)로 길게 뻗은 섬나라다. 영해로만 따지면 중국의 3배다. 일본에는 1868년 메이지 유신 이후의 군사유적들이 전국에 점점이 흩어져 있다. 도쿄와 시외 근교에는 일본군 발전과정을 알 수 있는 부대주둔지 · 박물관 · 기념비 등이 많이 남아있다.

야스쿠니 신사와 류수칸 전쟁박물관

도쿄 중심지에 있는 방위성에서 멀지 않은 곳에 야스쿠니 신사가 있다. 일본인들은 새해, 결혼식 등 모든 행사가 신사 중심으로 이루어진다. 일본 정부는 1978년 태평양전쟁 A급 전범 14명을 야스쿠니에 합사했다.

1985년에는 나카소네 총리가 처음 이 신사를 참배하면서 한국·중국으로부터 거센 비난을 받았다. 전범을 "공무 중 사망"으로 등록하여 침략전쟁을 단죄한 '도쿄 전범재판을 인정하지 않겠다.'라는 의미였다. 야스쿠니의 류수칸 전쟁박물관은 일본 전쟁역사가 시대순으로 정리되어 있다. 청일·러일전쟁, 만주·중일·태평양전쟁을 철저하게 자신들의 입장에서 설명한다. 제국주의 시대에 '일본 국익을 위해 싸울 수밖에 없었다.'라는 시각이다. 박물관의 기관차는 1940년대 태국 북방 '콰이강 다리'를 넘나든 실물이다. 일본 기술력은 자세하게 설명하지만, 영국군 포로의 참혹했던 강제노역 이야기는 단 한 줄도 없다.

태평양전쟁 당시 버마전선에서 운행된 기관차 전경.

하늘 역사를 증언하는 항공기념관

Trip Tips

도쿄에서 열차로 1시간 달리면 도코로자와 하늘공원역이 나온다. 이 도시가 일본 항공의 발상지다. 역청사 건너편에 1962년 10월, 자체기술로 제작한 YS-11기 여객기가 방문객을 맞이한다. 옛 일본군 항공학교와 미군 보급부대 주둔지는 하늘공원으로 변했다.

도코로자와 항공기념관과 하늘공원 잔디밭 전경.

잔디밭에는 청·백군 모자를 쓰고 소풍을 온 유치원생들이 병아리 떼처럼 옹기종기 모여있다. 릴레이 시합에서 달리던 꼬맹이가 다음 선수 대신 응원하는 엄마에게 달려가 바톤을 건넨다. 티 없이 맑은 동심은 한국이나 일본이 똑같다. 항공기념관 천장에 매달린 '회식 1호' 비행기는 1911년 일본이 처음 만들었다.

1903년 미국이 최초 동력항공기를 개발하고 8년이 지난 후, 도코로자와에는 비행장 · 항공학교 · 정비창이 들어섰다. 일본의 항공기술은 발전에 발전을 거듭하다가, 1941년 12월 7일 제로센(영식 전투기) 편대가 진주만을 공습했다. 미국 · 영국 · 독일 등 그 어떤 나라 전투기도 제로센 기동력을 따라갈 수 없었다.

군 의료인력의 산실 방위의과대학교

항공기념관에서 멀지 않은 곳에 방위의과대학교와 대학병원이 있었다. 시내에서 가장 높고 큰 건물이다. 1800년대부터 숱한 전쟁을 경험한 일본은 의료인력의 중요성을 잘 알고 있었다. 1974년 4월 개교한 이 학교 설립취지를 정부는 이같이 발표했다. "자위대 군의관은 정원 818명에 278명(충족률 34%)에 불과하다. 학년 정원 80명의 6년 과정 의과대학을 설립하여 군의관 양성이 필요하다. 1000개 병실, 교수급 의사 230명, 스텝진 1300명을 갖춘 종합병원을 건립하고, 졸업생의 의무복무기간은 9년으로 한다."라고. 의과대학교 부설 고등간호학원도 1975년에 개설했다.

29만m^2의 넓은 부지에 최신시설을 갖춘 이 학교 설립으로 자위대는 안정적인 의료인력 충원체제를 갖추었다. 미국은 국방의과대학원(워싱턴), 러시아는 국방사관학교(상트페테르부르크)를 가지고 있다. 한국도 국방개혁 시마다 장기군의관 확보방안을 구상했지만, 물거품이 되곤 했다. 6 · 25전쟁 초기 1,621명의 의무병력은 전쟁 중 10,352명으로 급증했다. 한국군은 대위 이하 단기군의관이 전체의 96%를 차지한다.

신속한 전상자 구호는 장병 사기와 직결된다. 실전 경험이 풍부한 군사 강국은 평시부터 의무분야 투자를 아끼지 않는다. 도쿄의 요요기 공원에는 항공부대 창설기념비, 일왕 사열대 표지석이 있다. 광활한 연병장은 우거진 수목과 호수로 변했고, 이런 역사유적에 대해 아는 시민은 거의 없었다.

도코로자와에 있는 방위의과대학교 병원 전경.

홋카이도행 열차에서 만난 한국인

도쿄에서 최북단 홋카이도 삽포르까지는 기차로 8시간 걸린다. 혼슈의 끝자락에서 해저 터널로 연결된 홋카이도 입구까지만 신칸센이 운행된다. 열차 안에서 배낭여행 중인 한국 청년 K씨를 만났다. 그는 아오모리 "핫코다산"을 등반하고, 일본 목장을 돌아볼 예정이란다.

순간 한국군 혹한기 훈련 전 사고사례로 소개되는 핫코다산(八甲田山)이 생각났다. 1902년 1월 핫코다산에서 동계훈련 중인 일본군 210명이 갑작스러운 혹한으로 199명이 동사한 사건이다. 인터넷을 검색하니 사고현장에는 '설중행군 조난자료관'이 있었다. K씨는 자료관이 산속에 있다며 교통편을 걱정해 준다. 하지만, 홋카이도 일정을 늦추더라도 답사해 볼 만한 유적지다. 자유여행의 장점은 바로 이런 융통성이다.

핫코다산 참상과 설중행군자료관

Trip Tips

아오모리역에서 핫코다산으로 가는 교통편은 의외로 쉬웠다. 정류소에서 시골 구석구석까지 버스노선이 연결되어 있다. 버스로 30분 타고 간 다음, 국도를 따라 한참 걸어가니 "설중행군 조난자료관"이 나타났다.

기념관 입구에는 구조요청을 위해 오다가 선 채로 눈 속에서 얼어 죽은 병사의 동상이 있다. 전시실에는 훈련계획서, 사고과정, 유품이 진열되어 있다. 1902년 1월 23일 07:00, 제8사단 5연대 2대대 병력 210명이 해발 1585m의 핫코다산을 관통하는 혹한기 훈련을 출발했다. 며칠 계속된 포근한 날씨로 병사들은 산중 온천욕을 생각하며 방한 대책을 소홀히 했다. 훈련 1일차(23일): 오전은 쌀쌀했으나,

병력이 산 중턱에 도착한 오후부터 기온이 급격하게 떨어지면서 폭설까지 쏟아졌다. 2일차(24일): 새벽 02:00, 비상식량은 먹을 수가 없었고 나침반조차 얼어붙어 방향식별을 할 수 없었다. 14:30분까지 행군했지만, 첫 숙영지로부터의 이동 거리는 700m

에 불과했다. 3일차(25일): 영하 41도의 맹추위에 50명이 동사했다. 돌덩이 같은 땅바닥을 팔 수 없어 눈구덩이에서 서로 껴안고 밤을 새웠다.

사단본부에서 구조대를 보냈지만, 훈련병력을 찾을 수 없었다. 9일차(31일): 구조대가 본격적으로 생존자들을 발견했으나, 대부분 심한 동상을 입었다. 최종 생환자는 210명 중 단 11명. 그중 사지가 멀쩡한 사람은 3명뿐이었다. 전시실 한쪽에는 현 일본자위대의 동계전투복장을 소개하고 있다. 지혜로운 군인은 이런 군사역사에서 '기상과 전쟁'을 생각하면서 혹한기 전투실상을 상상한다.

동계훈련 행군로 부근의 설중행군 조난자료관 전경.

눈구덩이 속에 임시로 폭설을 피한 훈련병력 모습.

설중행군 조난자료관 내의 '병사의 동상' 전경.

북해도 기념관의 KAL 007기 유품전시실

'북쪽 바닷길'이라는 뜻의 홋카이도 면적은 한국의 84% (83,454km^2)에 달한다. 1860년 메이지 정부가 이 섬을 개척하면서 처음 붙인 이름이다. 5개의 작은 섬과 영토분쟁 중인 북방 도서를 가진 홋카이도는 70%가 국립공원으로 지정될 만큼 자연경관이 뛰어나다. 특히 세계에서 가장 아름답다는 겨울눈 축제는 이 섬의 자부심이다. 삿포로에서 기차로 4시간 더 가면 일본 최북단 와카나이항이다. 소야 해협 건너편에는 한국인들이 광복 후에도 소련에 억류되어 돌아오지 못했던 한 많은 섬 사할린이 있다.

삿포로 박물관에서 본 홋카이도 역사

도쿄에서 출발한 신칸센은 홋카이도 초입에서 멈추고 일반 철로가 나온다. 차창 밖에는 얕은 구릉과 평원이 계속 펼쳐진다. 넓은 국토와 풍부한 자연 자원을 가진 일본이 부럽다. 장거리 노선의 열차에도 별도의 식당칸이 없다. 온종일 타고 가는 철도여행에서는 식당차 커피 한 잔을 마시는 것도 큰 즐거움인데 아쉽다.

종착역 삿포로는 인구 200만의 도쿄 이북에서 최대 도시다.

바둑판 같은 시가지를 관통하는 지하철과 시내버스를 갈아타고서 홋카이도 역사박물관을 찾아갔다. 교외의 울창한 숲속에 있는 박물관은 한산했다. 전시실은 홋카이도·사할린·만주의 개척역사를 자세하게 설명한다. 원주민 아이누족은 밀려오는 일본인들에게 속절없이 동화될 수밖에 없었다. 태평양전쟁 시 국민 생활상도 신문자료와 사진으로 보여준다. 삿포로도 예외 없이 미군의 폭격대상이었다. 150년 변방 개척사를 상징하는 높은 철탑이 야외 숲속에 우뚝 솟아 있다.

구릉과 평원이 넓게 펼쳐진 홋카이도 전경.

이념 · 인종 · 국경을 초월하는 신세대 문화

박물관 옆 시내버스 정류소에서 2명의 홋카이도대학 여학생을 만났다. 발표 수업을 위해 박물관에서 역사자료를 수집했단다.

이 정도 열정이면 보나 마나 A^+ 학점이다. 한국방문에 대비해 스스로 한국어도 공부하고 있었다. 이름을 물으니 메모지에 “기노시타 아오이”, “다카바야시 오타하”라고 또박또박 한글로 써서 건네준다.

1876년 농학교로 출범한 홋카이도대학은 울창한 낙엽송으로 뒤덮인 아름다운 캠퍼스로 유명하다. 또한, “소년이여, 야망을 가져라! (Boys, Be ambitious!)”라는 명언을 남긴 초대 학장 미국인 윌리엄 교수의 흉상도 있다. 일본에서는 의외로 한국에 관심을 가진 신세대들이 많았다. 호텔 바의 종업원은 부모님이 대전에서 사업을 하고 있단다. 어린 시절을 한국에서 보낸 그는 한국어도 곧 잘한다. 할로윈데이 축제를 즐기기 위해 얼굴 분장을 했단다. 신세대 문화는 이념 · 인종 · 국경을 가리지 않고 세계 전역을 넘나들고 있었다.

북방기념관의 KAL기 격추 전시실

Trip Tips

삿포로에서 기차로 반나절을 달려 일본의 최북단 와카나이에 도착했다. 개찰구에서 승차권에 최북단 역 기념 스탬프를 찍어준다. 시내는 방목 사슴이 어슬렁거리며 다닐 정도로 한산하다. 뒤편 산 정상의 북방기념관은 남사할린 역사자료를 전시한다.

일본 최북단 도시 와카나이 전경.

1905년 러일전쟁 전리품으로 일본은 북위 50도선 이하의 사할린섬을 차지했다. 풍부한 석유·석탄·목재는 엄청난 국부(國富)를 창출했다. 하지만, 탄광·벌목장의 고된 노동은 한인 강제 징용자의 몫이었다. 사할린 개척역사에서 한인의 피땀 어린 희생은 전혀 언급하지 않는다. 기념관에는 의외로 대한항공 여객기 격추사건 전시실이 있다. 1983년 9월 1일, 알래스카에서 김포공항으로 오던 민항기에게 영공침범의 이유로 소련군 전투기가 2발의 미사일을 발사했다. 꼬리 날개를 피격당한 항공기는 나선형으로 돌면서 차가운 사할린 바다에 추락했다.

탑승객 269명 전원이 사망한 비극적인 사건이다. 피격정보를 가장 먼저 알게 된 일본 자위대는 와카나이 근해에서 많은 유류

품을 수거했다. 전시실에는 수색작업일지, 보도기사, 피격요도 등이 있다. 한국인에게 사할린은 한 맺힌 사연이 가득 찬 비운의 섬이다.

북방기념관의 대한항공 피격사건 전시실.

9인의 전화교환수와 한인 종군위안부

1945년 8월 11일, 불가침조약을 파기한 소련군은 남사할린에 전격 상륙하였다. 소련 제16군 소속 보병 2만 명과 전차 100대가 남하했다. 8월 15일 전쟁은 끝났지만, 일본군 제88사단은 결사적으로 항전했다. 8월 20일, 마카오 항(현 홀름스크)에 대한 소련군 공격이 시작되었다. 일본군으로부터 유선통신을 끝까지 유지하라는 지시에 전화 교환수들은 직장을 떠날 수 없었다. 마카오가 함락되기 직전, 9명의 여성 교환수가 소련군으로부터 능욕을 피하고자 청산가리를 마시면서 전원 자결했다.

우편전화국, 통신시설, 숨진 여성들의 사진들이 생생하게 진열되어 있다. 북방기념관 산 중턱의 교환수 추모 동상이 바다 건너편 사할린을 애잔하게 쳐다본다. 1968년 일본 천황이 이곳을 방문했다. 소녀들의 최후 사연을 들은 그는 눈물을 글썽이며 추모시를 비각에 새겼단다. 9인의 교환수 이야기는 일본 정신의 표상으로 포장되어 대부분의 전쟁박물관에서 소개한다. 하지만, 꽃다운 나이의 20만 한인 위안부에 대해서는 철저하게 '모르쇠'로 일관한다. 보다 객관적인 시각에서 일본인이 역사를 바라볼 수 있는 날이 오기를 기대할 뿐이다.

사할린 전투에서 자결한 9인의 여성교환수 사진.

소야해협을 바라보는 9인의 여성교환수 추모탑 전경.

사할린 강제징용자의 처절한 사연

일본은 1938년 4월 1일 국가총동원법을 공포했다. 경상도를 중심으로 많은 한인이 사할린의 30개 탄광과 벌목장 · 건설현장으로 끌려갔다. 최대 15만 징집자 중 10만 명은 다시 일본 본토로 전환 배치되었다.

Trip Tips

1945년 전쟁이 끝나면서 사할린 일본인들은 귀국선을 탔지만, 한국인은 동토의 섬 사할린에 내팽개쳐졌다. 울부짖으며 항구 주변을 맴돌았지만, 한국인에게 관심 갖는 사람은 아무도 없었다. 무국적자 한인 5만 명은 소련에게는 공짜로 주어진 훌륭한 노동 인력이었다.

1956년 일본 · 소련이 국교를 수립한 후, 일본인 귀환은 계속 이어졌고 심지어 유골까지 송환되었다. 귀향만을 꿈꾸던 한인 동포는 미쳐서 죽고, 굶어서 죽었다. 한편 6 · 25전쟁, 소련과의 미수교로 한국 정부의 동포 송환은 속수무책이었다. 북한 선전요원은 집요하게 국적취득을 강요했다. 1973년 사할린 한국인은 북한국적 50%, 소련국적 35%, 무국적 15%였다. 드디어 냉전체제가 무너지자, 1996년부터 동포의 귀국이 시작되었다.

4,400여 명이 한국으로 돌아왔고, 2세 · 3세의 이주사업도 계속되고 있다. 수개월의 정착 교육이 끝나면, 주택제공과 일정 수준의 복지급여까지 지원된다. 질곡의 한반도 역사에서 참혹했던 디아스포라(diaspor, 민족유랑)를 온몸으로 겪고서 천신만고 끝에 조국에 돌아온 이들은 그래도 운이 좋은 편이다. 고향 산천을 그리워하며 이국땅에서 숨져간 사할린 동포의 숫자가 아직까지 얼마나 되는지 아무도 모른다.

친절한 일본인, 무서운 일본인

천수각에서 본 히로시마성 주변 전경.

1945년 8월 6일, 일본 히로시마에 인류 최초의 원자폭탄이 투하됐다. 42만의 시민 중 순식간에 7만 명이 즉사했고, 방사선 피해로 9~14만 명이 추가로 목숨을 잃었다. 한국인 희생자도 2만 명에 달했다. 한반도와 가까운 히로시마는 청일 · 러일전쟁 간 군수품 수송을 위한 철도역과 항구 확장으로 크게 발전했다. 태평양전쟁 시에도 육 · 해군부대와 군수공장들이 많았다. 현재 인구 200만이 거주하는 이 도시의 대표적인 관광명소는 원폭(평화)기념관과 히로시마 성이다.

히로시마의 대중교통 노면전차

히로시마역 근처 숙소에서 시내교통 노선도를 받아들고 원폭기념관을 찾아 나섰다. 높은 빌딩으로 둘러싸인 역 주변은 복잡하다. 행인에게 지하철역을 물으니 모두 고개만 갸우뚱한다. 역 청사를 통과하여 반대편으로 나가니 노면전차 승차장이 있었다. 있지도 않은 지하철역을 자꾸 언급하니 사람들이 이상하게 쳐다본 것은 당연했다. 덜컹거리면서 달리는 전차노선을 자동차들이 마음대로 질주한다.

옆자리 승객에게 "히로시마에는 왜 지하철이 없느냐?"고 물으니 "도시를 횡단하는 많은 강으로 건설에 어려움이 많았을 것이다."라는 대답을 한다. 하지만, 도시 구석구석을 연결하는 오랜 전통의 전차는 편리한 대중교통으로 사랑받고 있다. 히로시마에 인접한 해군 군사유적지 구레까지 배편으로 갈 수 있는 터미널도 전차노선이 연결되어 있었다.

원폭기념관에서 본 지옥의 불구덩이

Trip Tips

히로시마 원폭기념관은 기요바시 강 옆의 넓은 평화공원 내에 있다. 폭탄투하 원점에서 유일하게 살아남은 상업전시관 건물이 뼈대만 앙상하게 남은 원폭 돔(Atomic Bomb Dome) 유적으로 바뀌었다.

전범 국가의 상징물인 원폭 돔은 1966년 세계문화유산으로 등재되었다. 이 전쟁 비극의 실마리를 누가 제공했는지는 전혀 언급이 없다. 독일 베를린 중심부의 유대인학살 추모기념관(Holocaust Memorial)이 주는 반성의 메시지와는 너무나 다르다. 원폭기념관 입구에 들어서면, 1945년 8월의 평화로운 히로시마의 일상이 발아래 영상으로 펼쳐진다.

까르르 웃는 여중생들의 학교 수업, 느릿느릿 지나가는 시내 전차, 아기를 등에 업고 빨래하는 아낙네들…. 그 순간 하늘에서 번쩍하는 섬광이 비치면서 무서운 폭풍이 몰려왔다. 잠시 침묵이 흐른 후, 새로운 영상에서 히로시마는 순식간에 사라졌고, 폐허 더미의 돌무더기만 남았다. 이어서 전시실은 새까맣게 타버린 젖가슴을 아기에게 물리고 있는 여인, 알몸의 참혹한 화상 환자, 강물에 떠다니는 시신, 그리고 생존자 증언 사진을 펼쳐 놓는다.

히로시마 평화공원 전경. 멀리 원폭기념관 (사진 오른 편)이 보인다.

원자폭탄 위력과 지하실 생존자 증언

인류 최초의 원자폭탄 투하 순간을 묘사한 전시실 설명문이다. 1945년 8월 6일 08:16분, 상상도 할 수 없는 백열광이 히로시마 하늘을 삼키면서 강하게 번쩍였다. 엄청난 열에 가열된 압축공기가 초속 370m의 속도로 퍼져나갔다. 폭심에서 3.2km 이내의 목조 건물은 순식간에 화염에 휩싸였다. 불덩어리 온도는 무려 섭씨 30,000도. 시멘트 건물의 표면이 모두 녹아내렸다. 높이 4,600m의 버섯구름이 솟아올랐고, 무서운 화염과 폭풍이 끝나면서 검은 빗방울이 떨어졌다. 이 비를 맞은 사람의 피부는 씻어도 지워지지 않는 회색 반점이 생겼다. 방사능에 오염된 독성물질이라는 것을 아는 사람은 아무도 없었다.

원자병의 후유증은 심각했다. 백혈병 · 만성빈혈증, 알 수 없는 불치병으로 많은 시민이 죽어갔다. 하지만, 2번의 원폭 세례 속에서도 살아남은 억세게 운 좋은 생존자도 있었다. “8월 9일 아침, 3일 전 히로시마의 악몽을 경험한 모리모토는 화물열차를 타고 고향 나가사키에 도착했다. 오전 11시 2분, 그가 아내에게 히로시마 참상을 이야기하는 순간 또다시 푸른 섬광이 찾아왔다. 나가사키에 투하된 두 번째 원폭 투하였다. 털썩 주저앉은 모리모토는 아내와 어린 아들을 지하실로 밀어 넣었다. 주위의 땅이 심하게 흔들렸지만, 모리모토네 가족은 살아남을 수 있었다.”라고. 마지막 전시실에는 강대국의 핵무기와 북한 핵실험의 위험성을 상세하게 언급한다.

정작 한국에는 히로시마 원자탄보다 수십 배의 파괴력을 가진 북핵 위험성을 구체적으로 경고하는 전시관이 단 한 곳도 없다.

평화공원의 구석진 곳에 2만 한국인 희생자위령비가 외롭게 서 있다. 1970년 재일교포들의 모금으로 건립된 기념비에는 한인 원폭 피해자들에 관한 관심을 간절하게 호소하고 있었다.

원자폭탄 투하 후의 무역전시관(원폭 돔) 주변 전경.

히로시마 성 전시관의 일본군 변천 역사

원폭기념관에서 멀지 않은 곳에는 관광명소 히로시마 성이 있다. 1589년 오타 강 삼각주 가운데에서 축성을 시작하여 1599년에 완성되었다. 1894년 청일전쟁 시 이곳에는 전쟁을 지휘하는 대본영과 제5사단 사령부가 들어섰다. 제5사단은 청일 · 러일 · 중일전쟁 시 한반도를 거쳐 전쟁터로 나갔다. 일본의 청일전쟁 승리는 동아시아의 전통적인 '중국 중심질서'에 종지부를 찍었다. 동시에 동북아에 전쟁의 회오리를 일으키며, 태평양전쟁의 씨앗을 발아했다. 5층 높이의 천수각은 성곽축성과 일본군 역사

1900년대 초 히로시마성 주변의 일본군 병영 전경.

사진자료 전시관으로 활용되고 있다.

1900년대 초의 히로시마성 병영 모습은 서울 용산공원의 군사시설과 너무나 유사했다. 1895년 146,590명이었던 일본군 병력이 1905년 러일전쟁 시에는 1,034,969명, 1945년 태평양전쟁이 끝날 무렵에는 8,263,000명의 거대한 군대로 변모했다. 원폭 투하는 천수각을 포함한 군사시설을 흔적도 없이 날려 버렸다. 단지 해자 옆 방공경보본부 벙커만은 온전하게 버티었다. 전시 인력이 부족했던 일본군은 히로시마 여고생들을 경보대원으로 활용했단다. 천수각 복원 공사 시 이 벙커는 군사유적으로 지정되어 전쟁역사를 후손들에게 전하고 있다.

히로시마 성내의 일본 대본영 유적지.

전쟁 후 복원된 히로시마성과 주변 전경

친절한 일본인, 집단주의 일본국민

해자로 둘러싸인 히로시마 성을 나오면 우거진 숲속에 미술박물관이 있다. 일본 관광지 주변은 대부분 공원으로 꾸며져 있거나 박물관·놀이터로 잘 연결되어 있다. 온종일 기념관·성곽을 찾아다니다 보니, 어느덧 어둑어둑한 저녁이 되었다. 전차정류소를 다시 찾아가기보다는 택시를 이용하기로 했다. 그러나 흔하게 보이던 빈 택시를 도저히 잡을 수 없다. 퇴근 시간의 택시 승차는 일본도 마찬가지 어려운 모양이다.

자전거를 타고 가던 여성에게 택시 승강장을 물으니 "Follow me!"를 외치며 앞장선다. 사거리 모퉁이에서 잠시 기다리라고 한 후, 그녀는 자전거를 타고 가서 아예 택시 한 대를 끌고 왔다. 이처럼 일본인의 친절함은 몸에 배어 있다. 하지만, 과거 그들의 선조들이 어떻게 이웃 국가를 잔인하게 침탈했는지 정말 이해하기 힘들었다.

한국공군 전투기가 최초로 날개짓한 후쿠오카

후쿠오카는 서울에서 매일 항공편이 오가는 인구 160만 명을 가진 규슈의 도시다. 이 도시에는 후쿠오카 성곽이 역사유적지로 남아있고, 향토박물관에는 태평양전쟁 자료들이 많이 있다. 특히 후쿠오카(이다즈께) 비행장은 6·25전쟁 당시 한반도에 최초로 파병된 미군 스미스 기동부대의 출정지다. 또한, 1950년 7월 3일 한국공군이 처음으로 F-51 무스탕 전투기 10대를 미군으로부터 인수받은 곳이기도 하다. 전쟁 중 미 공군 출격기지였던 이 공항 앞바다에 피격당한 많은 항공기가 귀환 중 추락하곤 했다. 현재 키타큐슈시(고쿠라)에는 일본인들이 건립한 UN군 참전기념비도 있다.

후쿠오카 타워에서 내려다본 시내 전경.

키타큐슈시(고쿠라) 인근의 유엔군 참전 기념비 전경

한인 교민이 말하는 일본, 일본인

후쿠오카는 지하철과 시내버스가 거미줄처럼 잘 연결되어 있다. 공항에서 지하철로 시내 중심부까지는 불과 10분밖에 걸리지 않는다. 시내버스는 탑승 거리에 따라 차비가 다르며, 요금 수준도 한국과 비슷하다. 깔끔한 제복의 운전기사가 버스 출발 전, 손가락으로 좌·우측 반사경을 가리키며 혼자 중얼거린다. 주변의 위험요소를 사전 확인하는 절차다. 승객이 있건 없건 모든 정류소에서 예외 없이 이 의식은 반복된다. "좌·우선 이상 무!"를 외치는 사격장 안전수칙과 비슷하다.

'니스테츠' 버스회사의 무사고 운행을 위한 오랜 전통이란다. 숙소 옆 식당가에서 한국음식점 주인 C씨를 만났다. 그는 20년 전 후쿠오카로 건너와 식당을 운영했지만, 코로나 팬데믹으로 큰 어려움을 겪었다. 일본학교에 다닌 자녀들은 곧 일본 국적을 가질 것이란다. 직장을 얻기 위한 선택이라고 한다. C씨는 자신이 경험한 일본인 특성을 이렇게 이야기했다. "일본인은 자신의 평판에 흠이 생기는 것을 매우 염려한다. 남의 입방아에 오르내리지 않기 위해 신경을 쓰며, 맡은 일에 철두철미하다. 이런 영향으로 일본 어디를 가더라도 100년 넘은 라멘집을 쉽게 볼 수 있다. 심지어 22대를 이어온 400년 전통의 초밥집이 교토에 있다."라고 했다.

이중 · 삼중의 방어벽을 가진 후쿠오카 성

초등학생들이 부모의 손을 잡고 등교하는 아침 거리풍경은 한국과 다를 바 없다. 1884년에 개교한 케고(Kego)초등학교에는 '2024년 개교 140주년' 현수막이 붙어있다. 학교 입구에는 장작 지게를 지고 책을 읽고 있는 소년 동상이 있다. 옛날 가난한 가정환경을 극복하고 부농이 된 이 학교졸업생이란다. "성실, 근면"의 덕목을 교육하는 동상이다. 오호리 공원의 후쿠오카 성은 유명한 역사유적이다. 1601년 축성공사를 시작하여 1607년에 완공된 이 성은 메이지 유신 때 폐쇄되었다. 폭 50m가 넘는 넓은 해자와 높이 20m의 외성을 거쳐, '갈지(之)' 형태의 길을 따라가면 비로소 내성이 나타난다. 성안에는 장기전에 대비한 우물을 곳곳에 준비했고, 40개의 성루도 세워졌다. 이중·삼중의 방어벽을 뚫는 것이 불가능할 정도의 완벽한 요새였다.

후쿠시마 성의 마지막 방어벽인 내성 전경

한국에 관심 많은 일본의 신세대

후쿠오카 무사들의 훈련장이었던 해자와 외성 사이의 넓은 공터는 놀이터·야구장·축구장으로 변했다. 초원처럼 가꾸어진 잔디밭, 깨끗한 호수, 울창한 수목은 휴식공간으로 사랑받는다. 공원 곳곳에는 성터역사 해설판이 있고, 성곽 아래 운동장에서는 축구동아리가 열띤 경기 중이다. 휴식시간에 만난 청년들이 한결같이 한국 유명 축구선수들의 이름을 들먹인다. 후반전 경기를 구경하던 중 골대를 벗어나 멀리 달아나는 축구공을 손으로 쳐서 운동장 안으로 넣어 주었다. 선수들이 일제히 한국말로 "감사합니다!"를 외치며 손을 흔든다. 양국 간의 뼈아픈 과거사도 활발한 문화교류와 적극적인 대화의 물꼬를 튼다면, 화해의 길로 나갈 수 있다는 생각이 들었다.

후쿠시마 외성 아래의 축구장 전경.

후쿠오카 향토박물관의 전쟁역사

후쿠오카 타워 근처의 향토박물관에는 전쟁역사가 잘 정리되어 있다. 한반도와 가까운 이 도시는 고대부터 활발한 무역 교류가 있었지만, 일본의 대륙침공 발진기지이기도 했다.

후쿠오카 중앙역이 있는 하카다는 임진왜란 당시 군수물자 집적소였다. 전시실에는 왜군진격로, 동래성 전쟁화, 거북선, 무기류가 진열되어 있다. 일본 근대화 전시실에는 서구식 건물, 가로등, 자동차 등장에 일본인들이 환호하고 있었다.

그러나 태평양전쟁 시기 비참했던 시민 생활도 생생하게 소개했다. 1944년 6월 15일, 최초로 미군 B-29가 북규슈를 공습했다. 항속거리 7300km, 고도 1만m 상공을 비행하는 신형폭격기의 소낙비 같은 폭탄 세례에 일본군은 속수무책이었다. 불길을 잡기 위해 기껏 물에 적신 헝겊 보호대를 쓴 시민들을 동원하는 것뿐이었다. 당시 일본의 전시 생활을 보여주는 기록이다. "시민들은 '적기 편대 북상 중!'이라는 라디오 정보가 있으면, 자전거 · 손수레에 신변용품을 가득 싣고 교외로 도주했다.

암시장 식료품값은 천정부지로 치솟았고, 집집마다 남편 · 자식의 전사 통지서가 날아들었다." 한국의 향토박물관에서는 이런 과거의 지역전쟁역사를 보여주는 경우는 거의 없다. '전쟁 언급' 자체를 기피하는 한국 특유의 사회적 분위기 때문이다.

임진왜란 당시의 왜군 무기류 전시물.

향토박물관에 전시된 임진왜란 당시의 왜군 갑옷.

한국공군 역사속의 후쿠오카 공항

후쿠오카 공항 출국청사행 순환버스는 한국 관광객들의 온천 여행과 일본명소 이야기로 시끌벅적했다. 하지만 이 비행장이 한국공군 역사와 관련된 장소라는 것을 아는 사람은 거의 없었다. 1950년 6월 북한군 기습남침으로 치열한 전투가 벌어지자, 미군은 한국군에게 전투기를 제공하겠다고 했다. 6월 26일, 한국조종사 10명이 급히 이곳 후쿠오카(이다즈께) 비행장으로 건너왔다.

우천으로 비행 훈련이 불가능하다가 7월 2일 날씨가 좋아지자, 겨우 20~30분 이착륙 훈련만을 끝냈다. 북한군이 한강을 넘어선다는 다급한 전황 소식에 선임장교 이근석 대령은 빠른 귀국을 결심했다. 기종전환 훈련이 생략되고, 태극마크가 그려진 F-51 10대가 대한해협을 건넜다. 대구기지로 비행하는 동안 "우리도 이제 전투기를 가졌다!"라는 감격으로 조종사들은 뜨거운 눈물을 흘렸다. 6·25전쟁 초기 연습기 22대와 병력 1600명을 가졌던 공군이 1953년 7월에는 79대의 전투기를 포함한 항공기 110대와 병력 11,461명의 규모로 성장했다. 그리고 70년이 지난 현재 한국공군은 최신예 전투기와 방공전력을 가진 세계 수준급의 일류군대가 되었다. 세계역사에서 엄청난 예산이 수반되는 공군이 이처럼 단기간에 발전한 사례는 없다.

공군 발전상이 곧 대한민국의 기적을 대변한다. 많은 한국 관광객들이 오가는 후쿠오카 공항청사 한편에 한국공군 최초의 전투기 인수와 미 스미스 기동부대에 얽힌 이야기를 소개하는 작은 표지판 하나라도 있었으면 하는 아쉬움이 남았다.

제주 항공우주박물관의 F-51 무스탕 전투기 모습.

후쿠오카(이다즈께) 공항청사와 활주로 전경.

러시아 연해주

Primorsky Krai

조선의 영토 녹둔도 러시아가 '꿀꺽!'

시베리아 횡단 열차의 출발점 블라디보스토크역 전경.

러시아 연해주! 지금은 남의 땅이지만, 고구려 유민들이 발해를 세운 곳이다. 또한, 선조들이 일제에 맞서 독립 투쟁을 벌인 주무대였지만, 1937년 스탈린에 의해 많은 한인이 강제로 중앙아시아로 끌려갔다. 황량한 들판에 버려진 이들은 토굴을 파서 추위를 피하고, 황무지를 개간했다. 숱한 이주민들이 굶어 죽고 얼어 죽었지만, 벼농사를 전파했고 민족의 정체성을 유지했다.

1991년 소련이 무너지자, 일부 이주 한인들이 타향살이의 설움을 씻고 다시 연해주로 귀향하였다. 만주와 연해주의 광활한 땅은 수천 년에 걸쳐 우리 민족의 삶터였다. 그 땅은 끊임없이 우리의 귀소본능을 자극한다. 이번 러시아 편은 연해주와 바이칼 지역의 전쟁역사를 연재하고자 한다.

변방 연해주의 러시아 국경 세관

중국 훈춘의 국경 세관을 통과하면 바로 건너편에 러시아 세관이 있다. 허름한 건물 속의 근무자 태도는 느긋하다. 여권검사가 끝났지만, 버스 안에서 하염없이 기다려야만 했다. 중앙정부와 수천 km 떨어진 변방 연해주의 낙후성을 그대로 보여준다. 권총으로 무장하고 오리처럼 뒤뚱거리며 오가는 여성 세관원에게 지루하다는 자세를 보여도 소가 닭 쳐다보듯 전혀 신경 쓰지 않는다.

1시간 이상을 세관에서 머문 버스가 드디어 자루비노항으로 출발했다. 광활한 평원을 가로지르는 도로에서 멀지 않은 곳에 두만강하구의 녹둔도가 있다. 군사지역으로 선포된 이 지역에 민가라고는 찾아볼 수 없다. 인적없는 넓은 초원과 구릉은 그대로 방치되어 있다. 대규모 개간을 통해 농산물을 생산하려 해도 값싼 중국산에 경쟁 상대가 되지 않는단다. 공단 조성 역시 배후도시 건설이나 물류 인프라 고려 시 쉽지 않을 것 같았다. 하지만, 이순신 장군의 첫 부임지이며 선조들이 애써 가꾸어 온 녹둔도가 어이없이 러시아에 넘겨진 것은 부끄러운 우리 역사의 한 페이지이다.

초원과 구릉이 많은 광활한 연해주 전경

청 · 러 국경조약과 조선의 녹둔도

Trip Tips

녹둔도는 32km² 크기로 서울 여의도의 4배 정도다. 조선 시대 다양한 기록물은 녹둔도를 경작지이자 변방 거점으로 묘사한다. 1587년 여진족이 대거 침공해 왔을 때, 만호 이순신은 사력을 다해 이 땅을 지켰다. 세월이 흐르면서 녹둔도는 두만강 범람으로 러시아 연해주와 이어졌다.

1860년 러시아가 아편전쟁 중재를 구실로 청나라를 압박하면서 베이징 국경조약을 체결했다. 어이없게도 청나라는 남의 땅 녹둔도를 러시아에 넘겨버렸다. 조선 정부는 이 사실을 까맣게 몰랐다. 청 · 러 조약에 아랑곳하지 않고 조선인의 녹둔도 · 연해주 이주는 계속되었다. 대한제국이 뒤늦게 러시아에 녹둔도 반환을 요청했으나 번번이 묵살당했다.

1885년에 118가구 822명의 조선인이 이 섬에 거주했다. 러시아인은 단 한 사람도 없었다. 최근 확인된 녹둔도 토성 안쪽에는 경작지로 사용한 밭이랑이 뚜렷이 남아 있다. 주변에는 주인 잃은 집터와 연자방아, 가마솥, 항아리 파편이 곳곳에 있단다. 녹둔도는 러시아에 빼앗겼지만, 엄연히 그곳은 우리 선조들의 땅이었다.

신천지를 찾아온 연해주의 조선인

1800년대 중반 조선은 반복되는 흉년과 관리의 수탈로 백성들은 말할 수 없는 고통을 당했다. 1863년에는 함경도 농민 13가구가 가난을 피해 두만강을 건너 최초로 연해주로 이주했다. 러시아도 황무지나 다름없는 이곳을 개척하기 위해 한인 이주를 허용하는 동시에 토지까지 제공했다.

1874년 블라디보스토크 해안가 개척리에는 한인촌이 생겼다. 하지만, 1911년 콜레라 창궐을 구실로 도시 서북쪽의 신한촌으로 한인들을 강제 이주시키고 그 자리에 러시아 기병단이 들어섰다. 한인 이주는 해마다 증가하여 1882년에 1만 명, 1908년에 5만 명, 1926년에는 20만여 명에 달했다. 1999년 3 · 1운동 80주년이 되는 해에 신한촌 기념비가 옛터 부근에 건립되었다.

세 개의 돌비석은 한국 · 북한 · 고려인을 의미한단다. 이곳 유적지는 자기 할아버지의 고향이 평양이라는 고려인이 관리하고 있다. 주변에는 '서울 거리'까지 있었지만, 100여 년 전 선조들의 삶의 흔적을 찾기는 쉽지 않았다.

1999년에 건립된 신한촌 기념비 전경.

러시아의 태평양 진출 역사

블라디보스토크 여행객들이 빠지지 않고 들리는 곳이 해발

240m의 독수리전망대다. 서울의 남산처럼 시내와 항구를 한꺼번에 조망할 수 있다. 군항을 외해에서 방어하는 루스키섬을 연결하는 해상교량과 정박 중인 군함도 눈 아래 보인다.

1992년 소비에트 연방이 해체되기 이전에는 외국인은 물론 러시아인도 출입이 통제될 정도로 폐쇄적인 도시였다. 넓은 영토를 가진 러시아는 19세기 중반까지 태평양지역의 연해주에 큰 관심을 가지지 않았다. 그러나 1891년 3월, 시베리아 횡단철도의 블라디보스토크 착공식에 황태자 니콜라이가 참석하면서 본격적인 개발이 시작되었다. 1916년 모스크바까지 9,300km의 대륙횡단철도가 완공됐고, 항구도 확상했다. 1882년 철도부설 계획을 세울 때까지 연해주의 러시아인은 8,400여 명에 불과했다.

1908년 철도가 부분 개통되자 38만 명이 되었다. 공사가 완전히 끝나자, 러시아인 인구는 기하급수적으로 증가하여 완전히 연해주를 장악했다. 이런 과정에서 블라디보스토크는 러일전쟁, 제1차 세계대전, 적백내전, 태평양전쟁에서 가장 중요한 군항으로 부상하였다.

독수리 전망대에서 본 블라디보스토크 시내 전경.

군항 블라디보스토크의 군사유적

블라디보스토크에는 러일전쟁부터 제2차 세계대전까지의 다양한 군사유적이 산재해 있다. 루스키섬 해안포대, 요새박물관, 중앙(혁명)광장의 전몰장병 기념비와 추모 불꽃, 잠수함박물관 등이 대표적인 유적지다.

특히 중앙광장은 1937년 10월, 강제이주를 위한 고려인들의 집합장소이기도 했다. 연해주 곳곳에 건립된 제2차 세계대전 전몰자 명비에서 "Kim(김), Ri(이), Park(박)" 등 한국인 성씨를 쉽게 발견할 수 있다. 소련군으로 징집된 한인들의 후예로 추정된다. 러시아 대학에 유학 준비 중인 안내인 K씨는 이 도시의 서민 생활을 이렇게 소개했다.

"현지인들의 생활은 넉넉하지 못하다. 교사들도 적은 월급으로 생활이 어려워 대부분 정부에서 허용한 과외수업을 병행한다. 많은 청년이 급여 수준이 더 높은 모스크바나 상트페테르부르크로 떠난다." 오늘날에도 러시아에서 유행하는 우스개 이야기다. 스탈린 시대 빵을 배급받기 위해 줄을 길게 섰던 시민들의 불만이 극에 달했다. 일부 시민이 스탈린을 죽이러 가겠다고 하니, 옆 사람이 만류하면서 "그곳 줄이 훨씬 더 길어 다시 돌아왔다."라고 했다.

Trip Tips

스탈린이 통치한 1922년부터 1953년 사이 처형당한 국민이 무려 4500만 명. 공산 독재 70년의 후유증을 고스란히 오늘날 후손들이 짊어지고 있었다.

잠수함 박물관 전경. 뒤편에 전몰용사 명비가 보인다.

비극으로 점철된 연해주의 한인 이주역사

'동방을 지배하라'라는 뜻의 블라디보스토크는 러시아 극동의 최대 도시다. 북극해와 태평양을 잇는 북방항로의 종점이며, 시베리아 횡단 열차의 출발점이다. 1856년 러시아인이 이곳을 발견한 후, 항구와 도시건설이 시작되었다. 시베리아 철도(1891년~1916년)가 개통되면서 모스크바와의 교통망이 이어졌다.

1918년 봄부터 1922년까지는 공산혁명 진압을 위해 미국 · 일본 · 체코 등의 외국군대가 이 도시를 점령하기도 했다. 또한, 제2차 세계대전 당시 소련이 연합군으로부터 전쟁물자를 지원받는 보급기지였다. 숙소에서 만난 한국 여행객 일부는 '별로 볼 것 없는 도시'라고 푸념한다. 한민족에 얽힌 이곳 역사에 약간의 관심을 가졌으면 하는 아쉬움이 남았다.

무역 · 관광도시 블라디보스토크

블라디보스토크에서는 대형백화점이나 쇼핑센터는 보기 힘들다. 외국인을 위한 면세품 상점도 창고형 건물에서 주류, 식품 등 생필품 위주로 판매한다. 일반 시장에서 거래되는 쌀 · 감자 · 채소류는 대부분 중국산이다.

태평양을 끼고 있는 항구라는 특성으로 시베리아산 꿀, 캘리포니아산 건포도, 호주산 분말 우유도 쉽게 볼 수 있다. 연해주에서는 한국산 TV · 오디오 등 가전제품이 인기가 높다. 상대적으로 가격도 저렴하고 성능도 우수하단다. 블라디보스토크 군항이 개방되면서 한국 · 중국 · 일본 등 아시아 태평양 국가들과 활발한 교류가 이루어지고 있다. 모스크바 쪽보다 지리적으로 가깝고 교역조건도 유리하기 때문이다.

무역과 물류 거점에 이어 관광도시로도 떠오르는 이곳에는 1990년 한 · 소 수교 이후 한국 총영사관과 무역관이 설치되었다. 특히 2012년 에이팩(APEC) 정상회담 이후, 한국 기업들의 진출이 가속화되고 있다. 호텔이나 시내에서는 만나는 단체여행객 대부분은 한국인들이었다.

블라디보스토크 루스키 섬과 태평양 전경.

연해주 한인들의 치열한 항일운동

러시아 연해주는 국내외를 걸쳐 항일운동이 가장 활발했던 지역이다. 안중근·홍범도가 의병장이 되어 두만강 유역에서 투쟁했고, 재러 동포들은 이들을 지원했다. 1909년 10월 26일, 안중근의 이토오 히로부미 암살은 동포들의 민족의식을 크게 고취하였다. 강인한 한민족의 후예들은 낯선 땅 연해주에서 집을 짓고 학교를 세우고 언 땅을 개간하여 옥답으로 만들었다. 그리고 조국의 독립을 위해 물심양면 모든 것을 바쳤다.

1919년 3월 17일, 국내외에서 최초로 블라디보스토크에서 '대한국민의회'라는 정부를 조직했다. 그 후 만주와 국내 독립단체와 연계해서 항일운동을 추진하던 중, 이 조직은 상해임시정부와 통합하였다. 그러나 재러 동포의 활발한 항일투쟁은 1920년 4월, 일본군의 블라디보스토크 신한촌과 우수리스크 한인 거주지의 습격으로 일시 정체 상태에 빠졌다. 우수리스크에서는 대한민국 임시정부 재무총장인 최재형이 일본군에 의해 처형당하기도 했다.

연해주 단지동맹 기념 유적지 전경

비극으로 점철된 연해주 한인 역사

Trip Tips

일제강점기와 구소련체제에서의 한인 역사는 비극으로 점철됐다. 신한촌 기념비는 조국 없는 백성들의 수난사를 이렇게 전하고 있다. 1910년 조선이 일본에 강점되자, 한인들은 졸지에 국적 없는 망국인이 되었다. 일부는 러시아에 귀화했지만, 조국 해방을 기다리며 끝까지 무국적자로 남은 한인들도 많았다.

특유의 개척정신과 성실성으로 사회적 차별을 극복하고, 경제적 부(富)를 축적한 한인도 많았다. 1920년 블라디보스토크는 러시아 혁명의 열기 속에 싸여 있었다. 공산혁명은 성공했지만, 이 도시는 적백 내전의 최전선이었다. 한인 다수는 식민지 해방을 공언하는 적군의 편에 섰다. 백군을 지원하는 일본군에 맞설 수밖에 없었다. 1920년 4월 5일 새벽 4시, 일본군이 신한촌의 한민학교에 주둔한 적군을 기습 공격했다. 일본군은 한인들을 끌어내어 벤젠을 뿌려둔 학교건물에 가두고 불을 질렀다. 러시아 신문『크라스노예즈나미아』는 그 참상을 이렇게 보도했다.

"마당과 큰 거리에는 주검이 산을 이루었고, 가축도 많이 쓰러졌다. 신한촌에는 온전한 집이 하나도 없으니 그 참혹한 광경을 눈으로 도저히 볼 수 없었다."라고. 뒤이어 소련 정권은 악착스럽게 모은 한인들의 사유재산을 '평등'의 명분으로 몽땅 빼앗았다. 숨 막히는 공산체제에서 이들에게 또 다른 비극이 닥쳐왔다. 1937년 10월, 스탈린이 일본으로부터 극동을 지켜낸다는 명목으로 한인들의 강제이주가 단행됐다. 보따리를 머리에 이고 아이들의 손을 잡은 채 영문도 모르고 시베리아행 화물열차에 짐짝처럼 실어졌다. 중앙아시아로 강제이주를 당한 한인은 무려 17만 2000명. 질곡의 역사 속으로 내팽겨 처진 약소민족에게 관심 가져 주는 사람은 아무도 없었다.

안중근 의사와 단지동맹비

안중근 기념비와 12명의 애국열사 기념석

블라디보스토크에서 두만강 방향으로 버스로 수 시간을 달려 안중근의 단지동맹 유적지에 도착했다. 넓은 평원 위의 기념비 주변에는 한국 교장 선생님들의 단체 답사단이 이미 와 있었다. 연해주 독립 유적지 중 한국인들이 가장 많이 찾는 곳이다. 단지동맹 기념비는 뚝뚝 떨어지는 핏방울을 형상화했고, 12명의 혁명동지를 상징하는 돌비석이 있다. 1909년 2월 7일 연해주에서의 단지동맹 결성에 대한 안중근의 자서전 내용이다. “우리가 국권을 잃은 후, 아무 일을 이루지 못하면 남의 비웃음을 면하기 어려울 것이다. 오늘 몸과 마음을 나라를 위해 바칠 것을 모두 손가락을 끊어 맹세합시다. 주저 없이 열두 사람이 왼손 약지를 끊어, 그 피로써 태극기 앞면에 글자 넉 자를 크게 쓰니 ‘대한독립’이었다.” 단지동맹은 1914년 8월 23일자 연해주『권업신문』에 게재되어 한인들에게 큰 감동을 주었다.

루스키 섬의 러시아 해안포대 유적

Trip Tips

블라디보스토크 건너편에는 5000여 명의 주민이 사는 루스키 섬이 있다. 군항의 방파제 역할을 하면서도, 적의 접근을 미리 탐지할 수 있는 전초기지이기도 하다.

바다의 풍광을 보며 걷는 트레킹 코스로 유명하지만, 주변 곳곳에는 해안포대 유적도 많다. 1905년 러일전쟁에서 패배한 후, 일본의 재침에 대비하여 1934년에 축성됐다. 출입이 허용된 캄캄한 포상 내부로 들이가니 천정에는 박쥐가 붙어 있다. 바다를 향해 내밀고 있는 거대한 해안포도 일부 남아 있다. 90년 세월이 흘렀지만 엄체호 두께, 포상 넓이를 고려 시 유사시에는 재사용이 가능할 것 같았다. 이 섬에는 세계 100대 명문대학에 속한다는 극동연방대학교도 있다.

루스키 섬의 극동연방대학교 입구 전경.

여행객은 정문에서 사진 촬영만 가능하고 교내 출입은 제한된다. 2012년 에이펙 정상회담을 이곳에서 마친 후, 시내에 있었던 이 대학이 이전해 왔단다. 현재 한국의 33개 대학에서 교환학생을 보내고 있으며, 북한 학생들도 다수가 재학 중이다.

블라디보스토크 항구에 정박 중인 러시아 군함.

대한독립군의 완벽한 궤멸 '자유시 참변!'

복잡하지 않은 블라디보스토크 시내 분위기는 방문객의 마음을 편안하게 해준다. 항구와 바다를 쳐다보며 해변에서 느긋하게 망중한을 즐기는 관광객들을 쉽게 볼 수 있다. 오가는 시민들과 흥정하며 물건을 파는 재래시장은 한국 시골장과 같은 느낌을 준다. 하지만, 100여 년 전 블라디보스토크는 적백내전의 와중에 일본 · 미국 · 영국 · 이탈리아 · 프랑스 · 중국 · 루마니아 · 폴란드 · 체코 등 서방 열강들이 치열한 국익 다툼을 했던 역사적인 도시였다. 그 가운데서 나라 뺏긴 한인들은 흡사 어미 잃은 송아지 떼처럼 그저 울부짖기만 했다.

고려인의 연해주 재이주 사연

채소와 반찬거리를 파는 50대의 고려인 여성은 7년 전 우즈베키스탄에서 이곳으로 이주해 왔단다. 같은 피부색에 언어까지 통하니 금방 친근해진다. 타슈켄트보다 이곳 물가가 비싸 어려움이 있으며, 극동연방대학에 다니는 아들의 등록금 마련도 쉽지 않다고 했다. 하지만, 중앙아시아의 이슬람교 부흥, 취업 및 교육기회 제한, 고향에 대한 향수, 한국과의 근접성 등의 이유로 많은 고려인이 연해주로 재이주한단다. 선진국 반열에 올라선 한국도 과거 한인들이 겪은 고통의 세월을 보듬어 주는 차원에서 이들에게 더욱 관심을 갖는 것이 필요하다. 더구나 세계로 뻗어가는 한국기업의 현지 인재 충원에도 고려인들은 많은 도움이 될 것 같았다.

고려인 문화센터의 항일투쟁 전시실

블라디보스토크에서 110km 떨어진 우수리스크는 인구 20만 명 중 고려인이 약 2만이다. 아침부터 버스로 이동했지만, 항일 유적지와 일·소전쟁 격전지에 들리다 보니 저녁 무렵 우수리스크에 도착했다. 고려인들이 많이 있다 보니 자연스럽게 한국인 방문이 빈번한 도시이다. 연해주 유일의 고려인 문화센터는 한국 정부가 지원하여 2009년에 완공되었다.

시베리아 횡단열차가 통과하는 우수리스크 역 청사 전경.

넓은 부지에 역사전시관을 포함하여 강의실, 체육관, 식당, 숙소, 진료실 등 다양한 시설이 있다. 해마다 많은 한국 학생들이 이곳에 머무르며 봉사활동을 한단다. 1층 입구의 역사관은 고구려·발해역사, 청·러 국경 재설정, 연해주 이주과정, 안중근 의사, 스보보드니(자유시) 참변, 중앙아시아 강제이주를 자세하게 설명한다. 특히 자유시 참변의 독립군 소멸과정 전시물은 너무나 안타까운 마음이 들었다. 이 사건으로 만주·연해주의 항일무장 투쟁은 사실상 막을 내렸다.

우수리스크 시청사와 적백내전 상징 동상 전경.

우수리스크의 고려인 문화센터 전경.

자유시 참변과 대한독립군 와해

1920년 10월 청산리 대첩이 끝난 후, 일본군 추격을 따돌린 독립군 3,500명은 중·러 국경 부근 밀산(密山)에 집결하였다. 보급의 한계로 지칠 대로 지친 독립군은 '약소민족 해방'을 내세우는 공산주의자의 달콤한 유혹에 러시아령 자유시로 발길을 옮겼다. 당시 이범석 장군은 공산주의에 의존하는 것은 위험하다고 적극적으로 반대했다. 적백내전이 끝나가자, 소련공산당은 독립군 무장해제와 부대 개편을 요구했다. 이에 찬성파와 반대파로 내부는 분열되었다.

1921년 6월 28일 새벽, 적군(赤軍)의 무자비한 진압으로 독립군은 전사 272명, 익사 34명, 행방불명 250명, 포로 917명의 참담한 피해를 입었다. 필사의 탈출을 시도하던 많은 독립군이 근처 제야강을 건너면서 익사했다. 잔여 병력은 바이칼 근처 이르쿠츠크로 이송되어 '고려혁명군' 이름으로 적군 제5군단에 편입되었다. 생존 포로 500여 명은 시베리아 벌목장으로 끌려갔고, 50명은 징역형에 처해졌다.

대한독립군은 어이없이 이렇게 소멸됐다. 이후 조직적인 무장투쟁은 사라졌고, 상해임시정부는 공산주의자와의 연합을 두 번 다시 시도하지 않았다. 만약 자유시 참변이 없었다면, 만주사변·중일전쟁에서 독립군은 대규모의 광복군으로 재탄생하여 끝까지 투쟁했을 것이다. 이런 피의 대가로 태평양전쟁이 끝나면서, 한국도 당당히 승전국 반열에 오를 수도 있었다.

독립군이 와해된 자유시 참변 현장의 급수탑 전경.

수이푼 강변의 이상설 유허비

우수리스크 수이푼강 근처에 이상설 선생 유허비가 있다. 연해주를 방문하는 한국인들이 많이 들리는 항일 유적지다. 어제 단지동맹비에서 본 교장 선생님 단체를 다시 만났다. 해외여행에서 2번, 3번 다시 만나는 사람들은 대개 관심 분야가 비슷하다. 이구동성으로 '헤이그 밀사 사건'을 재인식하게 되었단다. 1907년 6월 15일, 네덜란드 헤이그에서 만국평화회의가 열렸다.

을사늑약의 강제체결과 외교권 박탈의 부당성을 세계에 호소하기 위해 고종의 밀사 이상설 · 이준 · 이위종이 회의장에 들어섰다. 그러나 '초대받지 않은 손님'으로 쫓겨났다. 미 · 영 · 러 · 일의 이해관계가 얽히고설킨 상황에서 대한제국에 관심을 가져주는 나라는 아무도 없었다.

이준은 분함을 이기지 못해 숨을 거두었고, 7월 18일 고종은 강제 퇴위당했다. 이듬해 대한제국 군대까지 해산되었다. 1917년 48세 나이로 요절한 이상설의 유해는 화장하여 수이푼 강물에 뿌려졌다. 조국 해방을 위한 애국 충절의 이상설 유허비 글귀가 답사단 마음을 뭉클하게 만들었다.

이상설 선생 유허비와 한국인 답사단 모습.

일본군 바이칼 진격과 한인 학살

1917년 러시아의 공산혁명이 성공하자, 백군(白軍) 지원을 명분으로 일본군이 시베리아로 출병했다. 내심으로는 한인 독립운동과 빨치산 제거로 광대한 러시아 영토를 확보하자는 목적이었다. 1918년 4월, 일본육군 제 3·7·12사단이 블라디보스토크에 상륙했다. 이미 러일전쟁 경험이 있는 일본군 진격은 거침이 없었다. 수천 km 떨어진 바이칼호 인근 이르쿠츠크까지 일장기를 휘날리며 진출했다. 미국 9,000명, 영국·이탈리아·프랑스가 1,000~1,500여 명을 파병한데 비해 일본군 병력은 무려 73,000명에 달했다.

1922년 백군이 패배하자 다른 연합군은 철수했지만, 일본군은 11월 적군(赤軍)이 블라디보스토크를 장악할 때까지 남아 있었다. 사할린을 점령한 일본군은 1925년 5월경에 철수했다. 일본군은 불순세력 소탕을 명분으로 연해주 한인들을 무자비하게 학살했다. 사전 철저하게 계획된 군사작전이었다.

Trip Tips

적·백군, 일본군, 연합군, 마적떼 등 온갖 군대가 연해주를 휘젓고 다녔지만, 아무도 한인을 보호해 주지 않았다. 자국 이익을 위해 대한독립군을 이용하거나, 혹은 무자비하게 제거했다. 우수리스크에는 이런 역사를 증언하는 4월 참변추도비, 최재형 집터, 전러 한인중앙총회 개최지 등 다양한 독립유적지가 남아 있다.

우수리스크 공원에서 작은 조랑말 한 마리를 묶어두고 하염없이 손님을 기다리는 러시아 처녀를 만났다. 유창한 영어로 말을 타고 공원을 산책하는 이벤트를 소개하지만, 여행객 반응은 시큰둥하다. 상당한 지적 수준을 갖춘 처녀가 노새 옆에서 한가롭게 시간을 보내야만 하는 오늘날의 러시아 현실이 안타깝게 느껴졌다.

1920년 연해주 4월 참변 추모비 전경.

우수리스크 시내 공원의 러시아 처녀와 조랑말 모습.

한인 강제이주! 그러나 척박한 땅에서도 살아남았다

우수리스크와 가까운 시골에 라즈돌리노예역이 있다. 이 역은 1937년 9월부터 3개월간에 걸친 연해주 한인들의 강제이주 출발점이었다. 경찰이 한인 마을을 포위한 가운데 영문도 모른 채 소나 돼지처럼 한인들은 끌려 나와 역 앞에 집결했다. 한겨울 추위 속에 목적지도 모른 채 40일간의 기차수송 끝에 도착한 속은 6,000km 떨어진 중앙아시아 허허벌판. 17만 2000명의 한인들은 피눈물 나는 개척의 역사를 처음부터 다시 써야만 했다.

동족으로서의 고려인 자부심

한국은 중국, 이스라엘, 이탈리아에 이어 세계에서 4번째로 해외교포를 많이 가진 나라다. 이는 수난의 한국 역사와도 많은 연관이 있다. 일제 강점기 시 수많은 한인이 해외로 이주했다. 통상 만주 이주자를 조선족, 연해주 이주자를 고려인이라고 부른다.

스탈린은 연해주 한인들을 우즈베키스탄, 카자흐스탄, 타지키스탄 등으로 다시 강제이주를 시켰다. 고려인이라는 호칭은 나라 잃은 약소국의 현실과 한반도 분단이 낳은 비극적인 역사의 산물이다. 고려인은 우즈베키스탄 19만, 카자흐스탄 10만, 모스크바·연해주·사할린에 각 4만 등 55만 명에 이른다. 한국에 거주하는 고려인은 약 8만여 명으로 알려져 있다. 대부분 조선족이 비켜난 가장 힘든 일을 맡는다. 동포이긴 하나 말이 통하지 않기 때문이다. 하지만, 고려인들은 대부분 한국인이 같은 핏줄의 동족이라는 사실에 강한 자부심을 느끼고 있다.

강제이주 한인 최초 거주지의 기념 비석.

우수리스크 항일 유적지와 최재형 고택

1917년 5월 21일, 최초로 러시아지역 한인 대표 100명이 우수리스크에 모여 한인 중앙총회(고려국민회)를 조직했다. 이어 1918년 6월, 제2차 중앙총회가 시내에 있는 실업학교에서 개최됐다. 건물 안내문은 항일운동의 역사를 이렇게 기록했다.

"이 건물은 전로 한인대표회의가 개최되어 민족 자치와 독립운동을 결의한 장소다. 1919년 3월 독립선언서를 발표하면서 전로 한인 중앙총회는 임시정부 조직인 대한국민의회로 개편되었다." 고달픈 타향살이 속에서도 조국의 독립을 열망했던 선조들의 애국심이 서려 있는 유적이다. 최재형 고택도 이 유적에서 가까운 곳에 있다. 연해주 독립운동의 대부 최재형은 1860년 함경도 경원에서 태어났다. 큰 가뭄이 들자, 아버지는 9살 아들의 손을 잡고 러시아 지산허로 이주했다.

최재형은 형수의 구박과 배고픔을 못 이겨 가출하면서, 그의 운명을 바꾸어 준 러시아 선장을 만났다. 선장은 총명한 그를 양아들로 삼고 6년간 선원으로 해외 견문을 넓히도록 했다. 이후 최재형은 러시아 해군 군납사업으로 엄청난 부를 쌓았다. 그는 소학교를 세워 한인들을 교육했고, 독립운동 단체에 지원을 아끼지 않았다. 1919년 4월 상해임시정부가 수립되자, 최재형은 재무총장으로 추대되었다.

하지만 1920년 4월 5일, 일본 헌병에게 체포되어 처형당하므로 60세에 생을 마감했다. 고택 맞은 편 시민공원에는 발해 유물로 추정되는 거북이 형상의 비좌가 있다. 역사분쟁의 근원을 없애기 위해 러시아 정부는 아예 거북이 등위의 비석을 제거했다고 한다.

연해주 독립운동의 대부 최재형 고택 전경

연해주 한인들의 강제이주

우수리스크 문화센터에 전시된 강제이주 자료 중 생존자의 증언이다. "소련은 집단 이주에 앞서 한인 지도자급 인사 2500명을 사전에 검거하여 은밀하게 처형했다. 한인들은 자신의 농토와 집 · 가축 등 모든 재산을 버려야만 했다.

옷가지만 챙겨 들고 탄 콩나물시루 같은 열차는 악취가 진동했다. 화물칸 널빤지 사이로 들어온 찬바람은 살을 에는 것 같았다. 대소변을 보고자 정차 중에 내린 부녀자 중, 예고 없는 열차 출발로 시베리아 벌판에 버려진 사람들도 부지기수다. 동서남북 분간이 어려운 목적지에 도착하자마자, 우선 토굴을 파고 추위를 피했다. 숱한 한인들이 굶주림과 질병으로 죽어갔다. 봄이 되자 수로를 만들고, 황무지를 개간하여 논을 일구었다.

'굶어 죽어도 종자 벼는 베고 죽는다.'라는 속담대로 숨겨온 볍씨를 뿌렸다. 다행히 땅은 비옥하여 첫해 추수 후에 식량은 마련할 수 있었다.

Trip Tips

한민족의 끈질긴 생활력과 우수한 벼농사 기법은 전 러시아에 알려졌고, 정부로부터 영웅 칭호를 받은 사람도 많았다."라고 했다. 소련 해체 이후, 1993년 러시아 의회는 지난 잘못을 인정하고 고려인 명예회복법을 채택했다. 이로써 고려인은 다시 연해주로 돌아올 수 있게 되었다.

한인 강제이주자들이 화물열차에 타는 모습.

중앙아시아의 황량한 들판에서 토굴숙소를 짓고 있는 한인 모습.

장고봉 격전지에서 본 두만강

장고봉 격전지 정상의 소련군 전승 기념비 전경.

버스가 힘겹게 올라간 장고봉 정상에는 소련군 승전기념탑이 있었다. 고지 주변의 일부 벙커 일부는 무너져 내렸고, 교통호는 흔적만 남아 있다. 눈 아래 펼쳐진 넓은 평원의 끝이 두만강이란다. 바로 이곳이 85년 전 일본과 소련이 격돌한 장고봉 전투현장이다. 한반도 주변에는 잘 알려지지 않은 숱한 전쟁의 역사가 이처럼 숨어 있다. 1932년 3월, 중국 북쪽에는 일본의 괴뢰정부 만주제국이 들어섰다.

Trip Tips

1938년 7월, 두만강 북쪽 만주국과 소련 사이 해발 150m의 장고봉이 있었다. 불분명한 국경선 상의 이 야산을 일본군 19사단이 7월 29일 공격을 개시하여 목표를 점령했다. 이에 소련은 1개 군단을 동원하여 일본군을 격퇴하면서, 8월 11일 휴전회담으로 전투는 끝났다.

내심 소련군을 경멸해 왔던 일본군은 상당한 충격을 받았다. 최신 기계화 전술에 둔감했던 일본군은 1939년 5월 몽골 국경지역의 노몬한 전투에서도 더 참담한 패배를 맛보았다. 일본군 병사들은 소련군 장갑차를 총검술로 맞서야만 했다. 한국영화 "마이 웨이(My Way)"에서 노몬한 전투장면은 잘 묘사되어 있다. 일본군은 3명의 연대장이 전사했고, 17,000명의 사상자를 남겼다. 발전하는 과학기술력을 무시하고 정신무장만을 강조했던 일본군의 한계였다.

장고봉 정상에서 내려다본 평원지대 전경.

발해 성터에서 느낀 선조의 숨결

우수리스크에서 교외로 약 15분 자동차를 타고 가서, 수이푼강 부근의 발해 토성에 도착했다. 현장에는 안내판 하나 없었고, 주변은 광활한 황무지만 펼쳐져 있다. 토성은 높이 5m 내외의 대략 1100m 정사각형이며, 약간 높은 언덕 위에 있었다. 성벽조차도 잡초에 파묻혀 찾아내기가 쉽지 않다. 성 밖의 수이푼강은 적의 침입을 방어하기 좋은 자연장애물이다. 이곳이 '해동성국(海東盛國)'으로 불리며 위풍당당하게 대륙과 바다를 누볐던 발해(AD 698~926년)의 군사기지이며 민초들의 생활 터전이었다. 발해 땅이 러시아 연해주까지 뻗어있었음이 유적으로 입증되었지만, 유적 대부분은 역사 속에 묻혀 있다. 끝없이 펼쳐진 초원에는 가느다란 샛길만 보인다. 지금은 민가조차 없는 버려진 성터이지만, 어디선가 1000여 년 전 발해군사들의 우렁찬 함성이 들리는 듯했다.

1658년 6월, 조선군과 러시아군 최초로 격돌하다

우수리스크 항일유적지 답사를 마친 일행이 시베리아 횡단열차를 타기 위해 역청사에 모였다. 안내인은 밤새도록 달리는 야간열차의 주의사항을 꼼꼼하게 설명한다. "만약 내일 아침 하바롭스크역에 정확하게 내리지 못하면, 모스크바까지 가야 할지 모른다. 1주일간 계속 달리는 열차 구간에서 하차 역을 놓쳐 여행을 망치는 승객들이 가끔 생긴다. 다음 역에서 기차를 바꾸어 거꾸로 다시 돌아오려면 또 하루를 기다려야 하기 때문이다."라고 강조했다.

하바롭스크행 열차에서의 작은 사건

시베리아 횡단열차 노선은 9,288km에 달하며, 지구 둘레의 1/4 거리이다. 중간에 내리지 않아도 7일이 걸린다. 러시아 동서를 횡단하는 동안 7번의 시차가 바뀌며, 객실은 일등석(2인실), 이등석(4인실), 삼등석(6인실)으로 구분된다. 일등석은 당연히 쾌적한 시설을 갖추고 있지만, 이등석은 의자를 펼쳐서 침대로 사

하바롭스크역 앞의 탐험가 하바로프 동상.

용해야만 한다. 열차 소음에 잠을 청하기 쉽지 않았으나, 누적된 피곤함에 이내 곯아떨어졌다. 다음 날 아침, 같은 객실의 C씨와 맨 뒤칸 식당차에 가서 커피를 주문했다. 종업원이 오믈렛까지 덤으로 갖다 준다. 한참 담소를 나눈 중 갑자기 "하바롭스크 도착!" 방송과 함께 열차는 정차했다. 도착시각 착각으로 느긋하게 식당에서 있었던 것이다. 깜짝 놀라 용수철처럼 튀어 오른 두 사람은 급히 객실을 찾아 달렸지만, 통로는 이미 하차하는 승객들로 꽉 막혀 있었다. 아예 열차에서 내려 승차장을 따라 달려서 겨우 배낭을 찾아내렸다. "부웅" 기차가 떠나자, 등줄기에서 식은땀이 흘렀다.

명예의 광장과 한인 전사자

하바롭스크는 아무르강(흑룡강)과 우수리강이 만나는 지점에 있다. 17세기 중반 이곳을 답사한 러시아 탐험가 '하바로프'의 이름을 붙인 인구 65만의 도시다. 1858년부터 러시아는 이곳을 바이칼호 동쪽 거점 도시로 개발했다. 하바롭스크에도 한인의 발자취가 곳곳에 남아 있다. 시가지를 남북으로 잇는 3km 구간은 '김유천 거리'로 불린다.

1929년 중·소 전쟁 시 소련군 중위로 큰 공을 세운 김유경을 기념한 거리다. 러시아어 표기 잘못으로 이름이 바뀠다. 1만 5000여 명의 한인 중, 중앙아시아에서 재이주해 온 고려인 후손들은 러시아말에 능통하다. 고등교육기관이 없는 사할린에서 자녀교육을 위해 하바롭스크로 이주한 동포들도 많단다. 고려인 신세대들의 한국어 학습 열기는 뜨겁다. 몇 세대가 흘렀지만, 세계 선진국으로 부상한 조상의 나라에 대한 자긍심이 신세대 고려인의 가슴에는 살아있다고 한다. 시내 중심부에는 조국 대전쟁(제2차 세계대전) 전몰장병을 기리는 '명예의 광장'이 있다.

극동지역 출신 전사자 2만여 명의 이름이 비각에 새겨져 있고, 24시간 꺼지지 않는 추모 불꽃이 타오르고 있다. 러시아어로 표기된 전사자명비에서 한인으로 추정되는 이름을 쉽게 찾을 수 있다. 뒤편 높은 기념탑에는 구소련시절의 노동영웅, 영예훈장 수여자 이름을 별도로 새겨두고 있었다.

러시아군 전몰장병을 기리는 명예의 광장 전경.

국경선 아무르강의 중·러 충돌

하바롭스크를 끼고 도는 아무르강 선착장에서 유람선에 올랐다. 넓은 강폭에 누런 색깔의 강물이 흐르고 있다. 몽골에서 발원하여 오호츠크해까지 2800km를 흐르는 아무르강은 부분적으로 중국과 러시아의 국경을 이룬다.

하바롭스키에서 멀지 않은 곳에 오랫동안 국경 분쟁을 빚어온 여의도의 35배 크기인 '볼쇼이 우수리스크' 섬이 있다. 공산주의 형제국끼리 40년을 다투었다. 국익 앞에서 이념은 뒷전이었다.

역사적으로 청나라는 1858년 아이훈 조약에서 한반도 크기의 두 배가 넘는 아무르강 이북 45만km^2를 러시아에게 내주었다. 1860년 베이징조약에서는 연해주 30만km^2와 신장지구 85만km^2까지 잃었다. 불평등조약으로 많은 영토를 내준 중국으로서는 뿌리 깊은 반감을 품을 수밖에 없었다.

1969년 3월, 우수리강의 섬 영유권을 두고 양국 국경수비대 충돌로 수백 명의 사상자가 생겼다. 서쪽의 신장지구에서도 영토권 문제로 유혈 충돌이 잇따랐다. 이 분쟁은 1989년 고르바초프가 중국 주장을 받아들이면서 해결의 물꼬를 텄고, 2005년 6월 대부분 국경선 문제를 마무리 지었다. 하지만, 아무르강을 넘어 밀려드는 중국 노동자·상인들로 현재 러시아는 깊은 고민에 빠져들고 있다.

중국과의 국경을 이루는 아무루강 전경

조선 · 러시아군이 격돌한 '나선정벌'

Trip Tips

아무르강을 따라서 육로수송보다 값싼 물류비로 대량의 화물을 실을 수 있는 화물선과 바지선이 수시로 운항하고 있다. 아무르강은 우리 역사에서 '나선정벌(羅禪征伐)'이라고 불리는 흑룡강 출병과 인연이 있다.

1658년 3월, 청나라는 러시아군의 남하를 막기 위해 조선군 출병을 요청해 왔다. 당시 조선은 정벌 대상이 누구인지도 몰랐다. 어슴푸레 서양인이라는 것만 알았을 뿐이다. 신유 장군이 이끄는 265명의 조선군이 5월 2일 두만강을 넘어 출정했다. 군인들은 우수한 화력을 가진 함경도 포수들이 주력이었다. 6월 10일 조선군이 아무르강에 들어서자마자, 러시아군을 만났다. 50여 척의 조 · 청 연합군은 적함선 11척을 불태우고, 러시아군 270명을 사살하는 대승을 거두었다. 안타깝게도 조선 군인 일곱 명이 전사했다. 아무르강 옆 높은 언덕 위에 조선군 전사자를 같은 고향끼리 갈라서 묻어 주었다. 원정군은 115일이 지난 1658년 8월 27일 마침내 고국으로 귀국했다. 이 정벌로 흑룡강·송화강 유역에서 횡행하던 러시아 세력은 물러갔다.

아무르 강변에 전시된 중세 시대 화포류.

아무르 강변의 김정일 방문기념 안내판

Trip Tips

아무르강 답사를 마치고 시가지를 조망할 수 있는 강변 전망대에 올랐다. 전망대 입구에 의외로 북한 김정일의 하바롭스크 방문기념 안내판이 있었다. 2001년 푸틴 대통령과의 정상회담을 위해 러시아 방문 중 김정일이 전망대에 들렀다는 내용이다.

극동의 중심도시 하바롭스크의 시내 전경.

북한은 김정일이 백두산 빨치산 부대에서 출생했다고 왜곡 선전한다. 사실은 하바롭스크 북쪽 뱌트스코예 마을에서 태어난 것으로 알려져 있다. 당시 김일성은 소련군 특별독립 제88여단 제1영장이었다. 대대장 직책이었지만, 여단 총병력 200명 중 60명 내외를 지휘했다. 현지 부대 막사는 아직도 남아 있으며, 주민들도 수차례 김일성에 관련된 증언을 하기도 했다. 하바롭스크 시내에는 '마르크스', '레닌' 등 공산주의를 의미하는 이름들이 많다. 러시아 정교 성당들도 곳곳에 있다. 공산혁명과 성당은 서로 적대적인 상징물이다. 반인륜적인 공산주의 이념도 선한 길로 인간을 인도하고자 하는 신성한 종교의 가치를 깨뜨릴 수 없었다.

하바롭스크 중앙시장에서는 상인들이 고래고래 소리 지르며 상품을 소개한다. 이들의 모습에서 공산주의의 잔재는 전혀 찾아 볼 수 없었다.

하바롭스크 슬라브 광장의 구주 변모 대성당 전경.

후기

해외 전사적지 답사 중 가장 어려웠던 것은 역시 교통편이었다. 군사박물관에서 그 국가의 전사적지 위치를 세부적으로 파악하고 주로 기차나 버스를 이용하여 목표 지역에 가장 근접한 도시에 도착하곤 했다. 그러나 문제는 주로 오지에 있는 현장에 가기 위해서는 택시, 자전거, 도보 등의 방법을 택할 수밖에 없었다.

때로는 같은 목적지의 여행자를 만나기도 하였으나 동행하기 쉽지가 않았다. 또한 유럽의 전사적지 기념관은 1주에 2-3회 개방하는 경우가 허다했다. 어렵게 현장을 찾았으나 기념관이 문을 닫거나 일시적으로 폐쇄되어 있는 경우도 있었다. 만약 관리자가 있을 경우에는 동양의 '코리아'라는 나라에서 이 곳 답사를 위해 어렵게 왔으니 부분적으로나마 개방해 줄 수 없느냐고 사정하면 가끔씩은 호의적으로 받아주기도 하였다.

아울러 숙소와 식사문제 해결도 쉽지 않았다. 물론 매번 이동할 때 콜택시를 부르고 근처에서 가장 쾌적한 호텔에 투숙하면 모든 문제는 깨끗하게 해결된다. 그러나 이런 여행은 1달 간의 답사를 1주일로 줄여 일반 관광단체팀에 합류하는 것과 동일하다. 필요한 정보는 인터넷을 통해 정리하면 될 것이고…. 최소의 비용으로 최대로 많은 전적지와 생생한 현장감을 느껴보고자 원했기 때문에 다소 고생스럽더라도 배낭여행을 할 수 밖에 없었다.

특히 군사박물관이나 전사적지 현장에서 만난 참전자나 그 후손들과의 대화는 여행의 진미를 더하게 했다. 미국을 포함한 선진 군사강국의 여행객들이 압도적으로 많았지만 그들의 전쟁 인식을 부분적으로나마 파악할 수 있었다. 중동지역에서 쉽게 만날 수 있는 이스라엘, 이집트, 팔레스타인, 요르단 등의 젊은 군인들을 통해 그 나라의 병역제도, 신세대의 국가관 등을 알 수 있었던 것도 큰 성과였다. 제한된 시간과 언어 소통의 미숙함을 극복하기 위해 대화 내용을 수첩에 기록하여 상대에게 그림, 숫자 등을 보여주며 확인하기도 했다.

프랑스 스당 지역의 전사적지를 답사하면서 1930년대 축조된 주변 산턱에 있는 견고한 중대본부용 벙커에 들어 가 보았다. 마지노 방어선의 북단으로 흡사 한국의 휴전선 방어진지 벙커와 너무도 흡사했다. 단지 스당의 벙커는 약 80여 년 전 독일군 침공에 대비하여 만들어졌고 한국의 전방 벙커는 40여 년 전 북한의 공격에 대비하여 만든 것이 다를 뿐 이었다.

1980년대 초 영하 20도를 오르내리는 추운 겨울, 강원도 양구 북방의 최전방 산꼭대기에 구축된 중대본부용 벙커에서 수시로 숙영하며 훈련을 한 적이 있다. 찬바람이 사정없이 총안구 안으로 몰려오면 모포와 판쵸우의로 병사들과 몸을 감싸고 추위와 싸우기도 하였다. 그런데 이 곳 프랑스와 독일의 국경 지대에도 너무나도 똑같은 형태의 벙커가 수도 없이 널려 있었고 당시의 프랑스 장병들이 자기의 조국을 지키기 위해 피눈물 나는 고생을 했을 것이라 생각하니 만감이 교차했다.

프랑스 알사스 로렌지역의 독일군 게트랑제 요새도 마찬가지였다. 지금으로부터 약100여년 전, 독일은 프랑스의 침공에 대비하여 10년 간의 대역사 끝에 거대한 방어진지를 만들었다. 요새 벽의 콘크리트 두께는 4m였고 약 2,000여 명의 장병들이 프랑스 국경 지역을 내려다보며 항상 전투준비를 하고 있었다. 요새를 중심으로 넓게 펴져있는 교통호와 개인호는 현재 한국의 전방진지보다 더 완벽한 방호시설을 갖추고 있었다. 즉 교통호속의 소총병을 공중폭발 포탄으로부터 보호하기 위해 뚜꺼운 철판으로 상부를 덮은 개인호를 군데군데 설치하였다.

이런 거대한 요새 구축을 위한 공사 과정도 현지 기념관에 사진으로 잘 전시하고 있었다. 대형 화포를 기중기와 인력으로 산으로 옮기는 장면, 국경지대와 요새 간의 전술 도로 개설을 위해 개미떼처럼 달라붙은 수만 명의 공사장 인부, 요새 외곽 방어를 위한 거대한 해자 건설 등 당시 독일의 전역량을 자신들의 생존을 위해 쏟아붓고 있는 느낌이 절로 들었다.

가족들과 함께하는 이스라엘군 부사관 임관행사장

그러나 우리나라의 경우 조선시대의 성곽축성 이외 근현대 역사 중 모든 국가역량을 결집하여 만든 군사유산은 찾아보기 힘들다. 얼마 전 과거 한국전쟁 당시 북한군 공격으로 구멍이 뻥뻥 뚫린 38선 부근의 벙커가 도로확장으로 철거 위기에 놓인 적이 있었다. 6·25 전쟁 시의 벙커 존폐 여부를 두고 논란이 생기는 것을 보고 우리의 전쟁유산 인식이 어느 수준인가를 느낄 수 있었다. 다행히도 이 6·25 벙커는 아직도 남아 있는 것으로 알고 있다.

수년 전 필자는 중동지역 전적지 답사 간 우연한 기회에 이스라엘군 분대장 임관식을 참관하게 되었다. 이스라엘의 병역제도는 남성은 36개월, 여성은 24개월 의무적으로 군복무를 한다. 군복무간 병사들 중 가장 우수한 남녀 군인들을 선발 4개월 간의 분대장 교육과정을 거친 후 초급 부사관으로 임관시킨다. 넓은 광장에 모인 천여 명의 임관자들과 그 이상의 가족들로 행사장은 인산인해를 이루었다.

자신의 딸이 어려운 훈련 과정을 끝내고 마침내 부사관이 되었다고 자랑하는 어머니와 자매들, 그리고 1973년 10월 전쟁 참전용사인 아버지가 아들의 계급장을 어루만지며 감격해 하는 모습 등에서 많은 것을 느꼈다.

내친 김에 참전용사에게 팔레스타인, 아랍국가, 이스라엘 관계에 대해 물었다.

부사관으로 임관하는 딸을 현수막으로 격려하는 어머니

답변인즉 "우리는 아랍국가, 팔레스타인과의 전쟁에서 밀리면 지중해, 갈릴리 호수에 빠져 죽습니다. 우리 선조 600만 명이 가스실에서 죽어 갈 때 당신네 나라에서 어떤 도움을 주었습니까? 인류애, 세계평화, 국제관계 등도 우리가 생존하고 난 다음의 이야기요" 그들은 "힘이 없는 평화 구호는 한낱 공염불에 지나지 않는다!" 진리를 뼛속 깊이 깨닫고 있는 듯 하였다.

적어도 이스라엘인들의 상무정신과 애국심은 세계 어느 민족보다도 투철하며 주변 어느 국가든 이스라엘을 무력으로 굴복시킨다는 것이 불가능하다는 것이 분명했다. 군의 초급 간부 임관을 전 국민들이 축하해 주는 분위기니 장교 임관은 아마 '가문의 영광'으로 생각하고 있을 것이다.

왜 안보적 상황은 한국과 이스라엘이 너무도 비슷한데 국민들의 군에 대한 인식은 왜 이렇게 다를까? 역사적으로 우리 국가의 지도

층은 "전쟁과 생존"의 문제는 자신들과는 아무 관계가 없는 것으로 생각했다.

골란고원 국경을 순찰 중인 이스라엘 여군 분대장

우리는 조선시대 이후 단 한 번도 스스로 나라를 지켜본 경험이 없었다. 조선은 '문존무비(文尊武卑)' 사상의 팽배로 정치지도자들과 양반계급의 상무정신은 사라지고 국방력 강화는 먼 나라의 이야기로만 생각하고 있었다.

아래에 제시하는 조선시대의 역사적 사례가 그 당시 국가안보에 대한 지도층의 사고를 나타내는 것 같아 씁쓸한 기분을 숨길 수 없다.

"조선시대 과거제도는 문과(文科: 행정고시), 잡과(雜科: 기술고등고시), 무과(武科:군 간부 선발고시)가 있었다. 문과와 잡과에는 조선의 청년들이 구름같이 몰려들었다. 그러나 사대부 집안의 자제가 무과에 응시하는 것은 가문의 수치로 여겼다. 오죽 하면 이순신 장군도 수시로 '내 자손들만큼은 절대 무과에 응시하지 말라'라고 이야기했다. 덕수 이가(李家) 집안에서 오늘날까지 전해 내려오는 이야기이다(출처: 조선의 부정부패와 멸망의 길)” 결국 조선은 국가 지도층의 국가안보에 대한 무관심으로 결국은 썩은 고목나무 쓰러지듯이 허망하게 무너지고 말았다. 어쩌면 오늘날 군에 대한 사회적 인식이 과거 조선시대와 비슷하지 않을까? 하는 생각이 들기도 한다.

부디 필자의 기우이기를 바란다.

이처럼 세계 전쟁유적지를 답사하다 보면 자연스럽게 여행자는 한반도의 지정학적 운명에 대해서 깊게 고민하는 순간을 갖게 된다. 결국 우리 민족의 미래 생존을 위해 지혜로운 외교정책과 강한 국방력의 필요성을 스스로 절실하게 깨닫게 되는 것이다. 특히 국가안보 문제에 대해 점점 더 관심이 소홀해져 가는 신세대들이 세계여행 중 이같은 전사적지 답사를 통해 애국심과 호국정신이 고양되기를 기대하는 마음도 간절했다.

앞으로 미처 답사하지 못한 아프리카 · 북미 · 중남미의 전쟁유적을 직접 확인하고서 ‘세계의 전사적지를 찾아서’ 시리즈를 완결할 계획이다. 또한 답사를 마친 아시아 및 기타 국가들의 자료는 집필 작업을 계속 중에 있다. 아무튼 세계 전사적지 시리즈 발간을 통해 국민들이 우리의 생존을 위해 전쟁역사에 대해 좀 더 관심을 갖는 계기가 되기를 바란다. 또한 전쟁사에 관심을 가진 독자들이 해외여행 시 본 내용을 참고하여 전쟁유적을 직접 방문하는데 조금이라도 도움이 된다면 이 책의 출간 목적은 100% 달성되었다고 필자는 만족할 것이다.

찾아보기

신종태 교수의 테마기행 시리즈

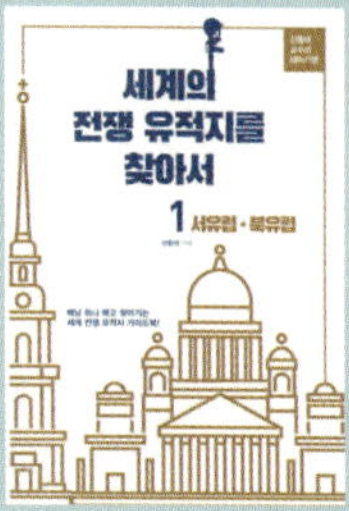

제1권 서유럽 · 북유럽

최강 부대 코만도 수백 개 군사박물관 즐비한 영국! | 워털루의 세계 최고 **대영제국박물관** | **국회의사당 안에 안장된** 무명용사들과 160만 명 전·사상자 | 노르망디 상륙작전 **프랑스** | **캉 전쟁기념관**에서 만난 1억 명의 연합군 전·사상자 | 프랑스를 넘어뜨린 완벽한 요새 **마지노 라인** | 노블리즈 오블리주의 발상지 **깔레** | 독일의 역사반성, 베를린 **유대인학살박물관** | 히틀러의 애인 **에바브라운의 최후** | **비스마르크** 어떻게 프랑스를 격파했나? | 영세중립국 **스위스의 평화**, 그 뒤에 숨겨진 땀과 눈물 | 제1차 세계대전 신호탄 **사라예보의 총성** | 영화 '사운드 오브 뮤직'과 **잘츠부르크** | 80년간 단 하루도 거르지 않고 추모 행사를 하는 **벨기에** | 풍차 뒤에 가려진 전쟁 참화 **네덜란드** | '안네의 일기'와 **암스테르담 레지스탕스박물관** | 영화 '머나먼 다리'의 **아른헴 대교** 목숨을 줄망정양보는없다|700명군대의나라**룩셈부르크**|**한국전쟁참전경쟁률**10대1이었던 이유 | 한국전쟁의천사**유틀란디아 병원선** | 전쟁 막은 **스웨덴의 고슴도치 전략** | 핀란드 **스오맨린나섬 군사박물관** | 한국 여행객 넘쳐나는 **헬싱키 마켓광장** | 히틀러에게 가장 먼저 짓밟힌 **노르웨이** | **베르겐 육군박물관**과 특수공작원 | 한국 여행객이 누비는 군대 없는 **아이슬란드** | 영국과"날죽여라!"바다고기**대구전쟁**

제2권 **동유럽 · 남유럽 · 북아프리카**

독소전쟁 4년 참상의 기록 **모스크바 전쟁박물관** | 냉전시대 무기 총망라 **러시아 군사박물관** | 인류 최악의 전투현장 **스탈린그라드 전쟁유적** | 러시아 함대 발진기지 **상트페테르부르크 군항** | 패전국의 서러움 가득한 **헝가리 군사박물관** | 천년제국의 영광과 비애 **다뉴브 강** | **체코**의 비극, 영화 '새벽의 7인'의 처절한 전투의 흔적 | 유고연방 **세르비아 군사박물관**서 본 게릴라 투쟁의 역사 | 한눈에들어오는불가리아전쟁사**소피아군사박물관** | 루마니아독재자 **차우셰스쿠인민궁전** | 한평공동묘지에 묻힌 **처형된 독재자부부** | 패전국 폴란드의 비극 **카틴숲 학살기념관** | 유대인학살현장 고스란히 간직하다 **아우슈비츠수용소**| '유럽의빵 바구니 '**우크라이나** 몰락의 역사 | 크림반도전쟁사 **료키예프 군사박물관** | 스페인**마드리드 해군박물관과 무적함대** | 로마, 이슬람, 가톨릭으로 이어진 **스페인 전쟁사**

무적함대가 숨쉬고 있는 **바로셀로나 요새** | 조선과 일본이 탐냈던 해양대국 **포르트갈조총** | **이탈리아 군사박물관**에서 로마제국의 후예를 보다 | 전쟁 포화 속에서 오롯이 보존된 **로마문화 유적들** | 폴란드군의 용맹과 **몬테카시노수도원** | 그리스의 자부심 **데살로니키군사 박물관** | 300년 역사 **지브롤터 요새** | 카이로의 **시타텔 군사박물관** | 사막의 혈투 **알라메인전장유적** | 알렉산드리아의 **카이트베이 요새** | **이집트**의 공군100년 역사군사박물관 | 이집트-이스라엘복수의혈전, **이스마알리아** | **마하트르의 롬멜군단벙커**와 클레오파트라해변 | 한반도 닮은 **모로코역사** | 피땀으로 쌓아올린 **스페인세우타요새** | **스페인 제54보병연대**의110년역사

제3권 중동 · 태평양 · 대양주 · 아시아

이스라엘 골라고원에서 만난 여군 분대장 | 애국심의 상징 스파이 엘리 코헨 | 사상 최대의 전차 결전장 '눈물의 계곡' | 팔레스타인 청년의 분노와 이스라엘 여경 | 민족분쟁 뿌리를 증언하는 자파 해방기념관 | 팔레스타인 소년의 맑은 눈동자 | 요르단 군사박물관과 아라비아 로렌스 | 요르단-이스라엘 국경을 건너다 | 세계 최대의 전차박물관 라트룬 요새 | 인재양성의 요람 터키 해군군사고등학교 | 100년 항공발전사가 담긴 터키공군 군사박물관 | 온전히 보존된 갈리폴리반도 전쟁유적 | 고래싸움에 새우등 터진 레바논내전 역사 | 처절했던 레바논내전 비극의 그 현장 | 시리아 난민들의 처참한 하루 일상 | 클레오파트라의 최후! 독사가 정말 그녀를 물어 뜯었을까? | 관광명소 괌의 전쟁역사 | 28년간 투항을 거부한 패잔병 요코이 | 전장터에서 만난 미국 청소년들 | 사이판 한국인 추모비와 망국인 서러움 | 일본군 벙커 · 방공호 · 전차잔해가 곳곳에 | 미군 승전비와 천길 자살절벽 | 티니언섬과 원자폭탄 보관소 | '아이고!'를 기억하는 티니언 원주민 | 오키나와 비극의 전쟁역사 | 평화기념관의 종군위안부 지도 | 365일 단 하루도 빠지지 않는 호주의 참전용사 추모행사

일본군 침공 당한 호주북부 '다윈', 도시 곳곳에 전쟁유적 | 신이 숨겨논 축복의 땅'뉴질랜드', 예외없이 전쟁유적 산재 | 100년 전 축성된 오클랜드 땅굴요새! 국립역사 유적지로 보존 | 양국 응원전 속의 희한한 인 · 파국경 국기강하식 | 분쟁의 땅 카슈미르 테러, 전 인도인 분노의 분길이 싸이다 | 세계 최빈국 방글라데시, 독립전쟁시 300만 양민 희생 | 최상위 수재 집단, 여자 군사고교 생도 교육현장 | 미 · 북 첫 격돌지, 태극기 휘날리며 '미국판' 현장! | 마틴 대령! 육탄으로 적 전차 앞에 서다 | 주민들의 '美 킬패트릭 일병 구하기' 전설같은 감동 | 전쟁은 끝났지만 민초(民草)의 시련은 계속 | 적 전차에 맞선 섬진강 학도병 | 낙동강이 없었다면 대한민국은 없었다 | 천혜의 자연경관 갖춘 '충절의 고장' | 6 · 25전쟁 당시 낙동강 최후 전선!

제5권 동남 · 서남아시아

‘해적의 섬’에서 강소국으로 변신한 싱가포르 | 영국군의 치욕스러운 패전역사 싱가포르 전투 | ‘이스라엘식 생존전략’을 택한 싱가포르 | 최첨단무기 · 정예예비군의 ‘독새우 생존전략’ | 열강의 수탈대상 자원부국 말레이시아 | 한국이 세운 쿠알라룸푸르 최고명소 ‘트윈 타워’ | 말레이시아 건국과 공산군 토벌작전 | 500년 동서양 문화가 농축된 항구도시 믈라카 | 지금도 해적이 출현하는 믈라카 해협 | 인도네시아까지 끌려온 한인 징용자 | 병주고 약 준 일본의 인도네시아 점령 | 뉴니기 섬에 얽힌 통한의 조선인 역사 | 3개의 이름을 가진 전쟁영웅 ‘양칠성’ | 열강의 식민지배를 벗어난 유일의 나라 태국 | 아버지는 한국전쟁 파병부대장, 아들은 철군부대장 | 국왕이 후원한 100년 전의 태국공군 | 베트남 역사를 바꾼 ‘디엔 비엔 푸’ 전투 | 베트남의 38선 ‘북위 17도선’ 탄생 | ‘호’ 아저씨의 생애와 베트남 독립 과정 | ‘통킹만 사건’과 제2차 베트남전쟁 | ‘힐튼 호텔’로 불려진 미군조종사 포로수용소 | 관광명소로 변한 베트콩 지하사령부 | ‘파리 평화협정’, 다음 전쟁을 위한 시간 벌기 | ‘한국군 주월사령부’, 그 위치를 아무도 모른다 | 베트남 고도 ‘후에’의 전쟁역사

‘케산’ 기지와 베트남판 ‘돌아오지 않는 다리’ | 언어장애인이 관리하는 청룡부대 옛 주둔지 | 300년 스페인 역사유적 ‘인트라무로스’요새 | 필리핀 군사고문 맥아더와 태평양전쟁 | 마닐라 국립묘지의 한국전쟁 전사자 묘역 | ‘바기오’에 만난 한국 경험 필리핀 택시기사 | 필리핀 최고의 인재가 모여드는 통합사관학교 | 사맛산 국가 성지와 바탄반도 ‘죽음의 행진’ | 전쟁기념관을 방문한 필리핀 참전용사 유족 | 춤 · 노래로 ‘킬링필드’ 트라우마를 토해내다 | 인간이기를 포기한 크메르루즈군의 잔인함 | 불사신 박정환 소위! 죽음의 포로생활 탈출기 | 기억하고 싶지 않은 캄보디아 전쟁박물관 | ‘지뢰박물관’ 관장의 파란만장한 삶 | 전쟁의 생채기가 남아있는 ‘앙고르와트’ | 캄보디아인이 상상하는 ‘꿈의 나라 대한민국’ | 베트남전 불똥으로 운명이 바뀐 라오스 | 라오스정부의 ‘불발탄 제거 작업’ | 계속되는 메콩강에 얽힌 주변국 갈등 | 타이베이 자유광장과 중정기념관 | 자주국방 의지를 허문 타이완군 모병제 | 안보관광 유적지로 변한 진먼도 군사요새 | ‘알바 여군’이 보여주는 타이완군 포격 훈련 | 독립기념 군사퍼레이드로 국민사기 고양 | 천혜의 요새 ‘시기리아’ 암반 왕궁 | 포르투갈 · 네덜란드 · 영국 축성기술의 요새 | 응원전 속의 희안한 인 · 파국경 국기강하식 | 분쟁의 땅 카슈미르 테러, 인도인 분노의 불길

저자 **신종태**

학력
- 육군사관학교 졸업(이학사)
- 연세대학교 대학원 행정학과 졸업(행정학 석사)
- 영국 런던 King's College 전쟁학과 정책연수
- 충남대학교 대학원 군사학과 졸업(군사학 박사)

경력
- 현 통일안보전략연구소 책임연구원
- 현 융합안보연구원 전쟁사 센타장
- 현 육군군사연구소 자문위원장
- 조선대 군사학과 초빙교수
- 육군교육사 지상전연구소 연구위원
- 국가보훈처 "6 · 25전쟁 영웅" 심의위원
- 합동군사대학교 군전임교수
- 충남대/국군간호사관학교 외래교수
- 합참 전략본부 군구조발전과장
- 육본 작전참모부 합동작전기획장교

저서 및 주요 논문
- 세계의 전쟁유적지를 찾아서 1-5권(시리즈)
- 대화도의 영웅들
- 논문 : 『6 · 25전쟁과 대북유격전 연구』, 『북한 급변사태시 대비 방향』, 등 다수

신종태 교수의 테마기행

세계의 전쟁유적지를 찾아서④

지중해 · 동북아시아

2024년 11월 21일 초판 인쇄
2024년 11월 25일 초판 발행

발행인 박 진 영
발행처 도서출판 진영사
인천광역시 부평구 주부토로 236 인천테크노밸리 U1 지식산업센터 B동 1507호
전화 : 032)505-4207
팩스 : 032)505-4206
E-mail : 0183734207@hanmail.net
등록 : 122-91-77317

ISBN 978-89-6541-676-0 (04980)
978-89-6541-675-3 (04980) 세트
값 23,500원